美育浸润PBL百课

上册

主 编：桂志华

分册主编：许 颖　茅菁文

浙江人民美术出版社

图书在版编目（CIP）数据

美育浸润PBL百课. 上册 / 桂志华主编；许颖，茅菁文分册主编. -- 杭州：浙江人民美术出版社，2024.11（2025.4重印）-- ISBN 978-7-5751-0385-5

Ⅰ．G623.702

中国国家版本馆CIP数据核字第2024F3A877号

主　　编：桂志华
分册主编：许　颖　茅菁文
编　　委：（按姓氏笔画排序）
　　　　　王姣婉　王馨宁　方璐莎　朱效萱　庄莲冰　汤　妙
　　　　　孙乌兰　吴　妍　何嘉宁　余应勇　张挺峰　陈　林
　　　　　范赡尹　胡欣娜　俞文琴　施瑛子　骆以清　黄　颖
　　　　　韩争妍　虞　吉

序

去过宁波多次，印象渐深：河姆渡的历史遗迹，"书藏古今、港通天下"的城市形象，宁波籍95名院士的雕塑群，仿佛都在述说着这个城市的古老、美丽和智慧。

在宁波结识的朋友，多为美术教师，如果说他们的共同特征，则都是研究者，且在事业上颇有建树。今又欣喜看到《美育浸润PBL百课》一书，该书由宁波美术学校正高级教师桂志华发起，美术正高二级教师、浙江省特级教师许颖，宁波市青少年宫高级教师茅菁文领衔的教师团队编写，以美育浸润新理念、新质学习力新视角、PBL新方式作为本书的创新点。

全书基于2009年第一届创意大赛以来宁波市青少年视觉艺术创意大赛的优秀成果资源，开发跨学科融合课程，总结项目化学习经验，强调能力导向的"动态发展的学习力"作为培育学生核心素养的生长基点和驱动力，集中一线教师的智慧，融合先进的教学思想，精心设计了切实可行的教学模式、策略和方法，覆盖了教学过程中的方方面面。

本书分为上、下两册，上册有"墨为韵""综为合""泥为融""水为介""布为语"及"纸为媒"六个模块，鼓励学生探索各种媒材的可能性，并学习如何从日常生活中发现美，如何将普通材料转化为具有艺术价值的媒介。这个领域正成为美术教学探索的热点。

下册则以"情之恋""特之品""文之创""数之智""地之缘"及"典之魅"模块，将艺术与生活、环境、科技相融合。在校园文化主题下，建构大单元体系，将课堂"小作业"组合成校园文化"大装置"作品，让学生实现"我的校园我创意"的梦想，并让学校向"智能校园赋形"发展。这样的研究是面向未来的。

这两册的课程内容，上下衔接、互相渗透、主题统整、单元组合、循序渐进、举一反三、迁移得法、创新呈现，非常难能可贵。取名"百课"，我想意思是"百尺竿头，更进一步"，意为到了极高的境地，仍需继续努力，争取更多的进步，这是新时代教师应有的境界。

是为序！

教育部美术课程标准研制（修订）组负责人
首都师范大学美术学院教授、博士研究生导师

2024年10月1日

目录

第一章　墨为韵　　　　　　　　　　　　　　　　　　　　　　　　　　2—25

第一单元　笔墨游戏
课例一　点点滴滴　/2
课例二　勾勾涂涂　/3
课例三　搭搭叠叠　/4
典型课例教学设计：搭搭叠叠　/6

第二单元　鱼翔浅底
课例一　浪里白条　/10
课例二　"鱼"众不同　/11
课例三　鱼戏荷塘　/12
课例四　借鱼抒情　/13
典型课例教学设计：浪里白条　/14

第三单元　四时意趣
课例一　水墨语言写景　/18
课例二　媒材创意造境　/19
课例三　画意诗情凝趣　/20
典型课例教学设计：画意诗情凝趣　/22

第二章　综为合　　　　　　　　　　　　　　　　　　　　　　　　　　26—49

第一单元　"石尚"美育
课例一　"石"在有趣　/26
课例二　其"石"不简单　/27
课例三　奇"石"妙想　/28
典型课例教学设计：奇"石"妙想　/30

第二单元　"保贝"行动
课例一　寻贝之美　/34
课例二　玩贝之趣　/35
课例三　与大师对话　/37
典型课例教学设计：玩贝之趣　/38

第三单元　秋叶拾趣
课例一　寻找秋叶　/42
课例二　拓印秋叶　/44
课例三　秋叶联想　/45
典型课例教学设计：寻找秋叶　/46

第三章　泥为融　　　　　　　　　　　　　　　　　　　　　　　　　　50—73

第一单元　水果聚会
课例一　趣赏果形　/50
课例二　趣享果拼　/52
课例三　趣创果味　/53
单元课例教学设计：水果聚会　/54

第二单元　生活的甜
课例一　趣赏糕形　/58
课例二　趣探糕坯　/59
课例三　趣创糕饰　/60
单元课例教学设计：生活的甜　/62

第三单元　家乡古桥
课例一　乡桥·分享　/66
课例二　乡桥·解构　/67
课例三　古桥·缔造　/68
单元课例教学设计：家乡古桥　/70

第四章　水为介　　74—97

第一单元　水拓青花
课例一　水漾花纹　/74
课例二　巧拓媒材　/75
课例三　百变水拓　/76
课例四　创美于拓　/77
单元课例教学设计：水拓青花　/78

第二单元　素水云腴
课例一　用心感知·来识茶　/82
课例二　茶色相连·巧动手　/83
课例三　宋韵点茶·新体验　/84
课例四　万物来"潮"·茶市集　/85
单元课例教学设计：素水云腴　/86

第三单元　蜡染扇事
课例一　研习草木染　/90
课例二　探秘蜂蜡　/91
课例三　仿创扇面　/92
课例四　蜡韵扇艺　/93
典型课例教学设计：蜡韵扇艺　/94

第五章　布为语　　98—121

第一单元　虎艺生活
课例一　寻虎踪迹　/98
课例二　探虎意蕴　/99
课例三　融虎生活　/101
典型课例教学设计：探虎意蕴　/102

第二单元　"布"一样的中国芯
课例一　认识中国芯　/106
课例二　"布"一样的材料　/107
课例三　"布"一样的方法　/107
课例四　"布"一样的创作　/108
典型课例教学设计："布"一样的创作　/110

第三单元　寻味家乡
课例一　乡味日记　/114
课例二　食之絮语　/115
课例三　"袋"走乡味　/116
典型课例教学设计："袋"走乡味　/118

第六章　纸为媒　　122—145

第一单元　纸境无止境
课例一　纸源　/122
课例二　古法造纸　/124
课例三　纸浆花瓶　/125
单元课例教学设计：纸境无止境　/126

第二单元　纸塑干栏式建筑
课例一　古老的楼房　/130
课例二　纸艺榫卯　/131
课例三　建筑文创　/132
单元课例教学设计：纸塑干栏式建筑　/134

第三单元　纸塑新家园
课例一　纸盒奇幻屋　/138
课例二　绿色小家园　/139
课例三　太空家园　/141
单元课例教学设计：纸塑新家园　/142

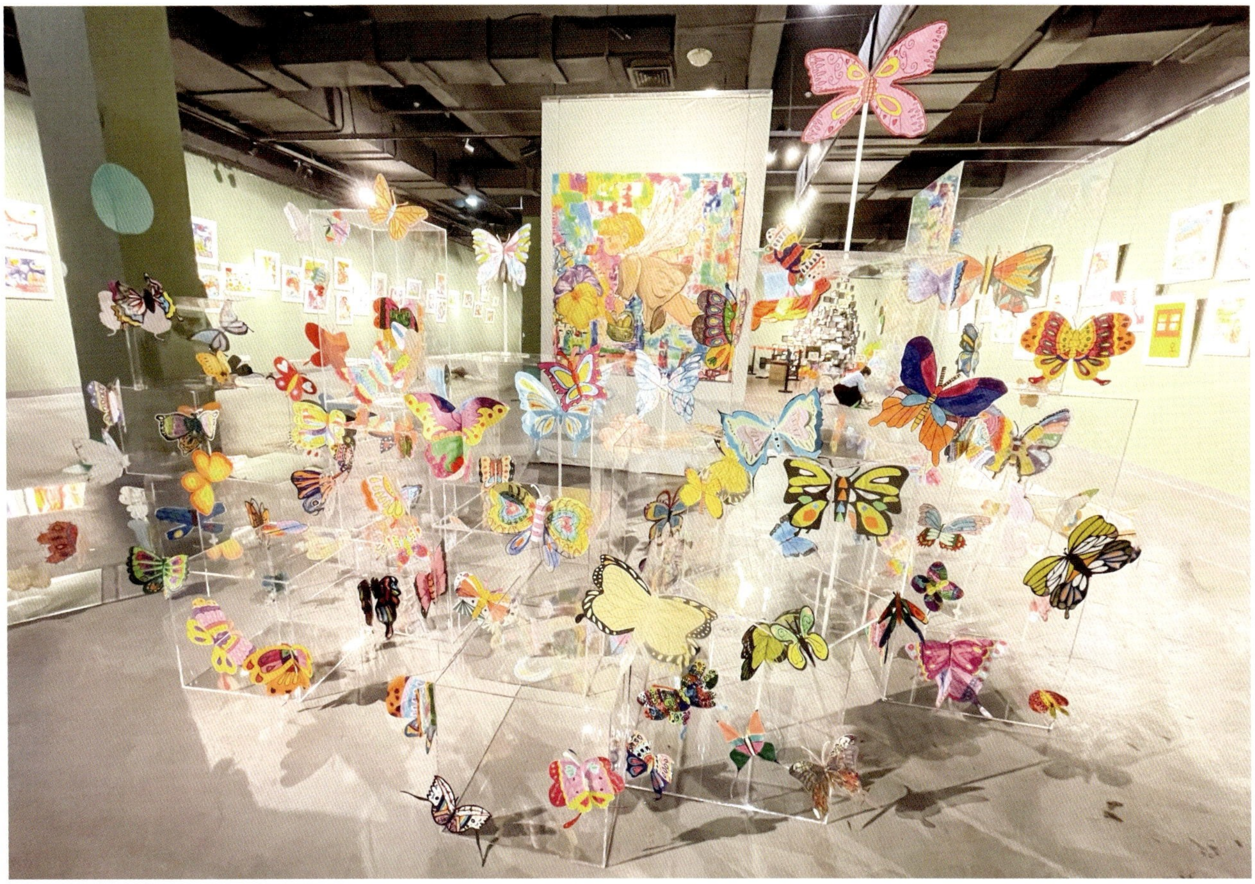

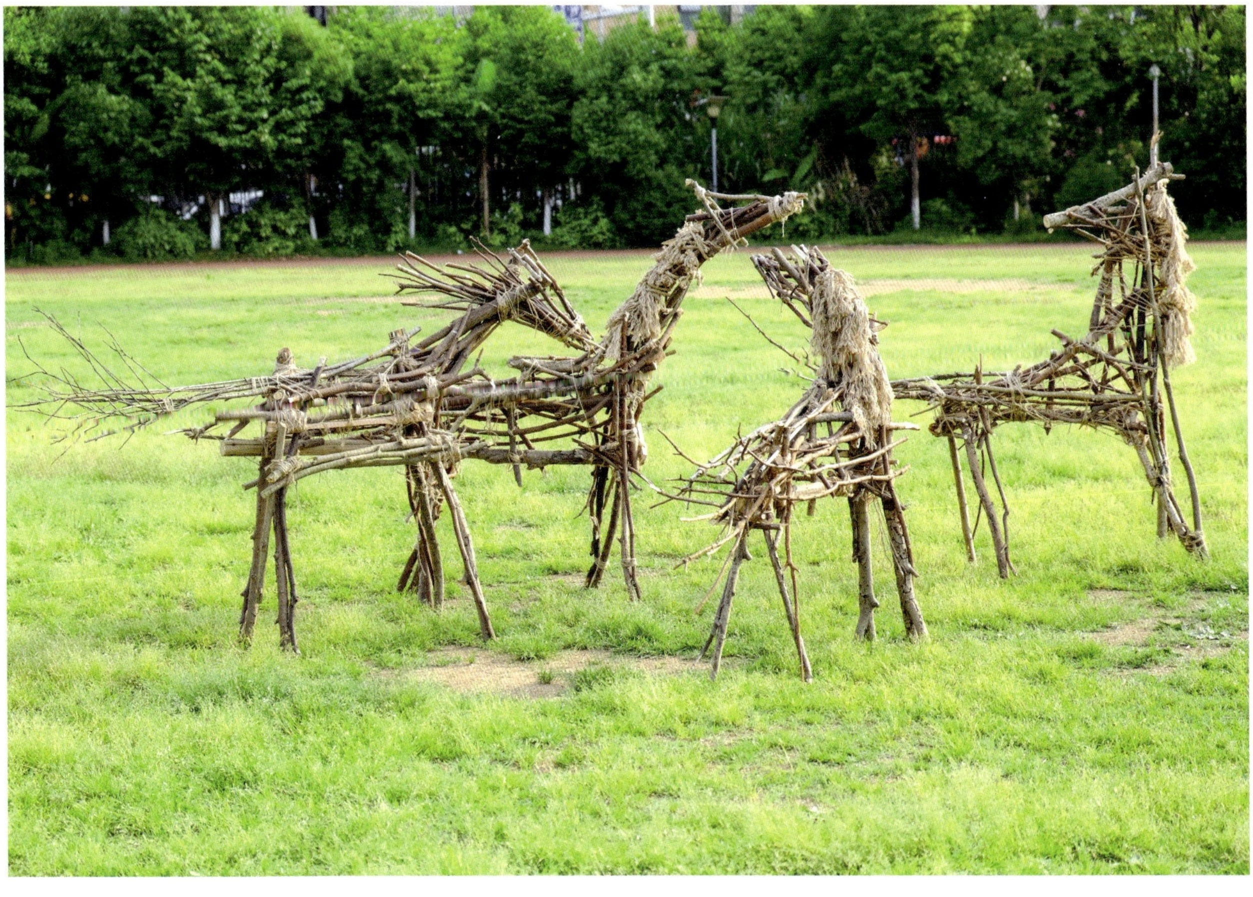

第一单元 笔墨游戏

适合（5—7岁）

❓ 水与墨相融会产生怎样神奇的效果？

课例一　点点滴滴

播（中国画）　吴冠中

思考与讨论

1. 小墨点有什么不同？
2. 它们是怎样排在一起的？

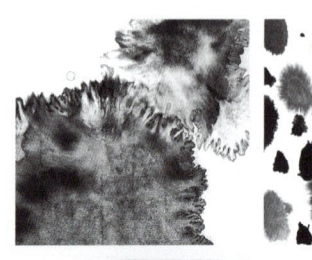

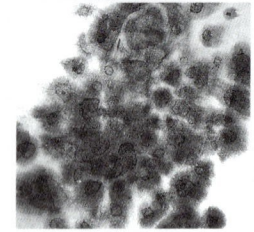

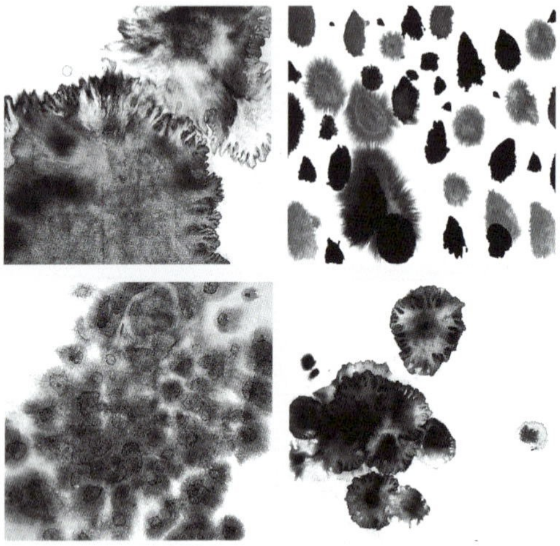

观察与分享

1. 改变滴入水、墨的顺序，产生的墨点有什么不同？
2. 怎样才能让墨点由小变大、由浓变淡？

先滴水 　　再滴墨 　　先滴墨 　　再滴水

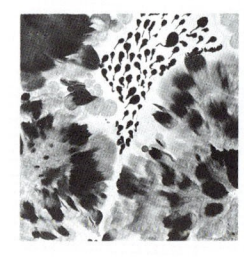

尝试与探索

1. 用小墨点画一幅有趣的水墨画。
2. 为自己的水墨画取个名称。

用毛笔勾勾涂涂，会产生怎样的水墨痕迹？

课例二　勾勾涂涂

蛙声十里出山泉（中国画）　齐白石

思考与讨论

1. 画家是怎样表现溪水的流动的？
2. 岸边的大石块是怎样排列的？

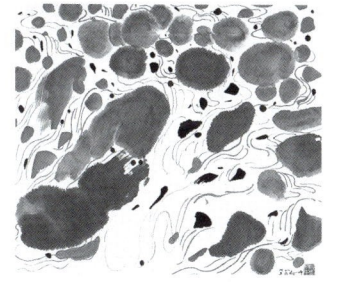

尝试与探索

1. 尝试用不同的墨色和线条表现潺潺的小溪水。
2. 添加小蝌蚪或岸边的景物，让小溪更富有生机。

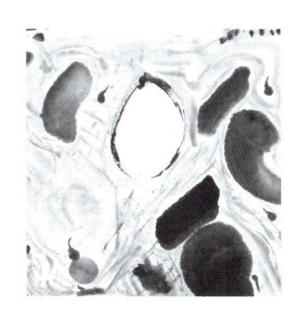

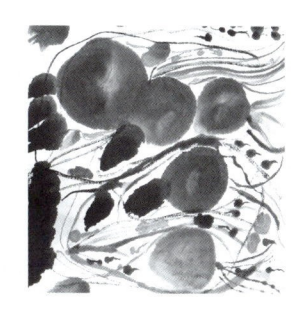

笔墨游戏

3

> 用浓淡不一的墨线和墨块能创造出怎样的水墨世界?

课例三　搭搭叠叠

尝试与探索

> 如果把一道墨痕当作一块积木，搭啊搭，叠啊叠……

思考与讨论

> 怎样把墨线和墨块"搭叠"成高楼大厦呢?

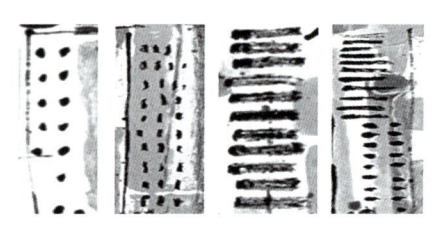

笔墨游戏 二

海市蜃楼（中国画） 吴冠中

都市味象（中国画） 樊枫

尝试与探索

1. 用墨线与墨块"搭建"属于自己的高楼大厦。
2. 将自己的和同学的作品组合成一幅城市图景。

观察与分享

一个小朋友不小心把墨汁渗到下面的宣纸上了，你能把它变成美丽的高楼吗？

5

典型课例教学设计：搭搭叠叠

一、图说教学设计

关键问题：用浓淡不一的墨线、墨块能创造出怎样的水墨世界？

情境：水墨"搭积木"。

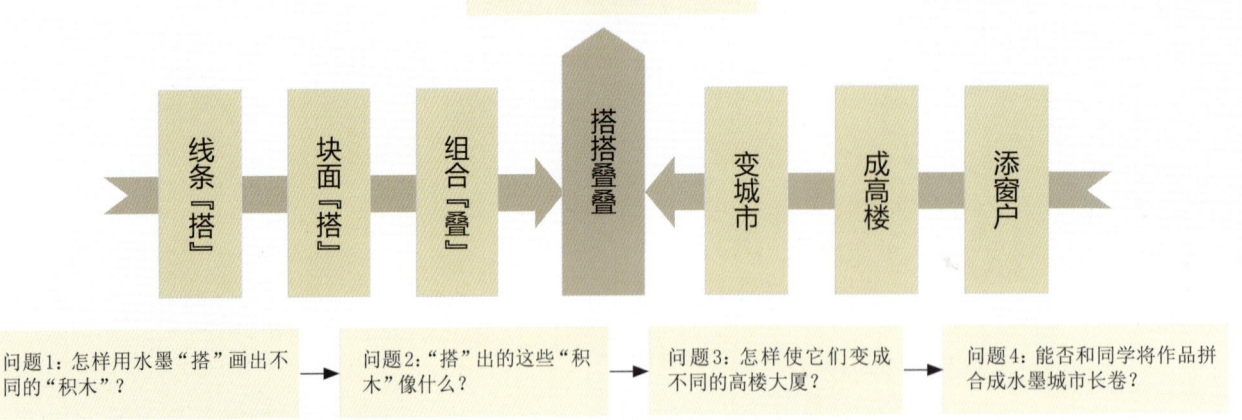

线条"搭" → 块面"搭" → 组合"叠" → 搭搭叠叠 ← 变城市 ← 成高楼 ← 添窗户

问题1：怎样用水墨"搭"画出不同的"积木"？ → 问题2："搭"出的这些"积木"像什么？ → 问题3：怎样使它们变成不同的高楼大厦？ → 问题4：能否和同学将作品拼合成水墨城市长卷？

二、具体课例呈现

（一）线条"搭积木"

1. 你尝试过用毛笔蘸墨来"搭积木"吗？
2. 竖着画两笔，上面再加横的一笔，一块"积木"就"搭"好了。
3. 再来"搭"两个这样的"积木"，可以怎么"搭"？

4. 看一看，你"搭"出的这些"积木"像什么？

（二）块面"搭积木"

1. 当我们把毛笔按下去画一笔，这时"搭"出的"积木"变得更结实了。
2. 我们把毛笔在水里蘸一蘸，这时"搭"出的"积木"颜色变淡了。
3. 用毛笔蘸墨再蘸水来"搭积木"真有趣，大大小小，粗粗细细，浓浓淡淡。

（三）看谁搭得多

1. 你能用不同大小、粗细、浓淡的"积木"继续搭吗？
2. 这一块叠在那一块上面，那一块放这一块旁边，叠啊叠……叠出了丰富多样的"积木"大家庭。

3. 让我们一起评一评。

学生自评		我获得_____★
评价维度	评价内容	星级要求
我理解	探索能力	1. 在教师的帮助下发现笔墨的粗细、大小、浓淡等不同变化。（★★） 2. 能通过同伴互助，发现不同的搭叠方法。（★★★）
我会做	表达能力	1. 能运用不同粗细、大小、浓淡的笔墨，"搭"出不同的"积木"。（★★） 2. 能运用不同方法来"搭叠积木"。（★★★）

（四）添画成高楼

1. 你"搭"出的这么多有趣的"积木"看上去像什么？
2. 艺术家是怎样用水墨表现高楼大厦的？
3. 吴冠中先生是如何将迷人的维多利亚港用水墨表现出来的？
4. 你会用怎样的水墨表现高楼大厦呢？

海市蜃楼（中国画） 吴冠中

5. 我们可以添加不同的窗户，有的用点，有的用线，有的用网格。
6. 我们还可以加上不同特色的屋顶，有的是尖尖的，有的是半圆形的，有的还有细细的天线。
7. 你见过哪些有特色的高楼大厦？

8. 我们可以发挥想象，继续添加不同的墨点、墨线与墨块，创作出更有特色的城市高楼。

9. 一个小朋友不小心把墨汁渗到下面的宣纸上了，你能把它变成美丽的高楼吗？

10. 我们还能把它变成不一样的高楼大厦吗？

（五）拼合变城市

1. 让我们把所有的作品拼合起来，变成一幅现代水墨城市长卷。

2. 取一个有意思的名称，写在长卷上，作为作品的题款。

3. 和同学一起分享作品中你喜欢的城市高楼，说说用水墨"搭积木"、变城市的乐趣。

4. 让我们一起评一评。

学生自评		我获得_____★
评价维度	评价内容	星级要求
我知道	造型变化	1. 能通过添画门窗，变化出不同的高楼大厦。（★） 2. 能结合自己家乡的高楼特点添画门窗。（★★） 3. 能根据自己的想象，添画成不同的高楼大厦。（★★★）
我理解	笔墨变化	1. 能运用不同的墨点、墨线、墨块，画出城市高楼的墨色变化。（★） 2. 能运用勾勒、点写等不同笔法来画城市高楼。（★★） 3. 能通过浓淡变化来表现城市高楼的虚实变化。（★★★）
我会做	创意变化	1. 能运用不同的笔墨来创作水墨城市。（★） 2. 能通过想象，把渗透的墨迹创作成水墨城市。（★★） 3. 能与同伴共同创作一幅城市长卷。（★★★）

第二单元　鱼翔浅底

02

适合（8—12岁）

? 古今画家为什么喜欢画白条鱼？

课例一　浪里白条

欣赏·白条之形趣

国画大师：

　　水因清澈而透明见底，鱼在水里任意遨游，它们亮丽的鳞片和灵动的身姿，在水中构成了一幅流动的画面。

尝试·白条之绘趣

集美小画家：

1. 一笔鱼身二笔尾。
2. 勾出鱼头和鱼嘴。
3. 画出胸鳍和腹鳍。
4. 后添脊鳍在鱼背。

国画大师：

　　画家画鱼注重神韵，用笔墨传递意趣。

对比·白条之墨趣

鱼藻图（局部　中国画）
缪辅

群鱼（局部　中国画）
齐白石

三余图（中国画）　齐白石

探究·白条之意趣

集美小画家：

　　我想像大画家一样试试用水墨描画白条小鱼。

10

> 写意画鱼有哪些方法？不同种类的鱼画法又有什么不同？

课例二 "鱼"众不同

比较·写意的画鱼方法

没骨法　　用有浓淡变化的墨色直接画鱼头、鱼身，再用墨线勾勒眼睛和部分轮廓。

勾勒法　　用中锋勾勒出鱼头、鱼身、鱼尾等外形，再用有浓淡变化的墨色皴擦、点染背部，最后蘸浓墨用笔尖添加细节。

思考·不同鱼类的画法

水墨鲇鱼

水墨金鱼

《鱼翔浅底》学习单	
你认识了哪些鱼？	
不同朝向的鱼各有什么特点？	
你学会了哪些画鱼的方法？	
哪几种鱼可以使用同样的画法？	
你发现鱼有哪些动态？你最喜欢哪种动态？	
你能尝试画一条喜爱的鱼吗？	

水墨鲤鱼

水墨白条

集美小画家：

原来水墨鱼儿有这么多不同的动态！

? 怎样才能使水墨鱼更生动有趣？

课例三　鱼戏荷塘

比较·各类水墨背景

肌理式背景

墨语禅心（中国画）　赵春秋

传统式背景

池趣（中国画）　吴作人

简洁式背景

九如图（中国画）　邱受成

抽象式背景

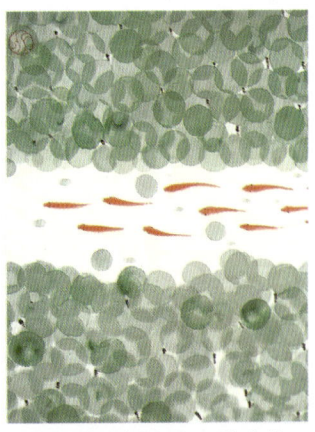

无尽夏（中国画）　陈家泠

渲染式背景

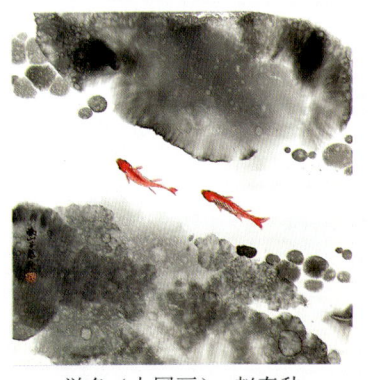

游鱼（中国画）　赵春秋

集美小画家：

我发现给水墨鱼添加漂亮的背景，画面会更有趣味哦！

国画大师：

给水墨鱼添加背景的方式有很多，有肌理式背景、传统式背景、简洁式背景、抽象式背景、渲染式背景等。请你仔细比较各类背景，说说你最喜欢哪种表现方式。

《水墨背景》学习单	
小组名单	
尝试的背景画法	
运用的工具	
你的感受	

创作·初试水墨画鱼

> 画家画鱼不仅表现出了鱼的趣味，而且借鱼抒发了怎样的情感？

课例四　借鱼抒情

欣赏·画家借鱼言志

国画大师：

画家画鱼，通常借鱼表达自己的情感。欣赏大师笔下的鱼，你觉得它们表达了画家什么样的情感？

鱼（中国画）　朱耷

上游（中国画）　李苦禅

创作·尝试水墨画鱼

国画大师：

你想试着画一画形态各异、充满趣味的水墨鱼吗？

探究·鱼的情绪表达

集美小画家：

我发现这几条鱼的表情很有意思，有的好像很生气，有的好像很快乐。鱼的形体与表情相结合，能表达不同的情绪。

组合·呈现水墨装置

典型课例教学设计：浪里白条

一、图说教学设计

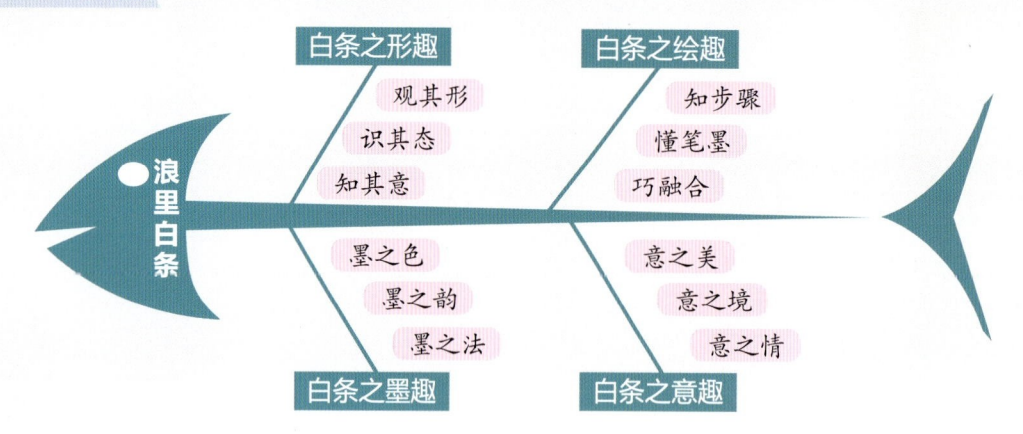

```
浪里白条
├─ 白条之形趣：观其形、识其态、知其意
├─ 白条之绘趣：知步骤、懂笔墨、巧融合
├─ 白条之墨趣：墨之色、墨之韵、墨之法
└─ 白条之意趣：意之美、意之境、意之情
```

二、具体课例呈现

（一）白条之形趣

1. 你见过河里的小小白条鱼吗？下面哪张是白条鱼呢？它们体色银白，背部微黑，游动起来灵巧可爱，生动有趣，是国画大师非常喜欢摹画的小动物。

2. 你仔细观察过鱼吗？它的身体由几部分组成？分别有什么特点？

（鱼头、鱼身、鱼鳍、鱼尾）

学生自评		我获得_____★
评价维度	评价内容	星级要求
我理解	表达能力	能用一句话表达对"鱼翔浅底"的理解。（★） 能用简单的语言描述鱼的外形特点。（★★） 能清晰表达自己的感受。（★★★）
我会做	探索能力	能主动发现鱼的身体结构特点。（★） 能通过小组合作完成学习和探索。（★★） 能独立完成创作。（★★★）

(二)白条之墨趣

1. 下面是两位画家笔下的白条鱼,请仔细比较,这两位画家画鱼的方式有什么不同?

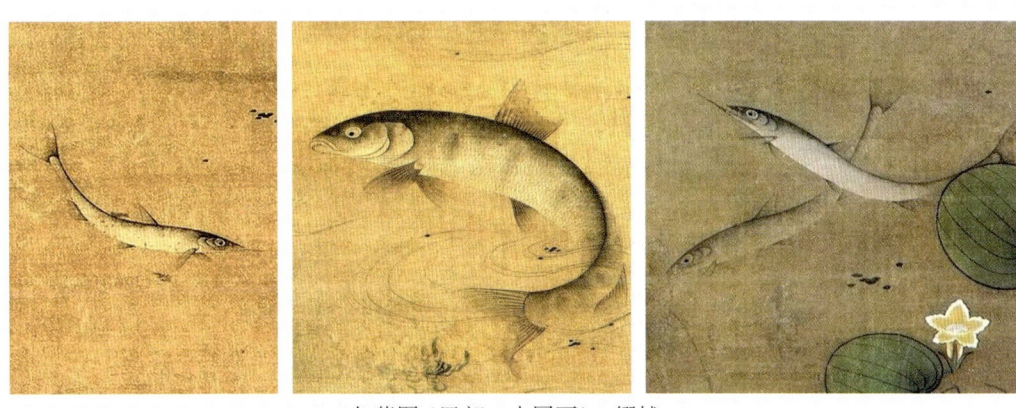

鱼藻图(局部 中国画) 缪辅

游鱼(中国画) 齐白石　　　　四鱼图(中国画) 齐白石

2. 缪辅和齐白石画的鱼各有什么特点?说说你的感受。

(1)缪辅笔下的鱼:注重写实,形态生动,勾染细腻。他继承了黄筌工整妍丽的画风。画家以简括而准确的笔墨创作了一幅生动活泼、情趣盎然的河塘小景。

(2)齐白石笔下的鱼:既有传统笔墨之神,又不失写实之形。特别是他独创的用水用墨之法,墨色丰富多变,浓淡对比强烈,同时线条又不失遒劲有力,可谓"有笔有墨"。

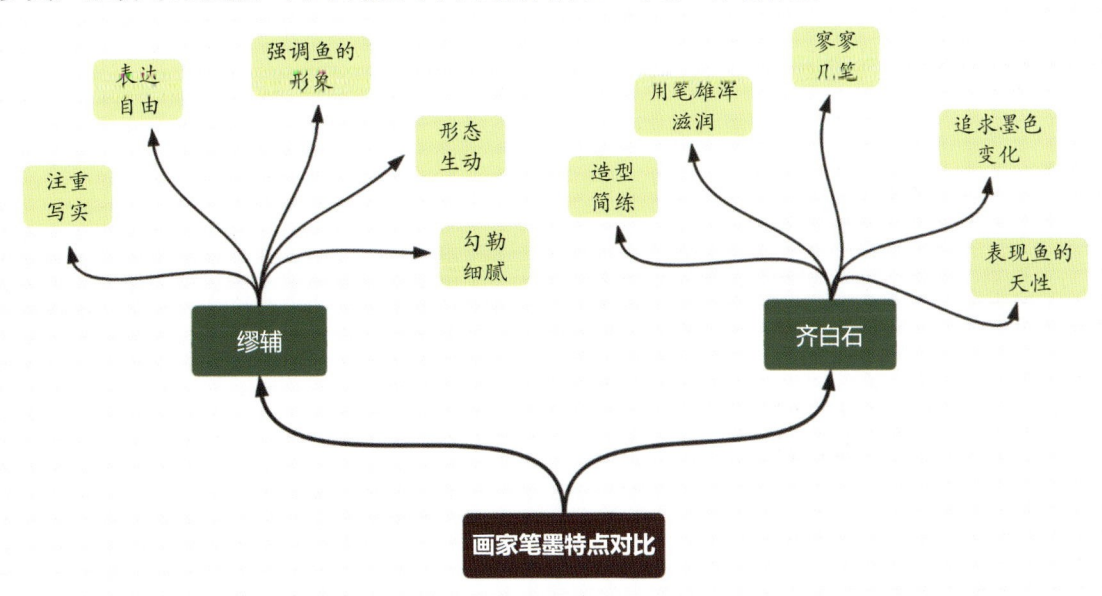

缪辅:注重写实、表达自由、强调鱼的形象、形态生动、勾勒细腻

齐白石:造型简练、用笔雄浑滋润、寥寥几笔、追求墨色变化、表现鱼的天性

画家笔墨特点对比

3. 缪辅画鱼，注重写实，形态生动，用笔细腻，强调鱼在水中的生动形象，借鱼表达精神上的自由、逍遥；齐白石画鱼，寥寥几笔便把鱼的天然灵性表现了出来，虽然没有描绘水，却把鱼在水中的动态画得活灵活现。通过表现鱼的动态和鱼身、鱼尾的墨色变化，让画面变得生动有趣。

4. 让我们一起评一评。

学生自评		我获得_____★
评价维度	评价内容	星级要求
我知道	观察能力	能观察画家画鱼用笔与用墨的特点。（★） 能观察到画面中的细节。（★★） 能发现画家借鱼所要表达的内容。（★★★）
我理解	比较能力	能比较不同画家画鱼形意结合的特点。（★） 能比较不同画家画鱼表现方式的特点。（★★） 能比较不同画家画鱼呈现出的不同趣味。（★★★）

（三）白条之绘趣

1. 让我们跟着步骤图，画画灵动的白条鱼。

2. 画白条鱼有几句口诀：一笔鱼身二笔尾，勾出鱼头和鱼嘴，画出胸鳍和腹鳍，后添脊鳍在鱼背。根据口诀，运用墨色变化，我们能轻松掌握画白条鱼的方法哦！

3. 让我们一起评一评。

学生自评		我获得_____★
评价维度	评价内容	星级要求
我会做	造型能力	能运用所学画法画白条鱼。（★） 能表现具有浓淡变化、富有趣味的白条鱼。（★★） 能表现笔墨的变化，完成有律动美感的白条鱼。（★★★）
	创意能力	能观察白条鱼的造型特点并进行表现。（★） 能完成一组有故事性的白条鱼水墨作品。（★★） 能表现每条鱼的动态变化，画面生动有趣。（★★★）

（四）白条之意趣

1. 你知道画家为什么喜欢画鱼吗？鱼有年年有余、健康、自由等寓意。
2. 我们画鱼，不仅要画鱼的外形，更要表达鱼自由、快乐的感觉，体现作品的意趣。让我们一起欣赏画家笔下的白条鱼，感受鱼的神韵。

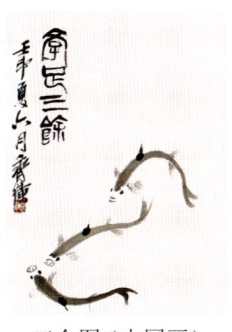

三余图（中国画） 齐白石

鱼乐图（中国画） 孙茂祥

鱼乐图（中国画） 田世光

群鱼（中国画） 李宏政

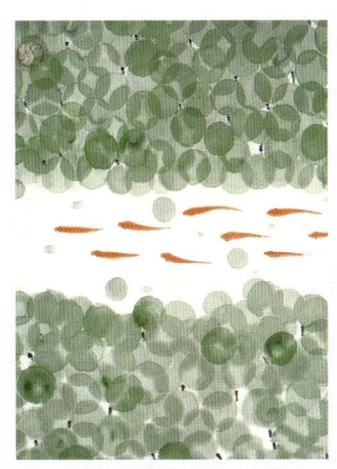

无尽夏（中国画） 陈家泠

无题（中国画） 陈家泠

3. 创作完成后，将作品展示于"鱼乐台"。
4. 让我们一起评一评。

学生自评		我获得_____★
评估维度	评价内容	星级要求
我会做	造型能力	能用水墨表现鱼。（★） 能根据鱼的形体变化表现鱼的灵巧生动。（★★） 能合理地进行构图，画面具有节奏感。（★★★）
	用笔用墨	画鱼时能注意用笔、用墨的浓淡变化。（★） 能掌握用笔技巧，画面有干湿浓淡的变化。（★★） 能通过用笔轻重、虚实、顿挫等手法表现鱼的形态特点。（★★★）
	意趣表达	能通过鱼表达水墨意趣。（★） 能添加背景，构图有变化，能表达主观情感，呈现画面意趣。（★★） 合理构图，画面具有节奏感。（★★★）

第三单元　四时意趣

适合（10—12岁）

❓ 外出郊游时，怎样用水墨来表现赏心悦目的景色？

课例一　水墨语言写景

郊游赏景

队长：
　　让我们分享一下郊游照片，说说看到了哪些美景，以及赏景时的心情。

雅集组织者：
　　回忆沿途看到的美景，用铅笔快速地画一画草图，并用简单的词句记录赏景心情。（完成学习单1）

《四时意趣》学习单1

班级		姓名	
1.稿图 要求：用铅笔快速勾勒景色。	稿图		
2.语录 要求：用简单的词句记录赏景心情。	语录		

水墨写树、石

各种树叶的画法

用线条表现树枝的高低、粗细、疏密、穿插

用浓破淡、淡破浓、干湿叠加等方法表现石头的大小和阴阳向背

组合写景

雅集组织者：
　　参考之前画的草图，用水墨将草图中的树、林、山和石进行组合，画一幅树石小景。你会如何表现？

18

四时意趣 =

> 如何叠加媒材，渲染四时意境之美？

课例二　媒材创意造境

钉戳山形

雅集组织者：

　　山石最凸出的部分在哪里？
　　最粗糙的部分在哪里？
　　最险峻的地方在哪里？
　　试着用戳钉子的方式将它们表现出来吧！

1. 贴在有厚度的吹塑纸上。

钉勒山境

队长：

　　小组讨论，钉子有哪些排列的方法和变化？分别可以表现出山石怎样的形态与质感？（完成学习单2）

2. 找到石头最高的部分，进行戳钉、排钉。

《四时意趣》学习单2		
班级：	第　　组	汇报人：
1.用钉子戳一戳，探究用钉子表现山石的方法。	方法1： 方法2： 方法……	
2.用文字记录不同钉子的排法所表现出的不同山石形态与质感。	方法1表现出山石_____之感。 方法2表现出山石_____之感。 方法3表现出山石_____之感。 ……	

表现层峦叠嶂之美

表现连绵起伏之美 　　　　　　　　表现陡峭险峻之美

19

点染山色

雅集组织者：

我们来上色吧！你最喜欢哪个季节？

队员：

四个季节有怎样的独特美？
春，柳絮桃夭之美；
夏，树茂荷碧之美；
秋，层林尽染之美；
冬，寒远萧瑟之美。

? 还可以添加什么有趣的内容，让作品意趣横生、耐人寻味？

课例三　画意诗情凝趣

点景之趣

雅集组织者：

郊游之时，你见到过哪些有趣的景点？你会怎样添加到画面中？

队长：

在自己的作品中畅游一定很好玩，我们来设计游玩路线吧！

添景：水榭、亭台、人物。
表现深林赏景、泉水奔泻之美。

物候之趣

队员：

游玩累了，坐下歇脚，有阵阵清风该多好啊！

队长：

每个季节气候不同，真期待能看到不同的美景！

白雪皑皑
表现冬天夜雪凝寒、清冷迷蒙之美。

题诗辅趣

雅集组织者：

可以用什么诗句描述作品中的景色？

诗句中蕴含怎样的赏玩情感和生活感悟？（完成学习单3）

队长：

我们将诗文题写在作品上吧！

《四时意趣》学习单3

班级		姓名	
1.用两三句诗句描述作品中的景色。			
2.回忆赏景时的心情，自创一两句诗，并在诗中加入自己的感悟。			
3.整理诗句，组成完整的一首诗。			

一叶落叶晚，
几番清秋洗。
敲击金峰簌，
悠悠更秋思。
独钓更秋思。

意趣生发

队长：

一起欣赏大家的作品。我们不仅是画家，还是诗人啊。

队员：

自然景色很美，我们的作品更美！

雅集组织者：

游山玩水，诗画遣兴，妙哉！

屋檐古飞添山色，
溪漏漫墨梁秋风。
悠悠环村吟金曲，
一山一城落千秋。

千里碧水绿映红，
水村新芽漪微风。
桃花一簇开无主，
一片花香春意中。

典型课例教学设计：画意诗情凝趣

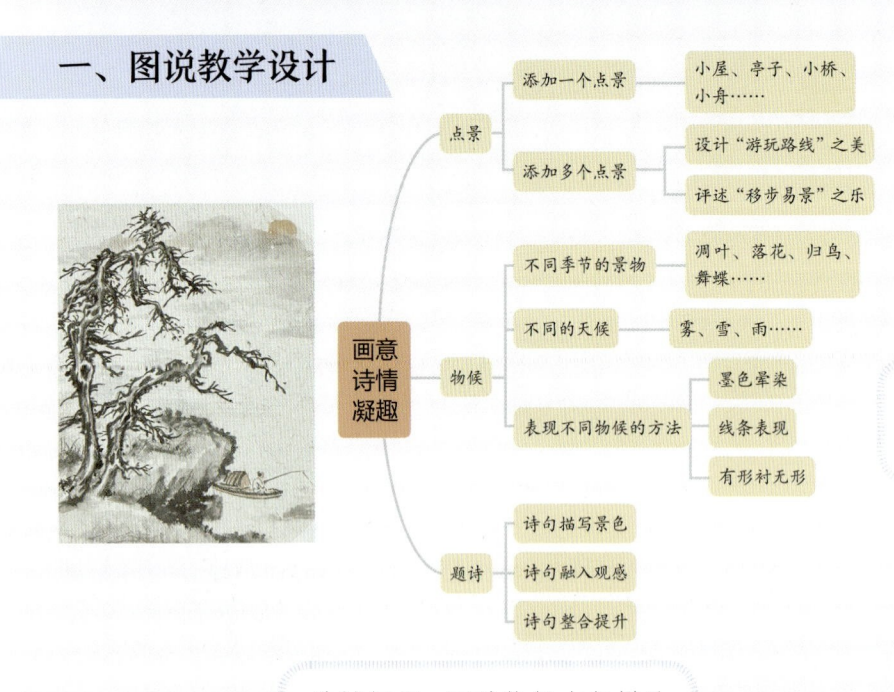

一、图说教学设计

画意诗情凝趣
- 点景
  - 添加一个点景：小屋、亭子、小桥、小舟……
  - 添加多个点景
    - 设计"游玩路线"之美
    - 评述"移步易景"之乐
- 物候
  - 不同季节的景物：凋叶、落花、归鸟、舞蝶……
  - 不同的天候：雾、雪、雨……
  - 表现不同物候的方法：
    - 墨色晕染
    - 线条表现
    - 有形衬无形
- 题诗
  - 诗句描写景色
  - 诗句融入观感
  - 诗句整合提升

关键问题：四时物候有怎样的变化？

情境：感受四时的不同意趣。

问题1：如何添加点景？
问题2：如何设计游玩路线？
问题3：如何分享游玩之乐？

问题1：四季有哪些不同的物候？
问题2：如何表现不同的物候？

点景：亭子、廊桥、小溪、水榭、台阶、小舟、小车、寸马、豆人……

问题1：如何用诗句描绘作品中的美景？
问题2：如何在诗句中融入自我情感？
问题3：如何诗画结合表现意趣美？

二、具体课例呈现

（一）点景之趣

1. 郊游之时，你遇到过哪些印象深刻的景色？
2. 用毛笔等工具在作品中添加有趣的点景。
3. 点景给作品增添了很多生机。

4. 如果来到你的作品中畅游，你能介绍游玩路线吗？这条路线上有哪几个有趣的景点？

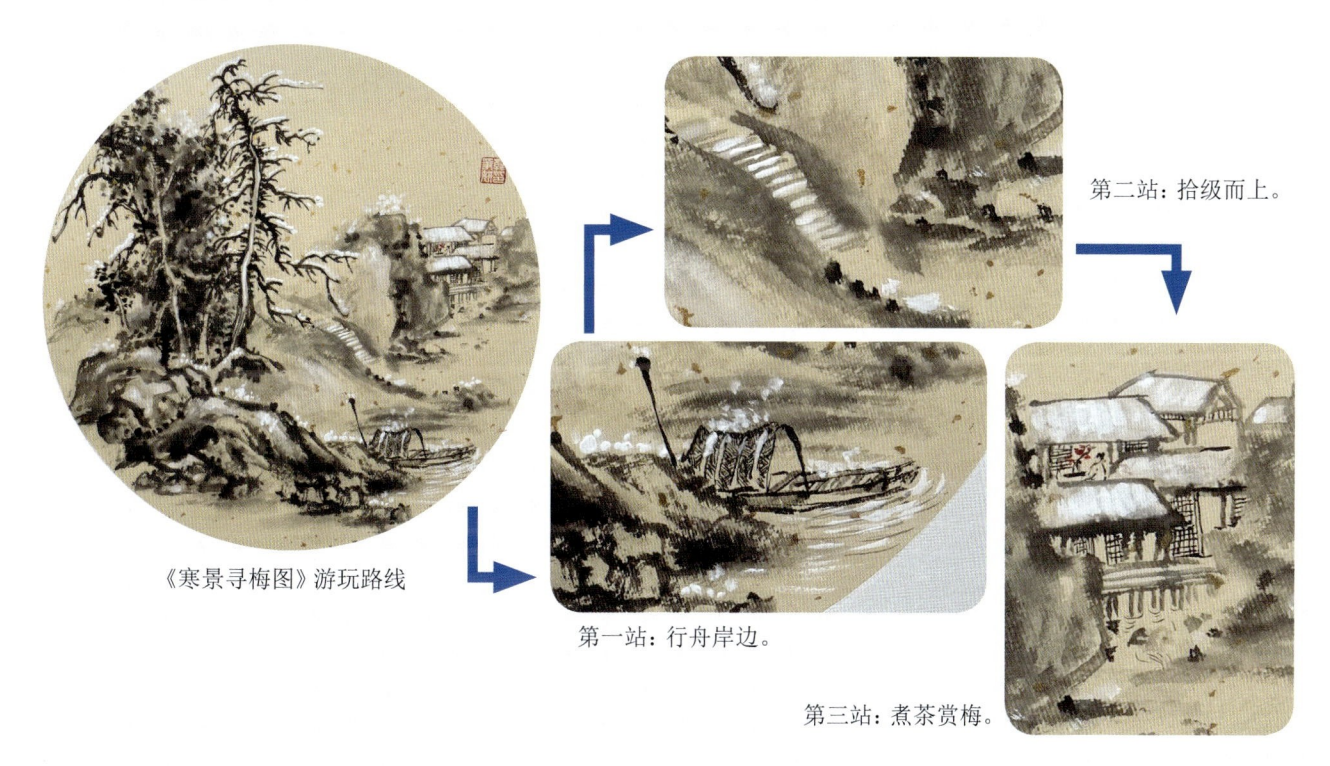

《寒景寻梅图》游玩路线

第一站：行舟岸边。

第二站：拾级而上。

第三站：煮茶赏梅。

5. 分享"移步易景"之趣。
6. 让我们一起评一评。

学生自评		我获得_____★
评估维度	评价内容	星级要求
我知道	点景的意义	1. 描述点景在四季中的象征意义。（★★） 2. 解释点景如何增强四季景色的艺术效果。（★★★）
我理解	"移步易景"的运用	1. 说明"移步易景"在艺术作品中的运用。（★） 2. 分析季节变化在"移步易景"中的合理表现。（★★） 3. 评价"移步易景"在提升作品深度和丰富性中的作用。（★★★）
我能做	创新设计路线	1. 设计一条具有创新性的"移步易景"游玩路线。（★） 2. 通过设计游玩路线展现四季变化的多样性和动态美。（★★） 3. 融合视觉艺术和互动元素，创造一个综合性的"移步易景"体验场景。（★★★）

（二）物候之趣

1. 不同的点景各有什么特点？

凋叶　　　　　　　　　　　　　　　雾
落花　　　　　　　　　　　　　　　雨
归鸟　　景物　点景　天候　　　　　风
舞蝶　　　　　　　　　　　　　　　雪
……　　　　　　　　　　　　　　　……

23

2. 我们可以怎样巧妙地表现这些物候变化？
（1）墨色晕染。白白的雪、紫红的晚霞、嫩绿的新叶……
（2）线条表现。用柔软的线条表现烟霏丝柳，用遒劲的线条表现待春枯木……
（3）有形衬无形。弯腰的小树衬林间的疾风、蜂拥蝶舞衬花香悠远……

夕岚霭霭
表现夕阳斜照、独钓江畔之美。

春雨霏霏
表现烟霏丝柳、徐行漫赏之美。

林木簌簌
表现劲风拂林、豁然飒爽之美。

3. 让我们一起评一评。

学生自评		我获得_____★
评估维度	评价内容	星级要求
我知道	观察能力	1. 回忆四季不同的物候。（★） 2. 说出几个不同季节的物候变化。（★★） 3. 观察的角度新颖独特，且语言表达能力强。（★★★）
我理解	感悟能力	1. 感知四季中不同物候与景物变化之间的关系。（★） 2. 理解四季不同物候变化的独特美。（★★） 3. 通过艺术手法表现不同物候变化，赋予作品意趣美。（★★★）
我能做	创作能力	1. 创作表现物候独特的意境美。（★） 2. 通过对物候的渲染烘托，使作品具"无声胜有声"的意趣美。（★★） 3. "画面描绘"和"评述表达"两者相得益彰，表现"画不尽意"之美。（★★★）

（三）题诗辅趣

1. 我们还可以用文字记录这些美景。根据作品中"移步易景"的一幕幕画面，自创两三句诗句来描绘景色内容。
2. 想想观景之时有怎样的心情和感悟，用一两句话记录下来。

3. 整理刚才写的诗句，注意对仗工整，形成一首完整的诗。（完成学习单3）

4. 将画面和诗文完美地整合在一起。

5. 如何安排题诗的位置，使得字和画两者相得益彰呢？

6. 尝试摆一摆，然后贴在一起，组成一幅完整的作品。

7. 落款钤印，呈现作品，完成最后评价。

《四时意趣》学习单3				
班级			姓名	
1. 用两三句诗句描述作品中的景色。				
2. 回忆赏景时的心情，自创一两句诗，并在诗中加入自己的感悟。				
3. 整理诗句，组成完整的一首诗。				

8. 让我们一起评一评。

学生自评		我获得_____★
评估维度	评价内容	星级要求
我知道	自创题诗	1. 能仿写经典诗句。（★） 2. 能自创诗句描写作品的独特美。（★★） 3. 能自创的诗句具韵律美，表现作品深层的意趣美。（★★★）
我理解	诗画融合	1. 能在作品中题跋诗句。（★） 2. 题跋的字迹工整。（★★） 3. 诗句与画面相得益彰。（★★★）
我能做	作品完成	1. 能在教师的帮助下完成作品。（★） 2. 能独立完成作品，画面完整。（★★） 3. 讲究画面的经营位置，作品整体效果好。（★★★）

第二章 综为合

01 第一单元 "石尚"美育 （适合8—12岁）

❓ 大自然的石头都有哪些有趣的玩法呢？

课例一 "石"在有趣

画一画

生活中有哪些有趣的表情？

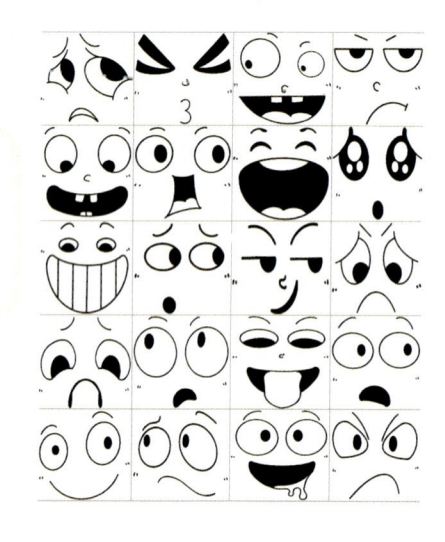

找一找

大自然里的石头是怎么形成的？找一找生活中那些有趣的石头。

添一添

想象石头变成各种有趣的脸，给它们添上不同的表情。

摆一摆

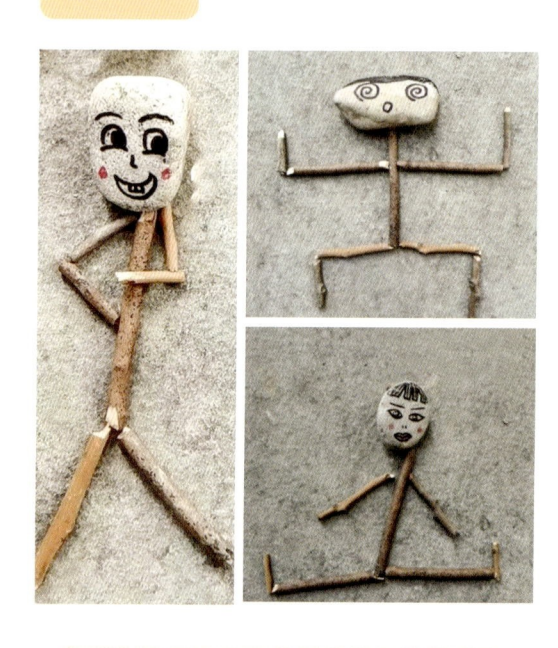

展开想象，用树枝摆一摆，变出一个个生动有趣的小人。

课外拓展　阅读关于石头的绘本。

26

"石尚"美育

> 石头变成艺术品后，会焕发怎样的魅力呢？

课例二 其"石"不简单

艺术源于想象

你觉得这些石头的外形像什么？展开联想，说一说。

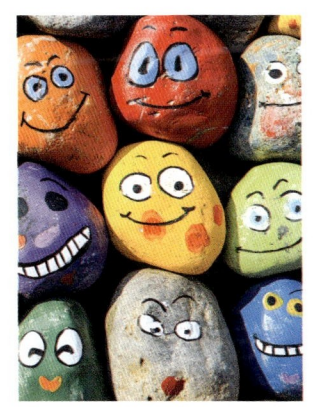

艺术回归生活

把自己绘制的石头艺术品展示出来，并装点我们的生活吧。

这些彩色的沙滩石来自不同国家小朋友的创意。

课例三 奇"石"妙想

探寻意义 你知道石头在人类历史中的意义吗？

建筑

埃及金字塔 　　　　　　　中国万里长城

文化

英国巨石阵 　　　　智利复活节岛石像 　　　中国灵璧石

军事　　　　　　　　　　　　　　　　　乐器

石头兵器　　　　　　　　　　　　　　　　埙

"石尚"美育

思考并完成学习单。

《石头的意义》学习单						
类别	建筑	文化	军事	乐器	……
名称					
意义					

体验乐趣

看谁的石头摆得好看，叠得高。

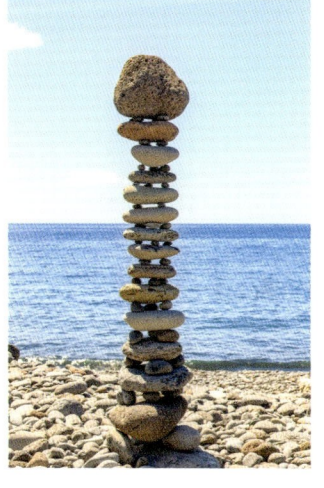

点石成"金"

如何将石头进行创意组合？

脑洞大开

一起欣赏石头艺术作品，动手拼摆，创意组合，并取一个好听的名称。

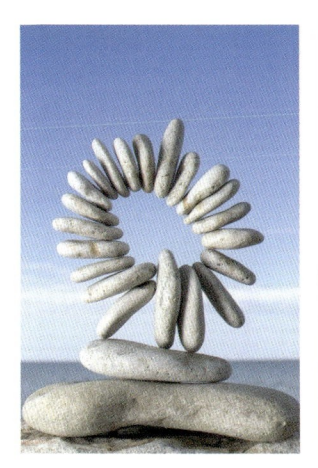

29

典型课例教学设计：奇"石"妙想

一、图说教学设计

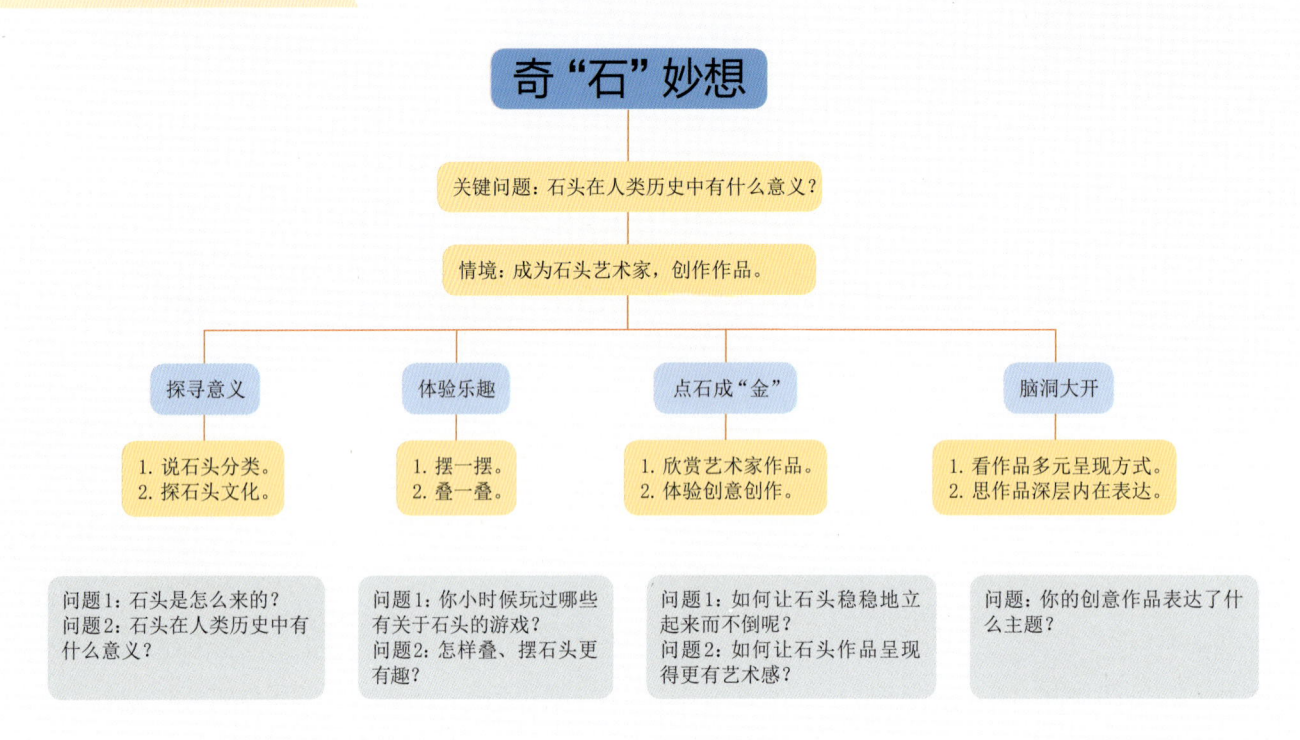

```
奇"石"妙想
    │
关键问题：石头在人类历史中有什么意义？
    │
情境：成为石头艺术家，创作作品。
    │
┌────────┬────────┬────────┬────────┐
探寻意义  体验乐趣  点石成"金"  脑洞大开
```

探寻意义
1. 说石头分类。
2. 探石头文化。

问题1：石头是怎么来的？
问题2：石头在人类历史中有什么意义？

体验乐趣
1. 摆一摆。
2. 叠一叠。

问题1：你小时候玩过哪些有关于石头的游戏？
问题2：怎样叠、摆石头更有趣？

点石成"金"
1. 欣赏艺术家作品。
2. 体验创意创作。

问题1：如何让石头稳稳地立起来而不倒呢？
问题2：如何让石头作品呈现得更有艺术感？

脑洞大开
1. 看作品多元呈现方式。
2. 思作品深层内在表达。

问题：你的创意作品表达了什么主题？

二、具体课例呈现

（一）探寻意义，了解学习

1. 你了解石头吗？石头有哪些种类？它们又有哪些秘密呢？

2. 石头是怎么来的？
3. 你知道石头在人类历史中有什么意义吗？
4. 一起走进石头文化，去学习了解。

| 埃及金字塔 | 中国万里长城 | 英国巨石阵 | 智利复活节岛石像 |

"石尚"美育

中国灵璧石 　　　埙  　　　　　　　　　　　石头兵器

5. 石头给予人类太多的惊喜，一起去看一看、听一听。
6. 根据上图内容，请思考并完成学习单。

《石头的意义》学习单						
类别	建筑	文化	军事	乐器	……
名称					
意义					

（二）体验乐趣，探索实践

1. 小时候你玩过有关于石头的游戏吗？举例说一说。
2. 一起来玩"石头变变变"的游戏吧。
3. 看看艺术家们是怎么玩石头的。
4. 叠一叠，在叠石中发现平衡的乐趣。

5. 通过叠石头，你有什么发现？（寻找大自然中的平衡美）

31

（三）点石成"金"，创意再现

1. 如何让石头稳稳地立起来而不倒呢？如何让石头呈现得更有艺术感？
2. 你能想到哪些办法？
3. 小组讨论并交换意见。

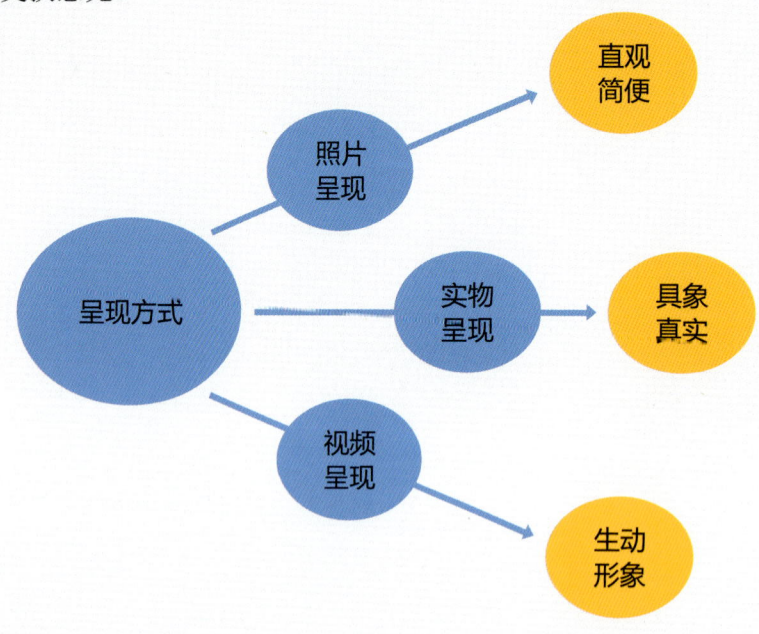

呈现方式：
- 照片呈现 → 直观简便
- 实物呈现 → 具象真实
- 视频呈现 → 生动形象

4. 制作创意石头作品需要用到哪些材料？
5. 制作作品的步骤：选石、勾线、上色、粘贴、组合。

"石尚"美育

6. 尝试创作。
7. 用丙烯马克笔画完以后需要有一定的晾干时间。
8. 让我们一起评一评。

学生自评		我获得＿＿＿＿★
评估维度	评价内容	星级要求
我知道	石头的秘密	1. 知道石头是怎么来的。（★★） 2. 能说出石头在人类历史中的意义。（★★★）
我理解	作品的含义	1. 在教师的引导下有所思考。（★★） 2. 能通过创作的作品表达自己独特的想法。（★★★）
我能做	作品的表达	1. 能够在教师的带领下完成作品。（★★） 2. 能够独立完成石头作品，并用到生活中。（★★★）

（四）脑洞大开，思维转换

1. 用完成的石头作品装点生活，并取一个好听的名称。

2. 课外拓展：走进并了解大地艺术。
3. 在多数人眼里，石头是冰冷、坚硬、没有生命的，但是我们通过学习与石头相关的系列课程就不难发现，石头是有趣的、独特的，还是我们艺术创作的源泉。让我们走进自然，感悟自然艺术的奇妙。

第二单元 02 第二章 综为合

"保贝"行动

（适合8—12岁）

❓ 仔细观察贝壳的造型、色彩、纹理，它们最吸引你的是什么呢？

课例一 寻贝之美

探·千贝之形

选择几个你感兴趣的贝壳，说说它们在造型、色彩、纹理方面各有什么特点，并完成学习单。

寻·万千之贝

小知识

目前，世界上已发现的贝类超过十万种。

《贝壳观察》学习单

造型			
色彩			
纹理			

34

> 用怎样的方法能让贝壳焕发生机，装点我们的生活呢？

课例二　玩贝之趣

色之美·添画之趣

根据贝壳的外形进行彩绘，不仅可以画在贝壳的表面，还可以在内侧进行装饰。

形之美·拼画之趣

完整 　　　　打碎 　　　　两者结合

变之美·构画之趣

用贝壳作画，艺术家有哪些不同的创意？

元素替代

用贝壳的外形代替物体的形状。

"保贝"行动 二

35

原型拼置

用石英砂和丙烯颜料调和后绘制背景,再粘贴贝壳进行创作。

组合重构

将多个贝壳拼贴组合成另一种物体的外形。

创之美·立体之趣

单贝作战

单个贝壳可以引发无限创意。

团结协作

将多个贝壳和其他材料组合,又能擦出怎样奇妙的火花呢?

"保贝"行动

> 欣赏大师的作品，你有什么新的创作灵感呢？

课例三　与大师对话

鉴赏·评述

　　贝壳是许多艺术家创作灵感的重要来源。艺术家是用什么方式表现贝壳的呢？结合欣赏图片进行评述，并完成学习单。

悉尼歌剧院（建筑）　澳大利亚

黑漆嵌螺钿人物故事葵花盘（漆器） 　　　　贝壳（版画）　伦勃朗（荷兰） 　　　　鹦鹉螺壳（金银器）

《贝壳艺术作品欣赏》学习单			
作品名称	表现形式	造型特点	欣赏感受
悉尼歌剧院	建筑	富有创意，充满趣味	
黑漆嵌螺钿人物故事葵花盘	漆器	用贝壳镶嵌装饰，工艺精湛	
贝壳	版画	写实、精美	
鹦鹉螺壳	金银器	贝壳与金属结合，巧夺天工	

37

典型课例教学设计：玩贝之趣

一、图说教学设计

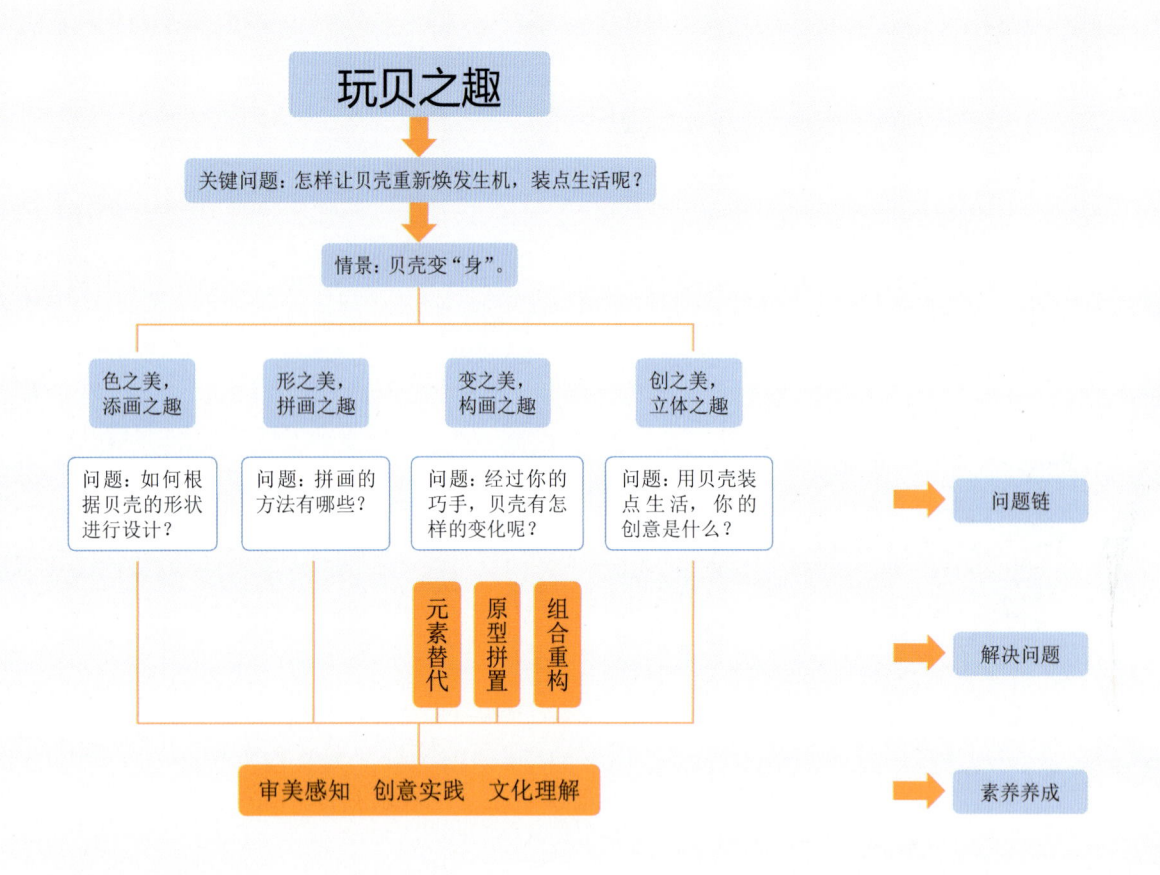

```
玩贝之趣
  ↓
关键问题：怎样让贝壳重新焕发生机，装点生活呢？
  ↓
情景：贝壳变"身"。
  ↓
┌──────────┬──────────┬──────────┬──────────┐
色之美，    形之美，    变之美，    创之美，
添画之趣    拼画之趣    构画之趣    立体之趣
  │          │          │          │
问题：如何根  问题：拼画的  问题：经过你的  问题：用贝壳装
据贝壳的形状  方法有哪些？  巧手，贝壳有怎  点生活，你的
进行设计？              样的变化呢？    创意是什么？
                          │
                    元素替代 原型拼置 组合重构
                          │
              审美感知  创意实践  文化理解
```

➡ 问题链

➡ 解决问题

➡ 素养养成

二、具体课例呈现

（一）确定主题，提出问题

1. 同学们，你去过海边吗？在海滩上，你捡过漂亮的贝壳吗？

2. 当你看到不同种类、造型各异的贝壳时，你想把它们变成什么好玩的作品呢？

3. 温馨提示：当你把贝壳捡回家后，记得要及时清洗。清洗的方法有很多种，水煮法是相对简单的一种，可以试试。

4. 请和你的小伙伴一起思考问题，填写学习单。

（1）你喜欢选哪种海洋元素来进行主题创作？
（2）你想在小组里承担什么角色？
（3）你打算用哪种艺术形式展示贝壳作品？
（4）你能画个草图，结合相关元素设计你的贝壳作品吗？

《贝壳艺术作品创作》学习单			
确定主题	小组分工	表现形式	草图效果

（二）情景设置，问题实施

1. 本次的"保贝"行动就要开始了，请你按照小组分工展开学习与探索。希望我们的学习旅程充满惊喜！

2. 怎么样让贝壳华丽变身呢？可以试试用贝壳代替与贝壳外形相似的物体。

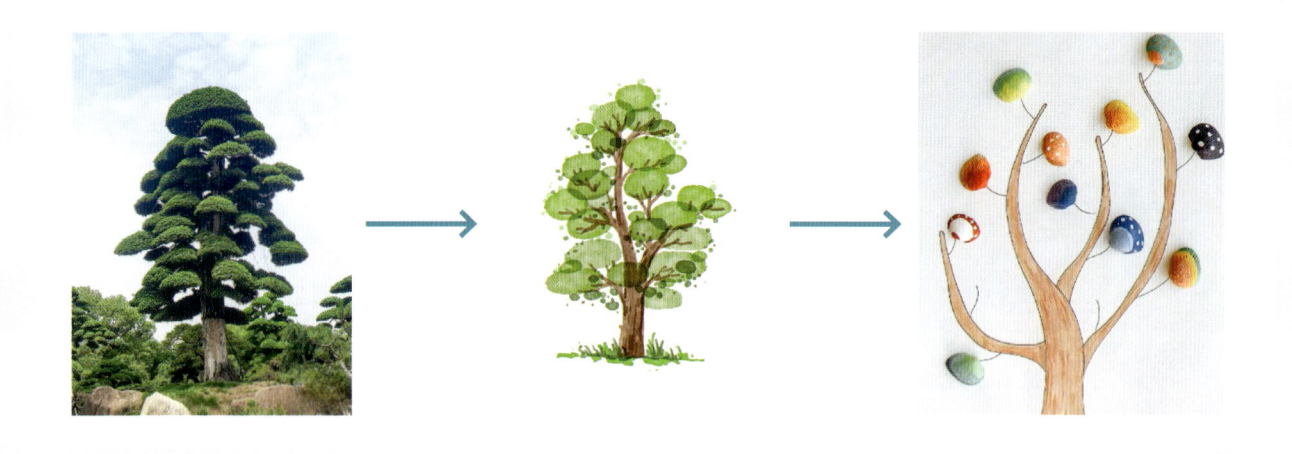

3. 老师对大树的原型用了"概括"的方法进行草图设计，然后再用"变形""夸张"等艺术手法进行贝壳作品的创作。作品中树枝呈现出简洁的效果，并用彩色贝壳来代替树冠。像这样的创作手法，叫"元素替代"。

4. 你能举一反三吗？试试用贝壳创意表现下面这些形象。

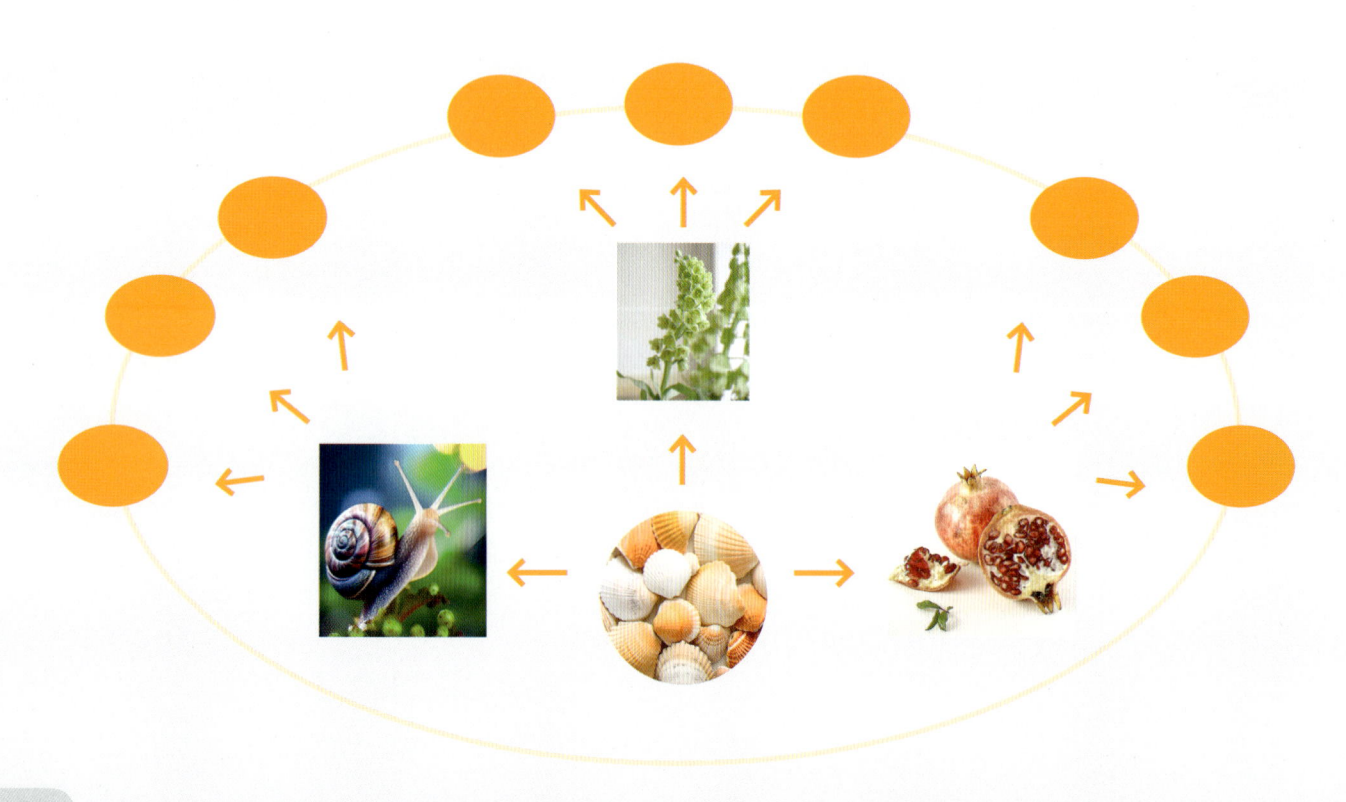

5. 将贝壳与海滩景色等与海洋相关的元素相结合，让贝壳以本身的形态组合在画面中，这种艺术创作方法叫"原型拼置"。

6. 看看你们的贝壳和要创作的形象中的哪一部分最相似呢？用贝壳来进行代替，这种"组合重构"法你学会了吗？

（三）解决问题，生活应用

1. 小组合作完成创作，将作品展示在自己喜欢的地方。
2. 让我们一起评一评。

学生自评	我获得＿＿＿★	
评价维度	评价内容	星级要求
我知道	创作方法	1. 掌握一种创作方法。（★★） 2. 掌握多种创作方法。（★★★）
我理解	设计创意	1. 材料创新。（★） 2. 方法创新。（★★） 3. 思维创新。（★★★）
我能做	作品完成	1. 作品完整。（★） 2. 精致美观。（★★） 3. 装点生活。（★★★）

03 第三单元

第二章 综为合

秋叶拾趣

（适合6—10岁）

> ❓ 我们可以从哪些角度欣赏秋叶的美？

课例一　寻找秋叶

认识秋叶

秋天来了，走进大自然，去寻找秋日的落叶吧。你认识哪些秋叶？大自然中的落叶都一样吗？

单叶

复叶

发现秋叶

秋叶美在哪里？仔细观察秋叶的形状、色彩、纹理，发现秋叶的美丽。

外形美 　　　　　色彩美 　　　　　纹理美

42

赏玩秋叶

艺术家是怎样将秋叶组合在一起的？你从作品中感受到什么？

英国大地艺术家安迪·高兹沃斯的秋叶作品

思创秋叶

1. 叠一叠、摆一摆，寻找摆树叶的规律，创造属于你的秋叶艺术吧。
2. 想一想，秋叶还有哪些有趣的玩法呢？

课例二　拓印秋叶

? 我们如何留住秋叶的美丽？

寻找秋叶的不同

找一找生活中不同的树叶，它们分别像什么？

探索秋叶的秘密

树叶的正反面都是一样的吗？不同的面摸起来是什么感觉呢？

留住秋叶的美丽

可以用拓印的方法留住秋叶的美丽。拓印秋叶需要用到哪些工具？

利用秋叶来创作

你还能想到哪些玩法来留住秋叶的美丽？

单色拓印 　　　　　多色拓印

秋叶拾趣 =

> 我们可以用秋叶创作哪些创意作品？

课例三　秋叶联想

秋叶翩翩起舞

秋叶美在哪里？（形、色、肌理）

秋叶迷人魅力

试试在单片叶子上画一画各种线条，注意用丙烯马克笔绘画后需要晾晒一定的时间。

秋叶无限创想

1. 发挥创意，完成一组与秋叶有关的艺术创作。
2. 利用秋叶还能完成哪些有意思的作品？

45

典型课例教学设计：寻找秋叶

一、图说教学设计

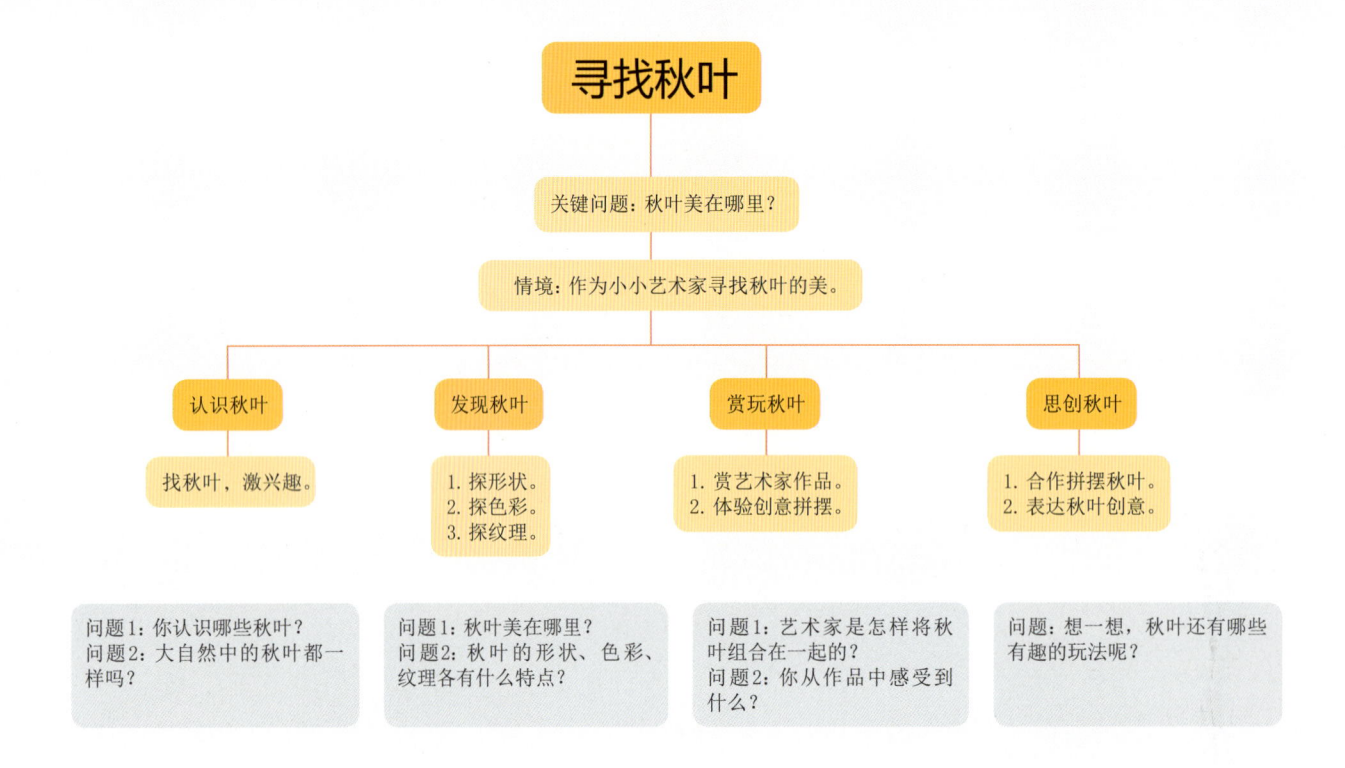

```
寻找秋叶
  │
关键问题：秋叶美在哪里？
  │
情境：作为小小艺术家寻找秋叶的美。
  │
┌─────────┬─────────┬─────────┬─────────┐
认识秋叶   发现秋叶   赏玩秋叶   思创秋叶

找秋叶，    1.探形状。  1.赏艺术家作品。  1.合作拼摆秋叶。
激兴趣。    2.探色彩。  2.体验创意拼摆。  2.表达秋叶创意。
           3.探纹理。
```

问题1：你认识哪些秋叶？
问题2：大自然中的秋叶都一样吗？

问题1：秋叶美在哪里？
问题2：秋叶的形状、色彩、纹理各有什么特点？

问题1：艺术家是怎样将秋叶组合在一起的？
问题2：你从作品中感受到什么？

问题：想一想，秋叶还有哪些有趣的玩法呢？

二、具体课例呈现

（一）感知秋叶之境

1. 一阵秋风吹过，树叶离开了大树的怀抱，来和我们做朋友啦。我们一起走进大自然，去寻找秋日的印记，发现秋天落叶的美吧！

叶脉　叶片　叶柄

叶子的结构

（1）听一听，树叶飘落的声音，沙沙作响。
（2）摸一摸，秋叶是光滑的还是粗糙的？
（3）闻一闻，秋叶是否还带着泥土的气味？
（4）看一看，你发现了秋叶哪些有趣的地方？看看大家是怎么观察的。

秋叶拾趣

不同秋叶的形态

单叶

复叶

2. 哪个小组找到的树叶种类多？讨论找到的树叶有什么不一样。
3. 观察、比较单叶与复叶在形态上的不同。

（二）探究秋叶之美

1. 挑一片你喜爱的秋叶，和大家分享你为什么喜欢这片秋叶？它吸引你的是什么？
2. 和同学一起讨论，说说你们收集到的秋叶各有什么不一样。

外形美

纹理美

色彩美

47

3. 你捡的秋叶有哪些颜色？秋叶有哪些你喜欢的外形？哪片秋叶的纹路最独特？请你填一填。

请选一片落叶贴在这里！	1. 在圈里涂上它的颜色。	
	2. 用笔描一描它的轮廓。	
	3. 选取一小块纹路画在圆圈内。	

（三）欣赏秋叶之作

1. 大自然的落叶有很多种玩法，你觉得可以怎么玩？
2. 我们一起看看被称为英国"大地艺术家"的安迪·高兹沃斯是怎么玩的。
3. 艺术家简介：安迪·高兹沃斯是英国雕塑家、摄影家和环保主义者，他以创作与特定地域相关的自然雕塑以及大地艺术而闻名，他喜欢用自然环境中已有的材料进行艺术创作。

4. 艺术家的作品对你有什么启发？猜一猜，他为什么要这样摆放树叶？
5. 从颜色、大小的渐变等方面找一找摆树叶的规律。
6. 你想摆出什么样的图案呢？动手试一试。

秋叶拾趣 二

（四）尝试秋叶之创

1. 以小组为单位，与小伙伴一起构思并讨论作品。
2. 小组合作，动手摆一摆、拼一拼，并给作品取个好听的名称。
3. 让我们一起评一评。

学生自评		我获得_____ ★
评估维度	评价内容	星级要求
我知道	赏析能力	1. 知道秋叶美在哪里。（★★） 2. 能说出秋叶色彩、纹理、形状的特点。（★★★）
我理解	探索能力	1. 在教师的引导下有所思考。（★★） 2. 能够根据不同秋叶的特点创作出不同效果的作品。（★★★）
我能做	作品完成	1. 能够在教师的带领下完成作品。（★★） 2. 能够积极与小组成员合作完成作品。（★★★）

（五）拓展延伸

1. 哪个小组摆的落叶图案最有趣？还有哪些树叶的创意玩法？
2. 欣赏并了解更多大地艺术作品。
3. 尝试制作一本《落叶观察手册》。

49

第三章　泥为融

第一单元　水果聚会

（适合10—12岁）

? 你喜欢香甜的水果吗？如何用泥来表现各种各样的水果呢？

课例一　趣赏果形

品·缤纷时光

队长：

你认识哪些水果？最喜欢吃哪几种水果？

赏·瓜果飘香

队员：

鲜美可口的水果成熟了，装了满满一大篮！

队长：

仔细观察水果的形状和颜色，你能用基本形概括它们吗？

50

队长：

水果造型各异，你觉得它们分别像什么形状？

队员：

我们发现水果外形有的圆，有的方，有的是三角形，有的像月牙，而且有大有小，我们可以怎样制作它们呢？

陶艺大师：

方法可多啦！例如葡萄、蓝莓可以将泥搓成球后再组合。捏塑桃子、苹果时可以将报纸团成球放在泥片中间，然后包裹起来，再调整形状，完成创作。

践·果香盛宴

1. 在泥片中心放上报纸球。

2. 将泥片向中间包裹。

3. 捏塑成水滴状，作为桃子的外形。

4. 用泥浆将"叶子"粘在"桃子"上。

陶艺大师：

体型较大的水果作品需要在里面塞报纸，以免在烧制时炸裂。黏结叶子、花时需用泥浆，以免晾干后脱落。

= 美育浸润PBL百课　上册

> 巧妙组合这些水果作品后，会产生怎样的效果呢？

课例二　趣享果拼

拓·大快朵颐

队长：

哈哈哈！小朋友张着大嘴巴，开心地吃着各种可口的水果。让我们一起看看这些水果是怎么做的吧。

1. 擀一块圆形泥片。　　2. 压出嘴巴的形状，贴上牙齿。　　3. 加上弯弯的眼睛和鼻子。　　4. 添加耳朵作为盘子的把手。

赏·石榴红了

队员：

石榴红了，石榴籽宛如一颗颗晶莹的宝石，紧紧依偎在一起，象征着团结紧密，也寓意多子多福，生活美满。

队长：

除了表现水果的外形，也可展示果肉的特点哦！

课例三　趣创果味

如何将其他元素融入水果作品中呢？

启·"果"然有趣

队长：

夏日炎炎，当我们看到鲜红多汁的西瓜时，除了垂涎它那甜美的滋味，你是否也有过一些奇妙的图形联想呢？

队员：

一块块西瓜宛如漂浮在水面的绿舟，满载着清凉；也能组合成一朵盛开的莲花，娇艳而动人。

1. 将泥球切开，作为盛开的莲花。
2. 将泥片切割并组合成船的造型，船的顶棚可以用报纸支撑固定。
3. 用西瓜的形态来表现山的连绵不断。

队长：

让我们共同探索，水果作品还能如何焕发新生，绽放出别样的魅力？

= 美育浸润PBL百课　上册

单元课例教学设计：水果聚会

一、图说教学设计

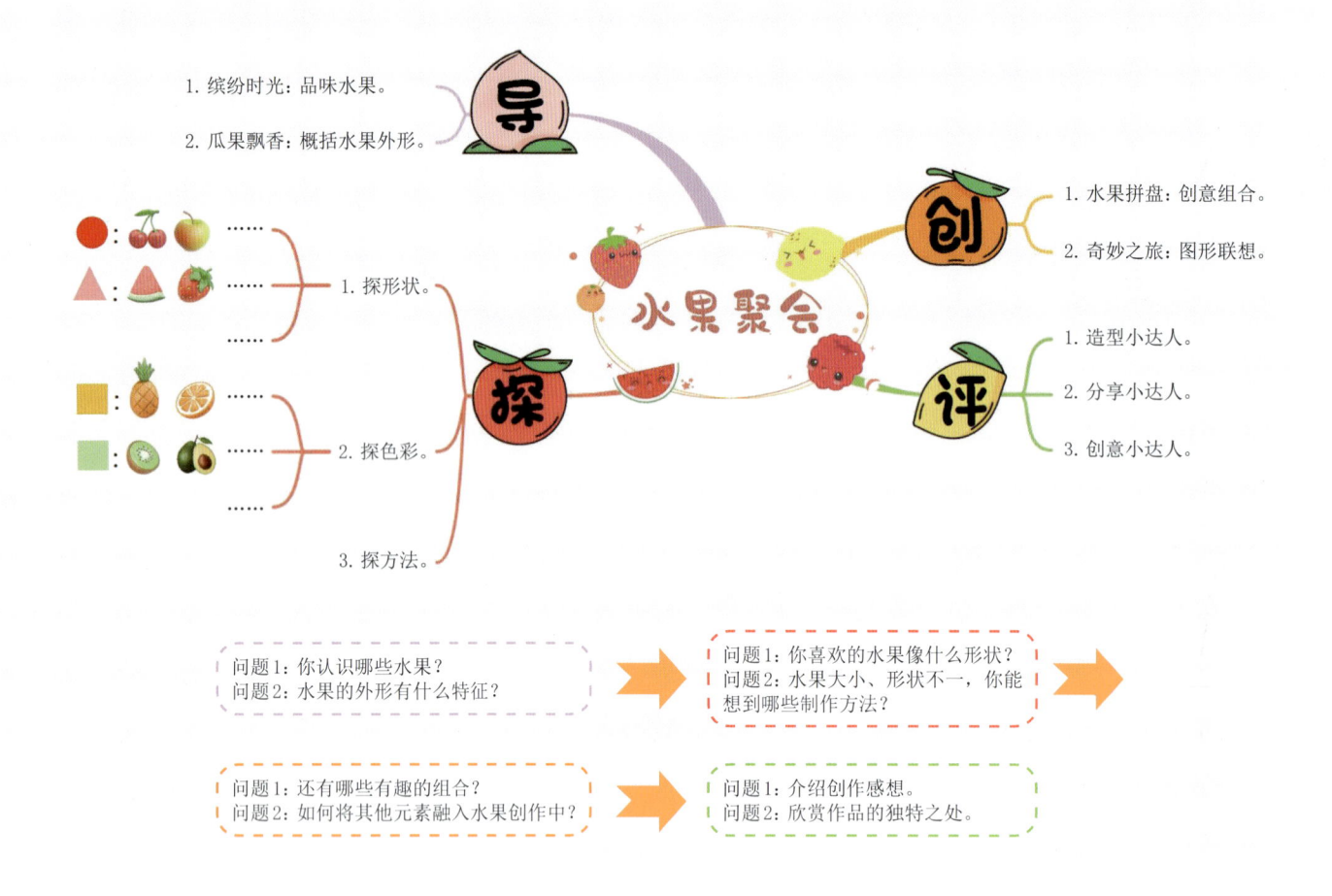

1. 缤纷时光：品味水果。
2. 瓜果飘香：概括水果外形。

1. 探形状。
2. 探色彩。
3. 探方法。

1. 水果拼盘：创意组合。
2. 奇妙之旅：图形联想。

1. 造型小达人。
2. 分享小达人。
3. 创意小达人。

问题1：你认识哪些水果？
问题2：水果的外形有什么特征？

问题1：你喜欢的水果像什么形状？
问题2：水果大小、形状不一，你能想到哪些制作方法？

问题1：还有哪些有趣的组合？
问题2：如何将其他元素融入水果创作中？

问题1：介绍创作感想。
问题2：欣赏作品的独特之处。

二、具体课例呈现

（一）趣赏果形，概括水果外形

1. 你认识哪些水果？说一说你喜欢的水果的外形，以及它们有怎样的味道和颜色。

2. 你知道大小各异的水果可以怎样用陶艺的方法来制作吗？

3. 制作陶艺水果作品的方法有很多。例如葡萄、蓝莓可以将泥搓成球后再组合。捏塑桃子、苹果时可以将报纸团成球放在泥片中间，然后包裹起来，再调整形状，完成创作。

4. 小提示：体型较大的水果作品需要在里面塞报纸，以免在烧制时炸裂。
5. 让我们一起评一评。

学生自评		我获得_____★
评估维度	评价内容	星级要求
我知道	概括能力	1. 能说出水果的色彩特点。（★） 2. 能指出水果的外形特征。（★★） 3. 能用基本形概括水果的形状。（★★★）
我理解	立体思维	1. 理解如何从平面向立体转变。（★） 2. 能在教师的指导下完成立体作品。（★★） 3. 能独立探索如何表现立体的水果形态。（★★★）
我能做	实践能力	1. 能在教师的引导下完成单个水果造型。（★） 2. 掌握泥球成型、泥片成型的技法。（★★） 3. 抓住水果特征，结合多种方法表现立体水果造型。（★★★）

（二）趣享果园，创设故事情境

1. 如何让水果看起来更可口呢？答案其实就在我们每个人心中，那就是用故事唤醒我们的味蕾，让每一次品尝都成为一场视觉、听觉与味觉的盛宴。

2. 在一块深色的衬布上，映入眼帘的是一张用特白泥制作的小朋友的圆脸。他的眼睛笑得弯弯的，张着的大嘴巴几乎占据了整张脸。他开心地吃着各种可口的水果，还有一些芒果、山竹等水果散落在侧。作品采用了夸张的手法，将小朋友爱吃水果的样子展现得淋漓尽致。水果的选择、疏密得当的摆放、颜色的搭配使得整个画面充满童趣。

3. 金秋时节，石榴红了，石榴籽宛如一颗颗璀璨的宝石。那浓烈的红色，象征着丰收的喜悦，也寓意着生活的美好。每当秋风轻拂，石榴树下，人们纷纷驻足，感叹大自然的神奇与美好。让我们一同品味这秋日的甜美，感受那份来自大自然的馈赠。

4. 小组讨论作品寓意，并进行自主创作。

5. 让我们一起评一评。

学生自评		我获得_____★
评估维度	评价内容	星级要求
我知道	表达能力	1. 能用简单的语言介绍作品。（★） 2. 能说出作品的组合特点及其表达的内涵或寓意。（★★） 3. 能结合作品特点、寓意给作品取个名称。（★★★）
我理解	设计理念	1. 能思考如何丰富作品的内容。（★） 2. 能探索如何提升作品的内涵，增强趣味性。（★★） 3. 能结合装饰，通过组合等方式使作品更饱满。（★★★）
我能做	实践能力	1. 能表现水果的不同形态。（★） 2. 能根据作品需要，进行巧妙的组合。（★★） 3. 能独立或合作完成有创意、有寓意的作品。（★★★）

（三）趣创果味，点亮创意瞬间

1. 如何将其他元素巧妙地融入水果创作，开启本节课的创意大门呢？让我们发散思维，对水果进行图形联想吧！

水果聚会 二

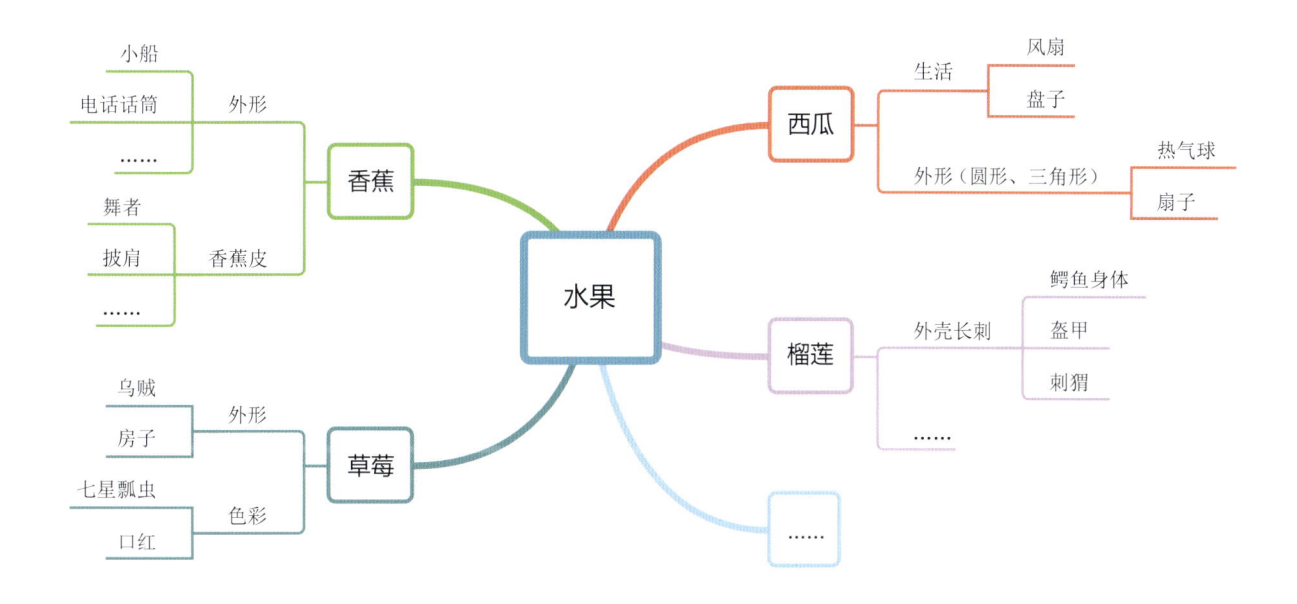

思维导图：
- 香蕉
  - 外形：小船、电话话筒……
  - 香蕉皮：舞者、披肩……
- 草莓
  - 外形：乌贼、房子
  - 色彩：七星瓢虫、口红
- 西瓜
  - 生活：风扇、盘子
  - 外形（圆形、三角形）：热气球、扇子
- 榴莲
  - 外壳长刺：鳄鱼身体、盔甲、刺猬……

2. 这是一个关于西瓜的梦。梦里，我掉落到一个充满西瓜的世界。河岸边，停着几艘西瓜船，在船夫的吆喝下，它们缓缓从我眼前驶过，拨动着西瓜莲花，水面微微荡漾。不远处，群山连绵起伏，定睛一看，原来是西瓜山啊！这真是一个美好的桃源仙境。

3. 结合故事情境进行小组讨论，对水果展开创意联想，并进行自主创作。
4. 让我们一起评一评。

学生自评		我获得_____★
评估维度	评价内容	星级要求
我知道	基于水果联想	1. 能对水果的局部、整体外形进行联想。（★★） 2. 能对水果的色彩进行联想。（★★★）
我理解	联系生活想象	1. 能将其他元素巧妙融入水果创作。（★★） 2. 能增加作品的故事情节。（★★★）
我能做	发挥创意实践	1. 通过图形色彩联想，完成创意作品。（★★） 2. 通过故事性组合完成大型的场景性作品。（★★★）

57

第三章 泥为融

第二单元

生活的甜

（适合10—12岁）

? 你喜欢吃蛋糕吗？你见过哪些不同造型的蛋糕？

课例一　趣赏糕形

品·香甜味趣

糕点大师：

　　你一定吃过很多蛋糕吧？当甜味在舌尖绽放时，你感受到快乐了吗？

比·蛋糕形趣

小小美食家：

　　这些蛋糕坯有着多种多样的造型，你能用简单的几何形体概括一下它们吗？

生活的甜 =

> 你能想到用哪些方法制作蛋糕坯体呢？

课例二　趣探糕坯

启·坯体质趣

糕点大师：

　　我们发现，蛋糕坯有方形的，有圆形的，还有三角形的，你会用什么方法制作坯体呢？

小小美食家：

　　方法可多啦！圆形的坯体可以用拉坯成型的方式制作，方形的和三角形的坯体可以把泥压平后再切割出形状。

糕点大师：

　　其实，还有更简单的方法。仔细观察，松软的蛋糕坯和海绵有什么相似之处呢？想一想，怎样让泥浆和海绵融合呢？

1. 搅拌泥浆。 　　2. 浸入海绵。 　　3. 浸泡泥浆。 　　4. 调整泥量。

糕点大师：

　　注意把握泥浆的量。泥浆太多，肌理不明显；泥浆太少，不易成型。

59

> 如何让陶瓷蛋糕更接近真实的蛋糕呢？

课例三　趣创糕饰

践·裱花泥趣

小小美食家：

我们平时用的泥浆比较稀，怎样让它呈现出奶油般的质地呢？

糕点大师：

这就要用到秘密武器啦，添加白醋可以改变泥浆的黏稠程度，一起试试吧！

1. 添加白醋。 　　2. 搅拌均匀。

糕点大师：

裱花的制作步骤：首先，准备泥浆，倒入裱花袋；然后，安装裱嘴，挤出"奶油"。

糕点大师：

不同造型的裱花嘴可以挤出不同形状的"奶油"，你能挤出什么形状的"奶油"呢？

生活的甜 =

组·装置意趣

糕点大师：

烧制后，将各部分组合在一起，是不是能以假乱真了呢？

拓·点缀情趣

糕点大师：

怎样让蛋糕更精致？你会为它加上哪些装饰呢？

小小美食家：

水果、花卉、卡通动物、文字等，都是很好的装饰物。可以捏塑出各种小装饰物，并把它们组合到蛋糕上去。

水果　　　　　花卉

卡通动物

61

单元课例教学设计：生活的甜

一、图说教学设计

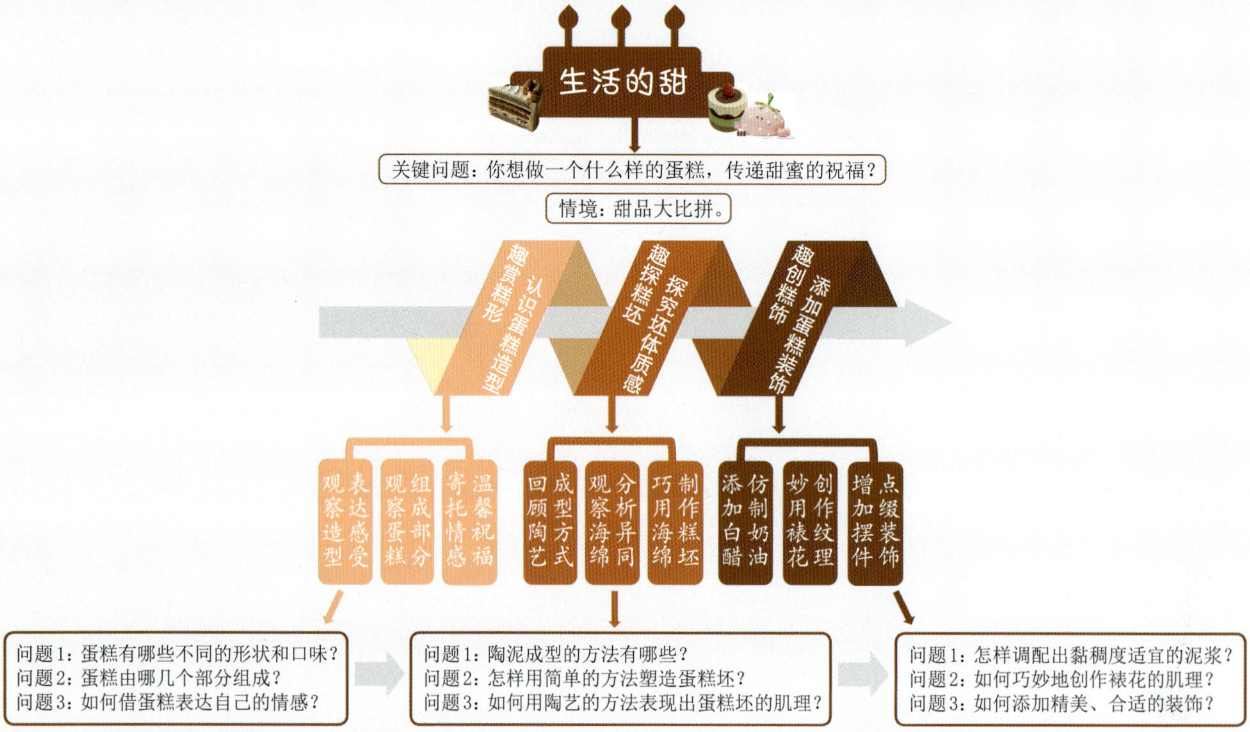

关键问题：你想做一个什么样的蛋糕，传递甜蜜的祝福？

情境：甜品大比拼。

趣赏糕形 认识蛋糕造型 → 趣探糕坯 探究坯体质感 → 趣创糕饰 添加蛋糕装饰

观察造型 / 表达感受 / 观察组成部分 / 寄托情感 / 温馨祝福

回顾成型方式 / 观察陶艺 / 分析海绵异同 / 巧用海绵 / 制作糕坯

添加白醋 / 仿制奶油 / 妙用裱花 / 创作纹理 / 增加摆件 / 点缀装饰

问题1：蛋糕有哪些不同的形状和口味？
问题2：蛋糕由几个部分组成？
问题3：如何借蛋糕表达自己的情感？

问题1：陶泥成型的方法有哪些？
问题2：怎样用简单的方法塑造蛋糕坯？
问题3：如何用陶艺的方法表现出蛋糕坯的肌理？

问题1：怎样调配出黏稠度适宜的泥浆？
问题2：如何巧妙地创作裱花的肌理？
问题3：如何添加精美、合适的装饰？

二、具体课例呈现

（一）趣赏糕形，认识蛋糕造型

1. 你一定吃过很多不同口味的蛋糕吧？说一说你喜欢的蛋糕有什么样的造型、装饰和味道。

2. 你仔细观察过蛋糕吗？你知道蛋糕由哪几部分组成吗？

3. 蛋糕不只是甜点，更是祝福的传递。在特别的日子里，可以用蛋糕传递温馨的祝福，让爱与甜蜜一直陪伴着你。你想做一个"永恒"的蛋糕送给谁呢？

装饰物
奶油
蛋糕坯
奶油夹心

4. 让我们一起评一评。

学生自评		我获得_____★
评估维度	评价内容	星级要求
我知道	赏析能力	1. 能用一句话说一说喜欢的蛋糕。（★） 2. 能结合简单的生活场景描述蛋糕的外形特点。（★★） 3. 能清晰表达自己的感受。（★★★）
我理解	结构探索能力	1. 能在教师的帮助下发现蛋糕的结构。（★） 2. 能通过小组合作完成学习和探索。（★★） 3. 能独立完成创作。（★★★）
我能做	情感表达能力	1. 能用一句话说出想传递的祝福。（★） 2. 能够清晰地表达自己的情感。（★★） 3. 能展开具体事例进行表达。（★★★）

（二）趣探糕坯，探究坯体质感

1. 蛋糕坯有方形的，有圆形的，还有三角形的，你会用什么方法制作坯体呢？

2. 让我们一起复习一下陶艺的几种成型方式吧！拉坯成型，可以用来制作圆柱形蛋糕坯；泥板成型，可以用来制作方形和三角形的蛋糕坯；泥条成型，变化更加丰富，可以用来制作异形的蛋糕坯。

3. 我们体验了陶艺的基础创作方式，你还有更好的办法吗？

（1）将海绵浸入泥浆，控制泥量，使其均匀吸附，保留海绵带孔洞的特点。

（2）将海绵切割成长条状，浸染泥浆后卷起来，制作成"瑞士卷"。

4. 让我们一起评一评。

学生自评		我获得_____★
评估维度	评价内容	星级要求
我知道	赏析能力	1. 能概括蛋糕坯的形状。（★） 2. 能将不同的陶瓷蛋糕坯和相应的成型方式一一对应。（★★） 3. 能举一反三，列举更多不同的造型方法。（★★★）
我理解	造型能力	1. 能用泥条或泥板成型的方式制作蛋糕坯。（★★） 2. 能准确把握蛋糕坯的造型特点。（★★★）
我能做	肌理创作能力	1. 能在教师的帮助下发现蛋糕坯和海绵的相似之处。（★） 2. 能通过小组合作完成蛋糕坯的制作。（★★） 3. 能独立完成创作。（★★★）

（三）趣创糕饰，添加蛋糕装饰

1. 有了蛋糕坯，还缺了什么？当然少不了蛋糕上柔软又甜蜜的奶油啦！
2. 奶油虽然柔软，但是有一定的塑型能力。我们平时用的泥浆太过稀薄，无法成型，怎样做才能让它变得黏稠呢？
3. 在泥浆中添加一定比例的白醋，可以改变泥浆的黏稠程度，增加泥土颗粒间的黏合力，使泥浆变得更加黏稠，也有了一定的塑型能力。
4. 有了合适的泥浆，我们可以利用裱花嘴来进行"奶油"纹理的创作。

5. 蛋糕装饰物可以利用裱花嘴挤出成型，同一装饰物尽量大小一致，这需要每一次的力道适宜，以及在挤泥浆的过程中不断地跟上一次挤出来的泥浆作对比。规整的造型看上去会更为美观。
6. 让我们一起评一评。

学生自评		我获得_____★
评估维度	评价内容	星级要求
我知道	赏析能力	1. 能说出三种以上不同的裱花造型。（★） 2. 能将裱花嘴和相应的造型一一对应。（★★） 3. 能将裱花造型进行合适、美观的组合。（★★★）
我理解	调配泥浆能力	1. 能理解泥浆不同黏稠度的作用。（★） 2. 能在教师的帮助下基本把握泥浆的黏稠程度。（★★） 3. 能准确调制合适的泥浆。（★★★）
我能做	造型能力	1. 能在教师的帮助下完成裱花。（★） 2. 能通过小组合作完成不同造型的裱花创作。（★★） 3. 能独立完成裱花创作。（★★★）

7. 我们尝试了各种裱花肌理效果，那么该怎么巧妙地构思，让蛋糕更精致呢？请小组讨论，说说你的想法。你会为它点缀哪些装饰呢？

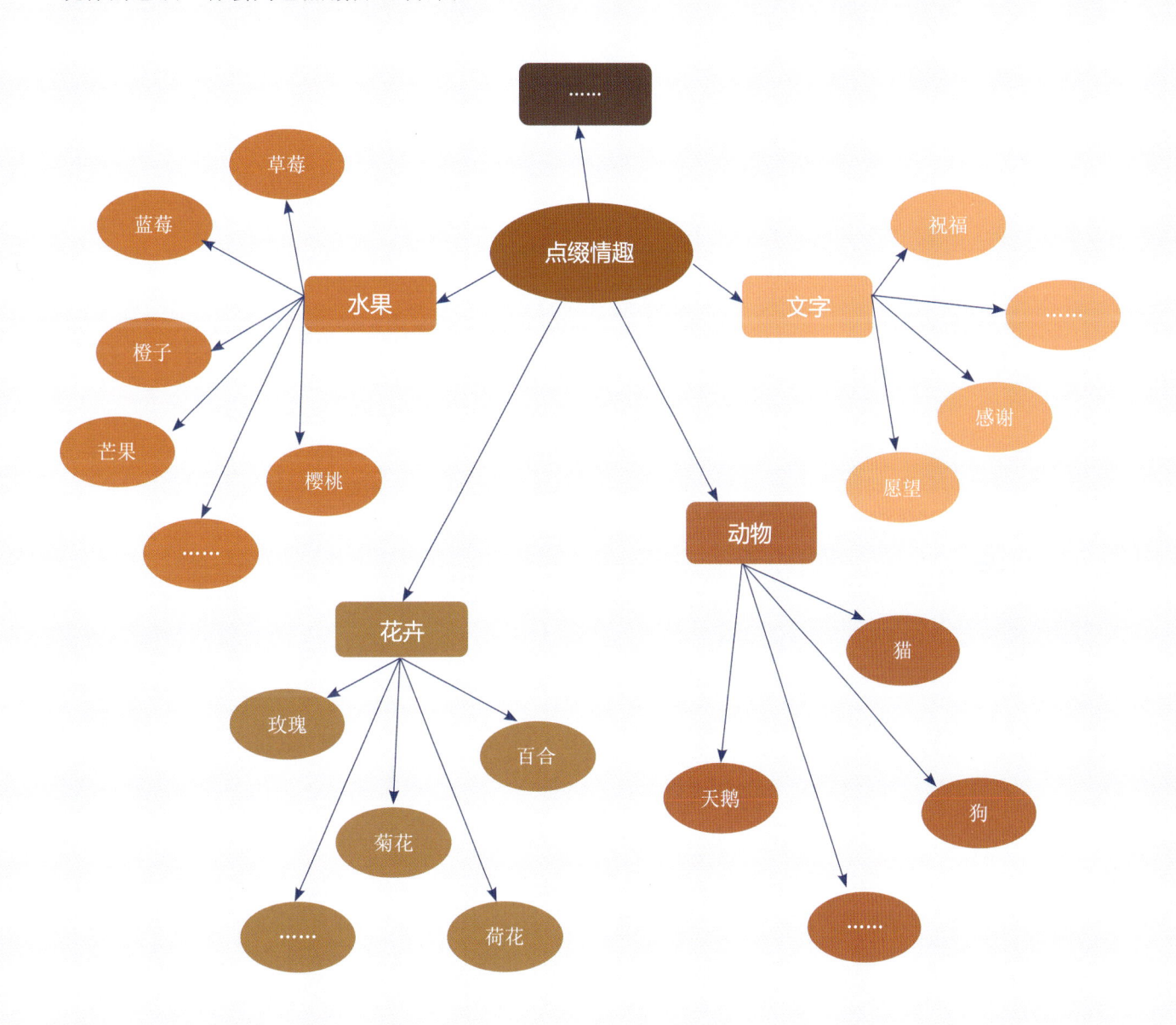

点缀情趣
- 水果：草莓、蓝莓、橙子、芒果、樱桃、……
- 文字：祝福、……、感谢、愿望
- 花卉：玫瑰、百合、菊花、……、荷花
- 动物：猫、狗、天鹅、……
- ……

8. 在创作中选择自己最喜欢同时也是最擅长的一种装饰方法，在挤好"奶油"的蛋糕坯上添加上合适的装饰物，完成作品。

9. 你会将这个蛋糕送给谁？你想对他说什么呢？

10. 制作完成后，将作品放置到自己喜欢的位置进行展示，并完成自我评价。

学生自评		我获得_____★
评估维度	评价内容	星级要求
我知道	理念表达能力	1. 能阐述创新内容。（★） 2. 能用简单的语言表达自己的创新想法，逻辑性强。（★★） 3. 能有主题地表达自己的创新想法，创意性强。（★★★）
我能做	创意设计能力	1. 能选择合适的装饰物进行点缀。（★★） 2. 能自主选择创新的材料与形式表现主题。（★★★）

65

第三单元 家乡古桥

第三章 泥为融

（适合9—11岁）

> ❓ 在你们的家乡，有哪些桥呢？

课例一　乡桥·分享

寻·家乡的桥

探险队长：

让我们一起实地探寻，找一找自己的家乡有哪些桥吧！

新首钢大桥　北京 　　阳明滩大桥　哈尔滨 　　之江大桥　杭州 　　江厦桥　宁波 　　元朔大桥　西安

赏·图说古桥

队员：

我们家乡有许多古色古香的桥，你最喜欢哪一座？

西湖长桥　杭州 　　锦溪古莲桥　苏州 　　朱家角拱桥　上海

探险队长：

让我们来拍一拍、访一访、画一画！

66

家乡古桥

> 桥中蕴藏着什么数学奥秘呢？

课例二　乡桥·解构

探·桥梁形状

探险队长：

这些桥造型独特，可以分成斜拉桥、梁式桥、拱式桥，你能用基本形概括一下它们吗？

舟山跨海大桥　斜拉桥

鸭绿江大桥　梁式桥

新光大桥　拱式桥

队员：

我发现有好多桥用到了三角形的结构，这是为什么呢？

探险队长：

是呀，三角形更具稳定性，在桥梁设计中常被采用以确保结构的稳固与安全。

概·基本桥型

探险队长：

概括你想要制作的桥的基本形，并绘制出桥的草图。

67

> 如何创作古桥，使其既具有家乡特色又能有创意呢？

课例三　古桥·缔造

践·塑泥成桥

探险队长：

这几座桥可以用什么样的陶艺成型方式呢？请你连连看吧！

泥球成型　　　　　　　泥条成型　　　　　　　泥板成型

1. 切割泥板。

2. 准备泥条。

3. 搭建桥身。

4. 安装围栏。

队员：

不同的泥的形态可以用来表现桥的不同部分，还能将这些部分进行叠加、排列，让桥更有质感。

家乡古桥 二

拓·再创甬桥

探险队长：

以宁波为例，甬城的每一座古桥都有自己的故事，你知道它们的故事吗？

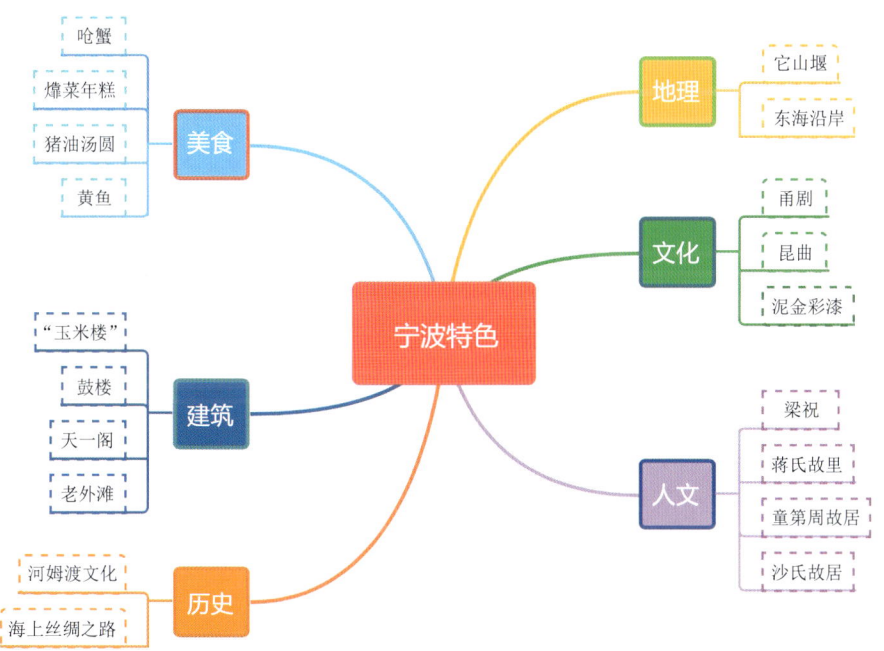

宁波特色思维导图：
- 美食：呛蟹、燠菜年糕、猪油汤圆、黄鱼
- 建筑："玉米楼"、鼓楼、天一阁、老外滩
- 历史：河姆渡文化、海上丝绸之路
- 地理：它山堰、东海沿岸
- 文化：甬剧、昆曲、泥金彩漆
- 人文：梁祝、蒋氏故里、童第周故居、沙氏故居

探险队长：

宁波有很多的特色，你能把这些甬城特色融入到你的桥创作中吗？

组·趣摆甬桥

队员：

我们还可以用同样的方法制作出石板桥、廊桥、铁索桥等。

69

单元课例教学设计：家乡古桥

一、图说教学设计

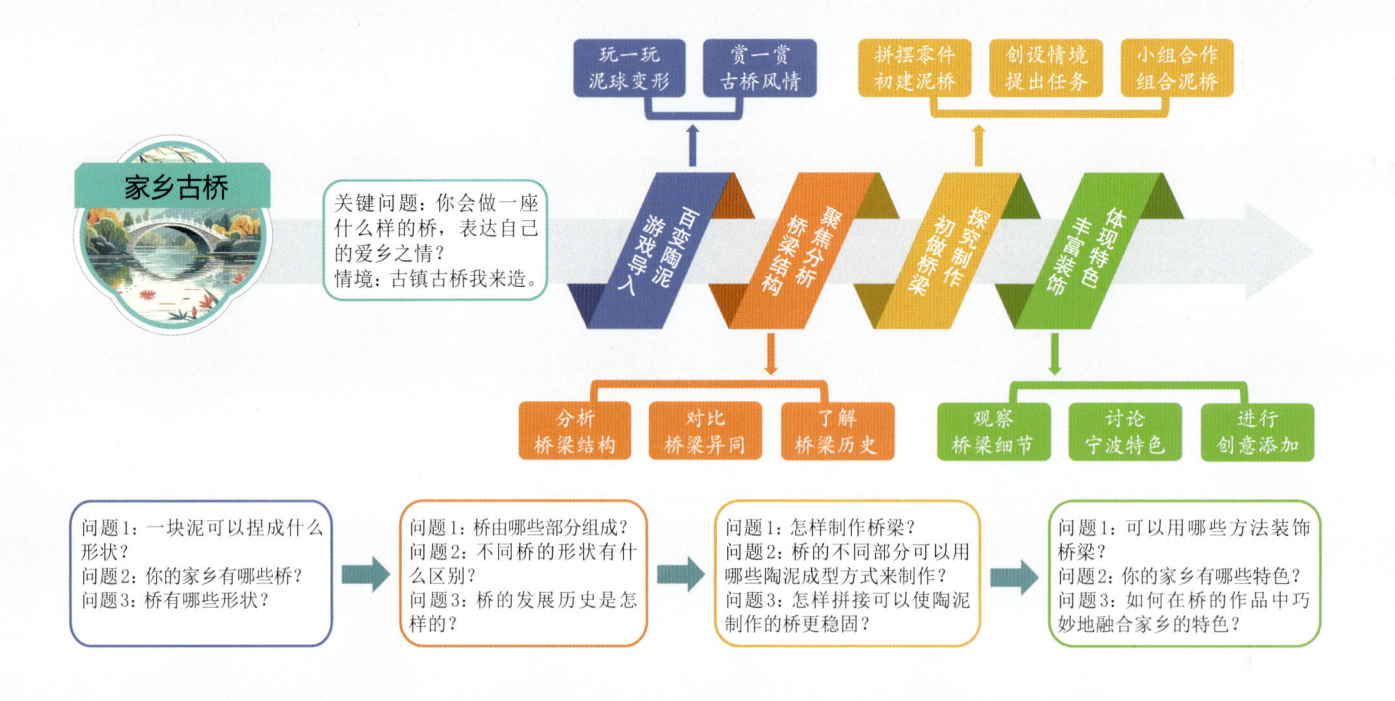

家乡古桥

关键问题：你会做一座什么样的桥，表达自己的爱乡之情？
情境：古镇古桥我来造。

流程：百变陶泥游戏导入 → 聚焦分析桥梁结构 → 探究制作初做桥梁 → 体现特色丰富装饰

- 百变陶泥游戏导入：玩一玩泥球变形、赏一赏古桥风情
- 聚焦分析桥梁结构：分析桥梁结构、对比桥梁异同、了解桥梁历史
- 探究制作初做桥梁：拼摆零件初建泥桥、创设情境提出任务、小组合作组合泥桥
- 体现特色丰富装饰：观察桥梁细节、讨论宁波特色、进行创意添加

问题1：一块泥可以捏成什么形状？
问题2：你的家乡有哪些桥？
问题3：桥有哪些形状？

→

问题1：桥由哪些部分组成？
问题2：不同桥的形状有什么区别？
问题3：桥的发展历史是怎样的？

→

问题1：怎样制作桥梁？
问题2：桥的不同部分可以用哪些陶泥成型方式来制作？
问题3：怎样拼接可以使陶泥制作的桥更稳固？

→

问题1：可以用哪些方法装饰桥梁？
问题2：你的家乡有哪些特色？
问题3：如何在桥的作品中巧妙地融合家乡的特色？

二、具体课例呈现

（一）游戏导入

1. 拿陶泥玩一玩，看看能把它变成什么形状。
2. 欣赏各地的桥的图片，思考：你看到了哪些造型的桥？它们有什么特点？

（二）桥梁结构分析

1. 比较各种桥的外形特点，分析桥梁结构，了解八字桥、拱桥、廊桥等不同造型的桥的共同点。

拱桥

八字桥　　　　　　　　　　　　　廊桥

2. 总结交流，原来桥一般由桥墩、桥拱、桥孔、桥身、桥栏组成。

3. 了解桥梁历史。从原始时代开始，人类就利用自然倒下来的树木、自然形成的石梁或石拱、溪涧突出的石块来跨越水道和峡谷。春秋以前，是古代桥梁的创始时期。在后来的桥梁发展中，出现了拱券结构，隋代石匠李春首创了敞肩式石拱桥——赵州桥。到了北宋时期，桥梁建造技艺达到了新的高度，其中叠梁式木拱桥——虹桥，便是古代桥梁发展鼎盛阶段的杰出代表之一。到了今天，造桥的材料发生了翻天覆地的改变，金属材料的使用使得桥梁的承重能力得到极大的提高，立交桥、跨海大桥等巨型桥梁让我们的生活更加便利。

4. 让我们一起评一评。

学生自评		我获得_____★
评估维度	评价内容	星级要求
我知道	信息收集和分析能力	1. 能用一句话说一说家乡的桥。(★) 2. 能结合生活，详细介绍家乡的桥。(★★) 2. 能结合简单的绘画方式表现桥。(★★★)
我理解	造型探索能力	1. 能在教师的帮助下发现桥的造型特点。(★) 2. 能通过小组合作完成学习和探索。(★★) 3. 能独立发现并完成探究。(★★★)
我能做	情感表达能力	1. 能理解并简单阐述桥梁发展史。(★) 2. 能够清晰表达自己对家乡桥的情感。(★★) 3. 能根据具体事例展开拓展表达。(★★★)

（三）桥梁制作探究

1. 让我们试着做一做泥球、泥条、泥板等零件，分析并连一连，下面这几座桥可以用哪种零件来制作？

泥球成型　　　　　　　　　　泥条成型　　　　　　　　　　泥板成型

71

2. 思考：如何能让桥的各部件黏结得更牢？怎样能让桥梁更结实稳固？

3. 市中心要开发一个新景区——智乐镇，这镇里什么都不缺，就是缺了连接河两岸的桥，请大家帮镇长策划一个桥的设计方案，并用陶泥制作一座桥，让小河两边的人家沟通更加方便。

4. 四人一组为单位，用泥板、泥块、泥球、泥条进行叠加、排列，制作一座适合智乐镇的桥。

5. 让我们一起评一评。

学生自评		我获得＿＿＿＿★
评估维度	评价内容	星级要求
我理解	观察分析能力	1. 能发现构成桥的几何形体。（★） 2. 能用简单的几何形体拼搭桥。（★★） 3. 能拼搭出既有创意又稳固的桥。（★★★）
我能做	创作能力	1. 能在教师的帮助下搭建不同的桥的造型。（★） 2. 能通过小组合作完成桥的搭建。（★★） 3. 能独立完成桥的搭建并使桥有一定承重能力。（★★★）

（四）丰富装饰

1. 观察桥的细节，桥上有一些有趣的装饰，它们有的立在栏柱上，有的雕刻在侧栏上，你觉得可以用什么方法来制作这些装饰呢？

2. 以宁波为例，讨论甬城特色，想一想可以怎样将这些特色融入桥的设计中。

3. 从地方特产（汤圆、年糕、杨梅）、建筑（鼓楼、"玉米楼"、天封塔）等方面进行头脑风暴，生成思维导图。

家乡古桥

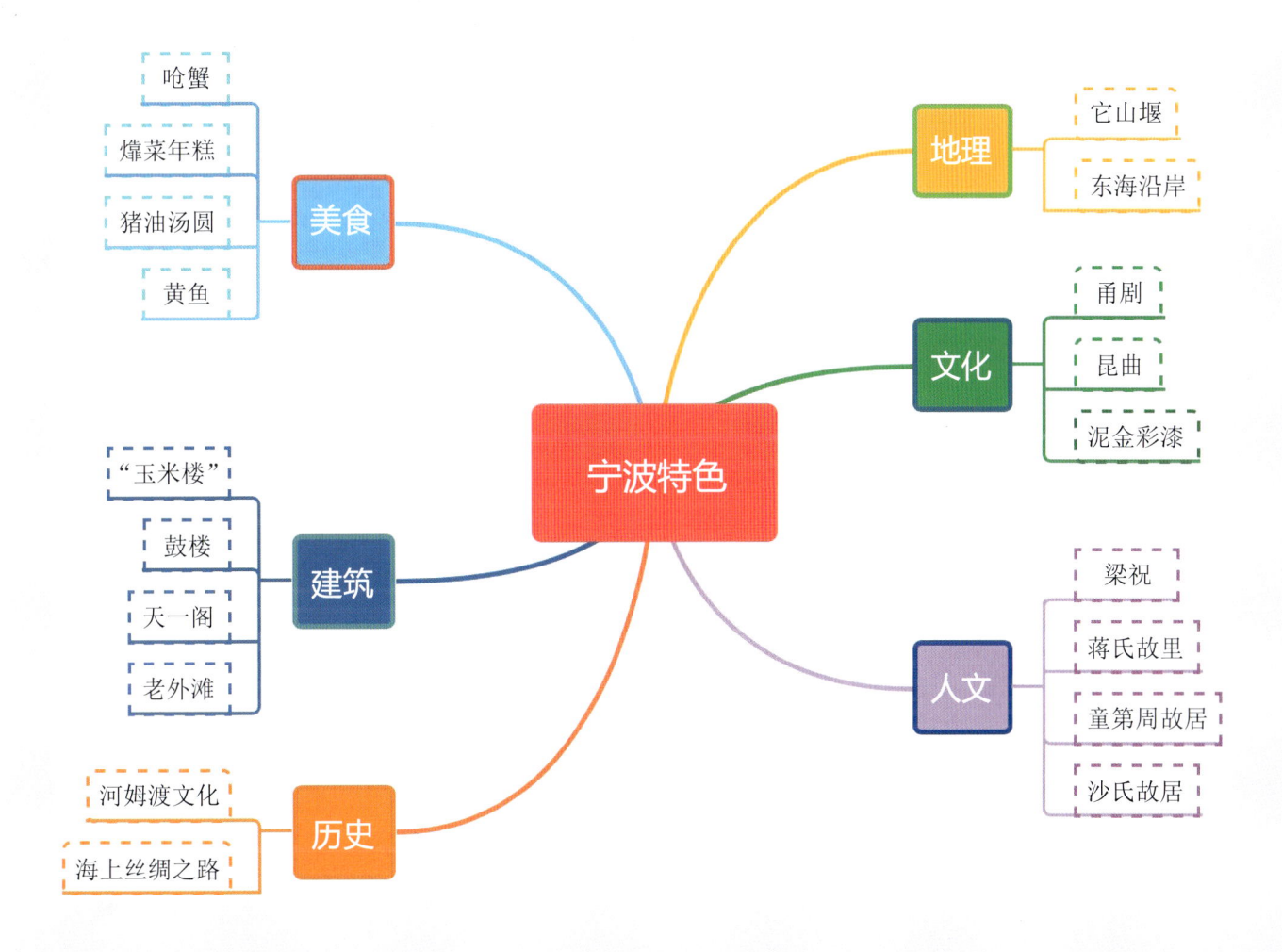

宁波特色

- **美食**
  - 呛蟹
  - 燨菜年糕
  - 猪油汤圆
  - 黄鱼
- **建筑**
  - "玉米楼"
  - 鼓楼
  - 天一阁
  - 老外滩
- **历史**
  - 河姆渡文化
  - 海上丝绸之路
- **地理**
  - 它山堰
  - 东海沿岸
- **文化**
  - 甬剧
  - 昆曲
  - 泥金彩漆
- **人文**
  - 梁祝
  - 蒋氏故里
  - 童第周故居
  - 沙氏故居

4. 在已完成的桥作品的基础上，创意添加体现宁波特色的装饰物。

5. 让我们一起评一评。

学生自评		我获得_____★
评估维度	评价内容	星级要求
我知道	搭建装饰能力	1. 能基本完成陶艺桥梁。（★） 2. 能结合生活，适当改造家乡的桥。（★★） 3. 能完成桥梁搭建并体现甬城特色。（★★★）
我理解	理念表达能力	1. 能阐述创新的内容。（★） 2. 能用简单的语言表达自己的创新想法。（★★） 3. 能有主题地表达自己的创新想法。（★★★）
我能做	情境创设能力	1. 能在教师的帮助下完成作品。（★） 2. 能通过师生合作完成作品。（★★） 3. 能独立完成作品，自主性强，并营造出一定的场景。（★★★）

第四章　水为介

第一单元　水拓青花　（10—12岁）

> ❓ 有着独特艺术形态的水拓画，会跟青花瓷碰撞出怎样的艺术火花？

课例一　水漾花纹

探 · 纹

欣赏青花瓷，说一说青花瓷在纹样和色彩上有哪些特点？

青花纹可真漂亮呀！你能用水拓画的方式把它绘制出来吗？

绘 · 形

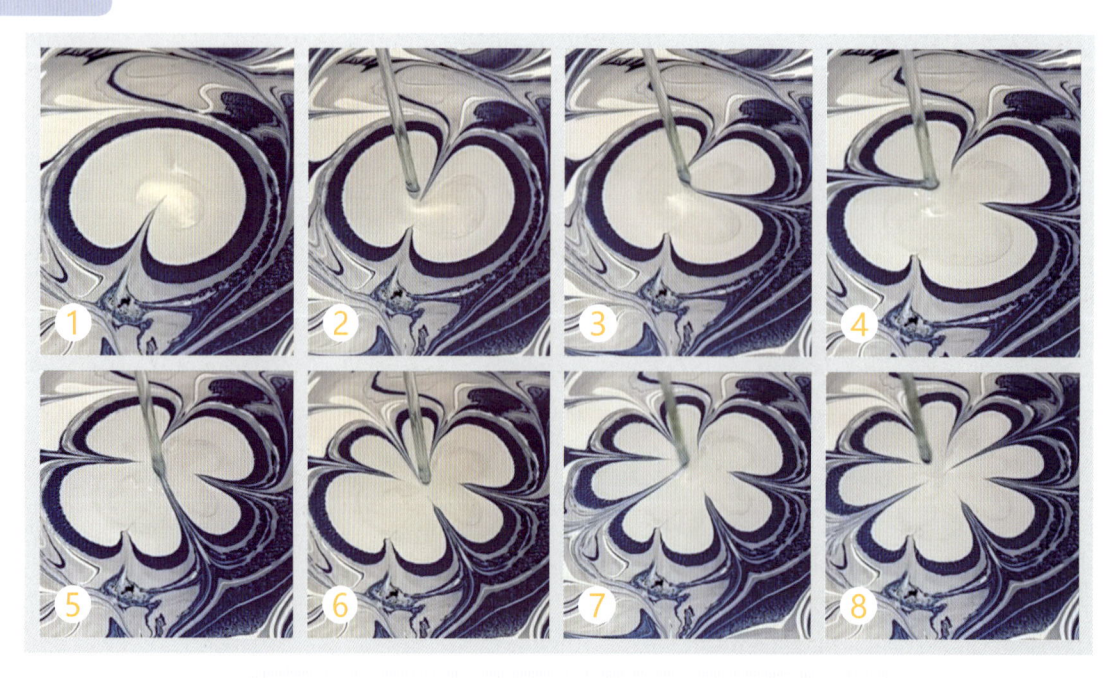

花朵造型可以运用勾勒针以"对称画法"来绘制。

水拓青花

怎样把纹样完整、美观地拓印下来呢？

课例二　巧拓媒材

1. 绘制水上纹样。（用颜料绘制3—4层即可）

2. 平放拓印。（注意清理气泡）

3. 抬离水面，完成。（注意先从一边抬起）

拓·材

利用水拓画的材料特性，我们可以将水面上的图案印到石膏、木制品、布制品、陶制品等各种密度小的材质上，使其成为一件独一无二的艺术作品，还能制作成文创产品。

75

> 在不同的材质上进行拓印，需要注意什么呢？

课例三 百变水拓

百变画材

根据画盆的大小和深浅、纹样的丰富变化以及拓印物的不同，可以创作出各式各样的水拓作品。

百变技法

尝试用甩、洒、滴、点、划等技法对纹样进行创意描绘，进而创作出独特纹理。

百变工艺

不同的材质拓印青花纹后的效果会有所不同哦！

陶瓷　　　　　　　　　纸材　　　　　　　　　布艺

课例四　创美于拓

如何将水拓画玩转得更有创意、更有趣？

二次创作法

水拓画的作品可以在晾干后进行二次添画以及拼贴。

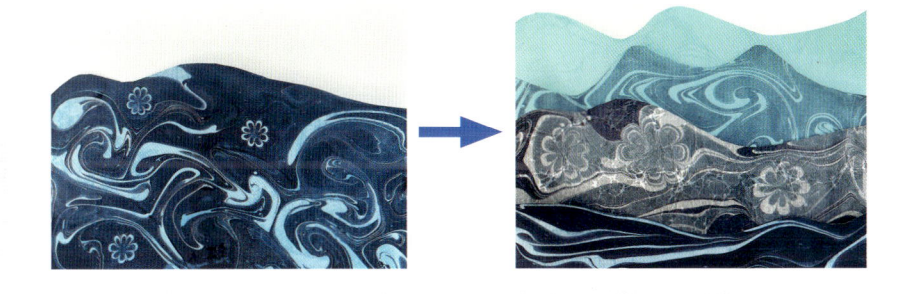

如何运用水拓画的技法体现山体间的远近关系？

多次创作法

可以对作品进行三次以上的创作，甚至还能搭配其他艺术形式进行拓展创作。

文创成果

单元课例教学设计：水拓青花

一、图说教学设计

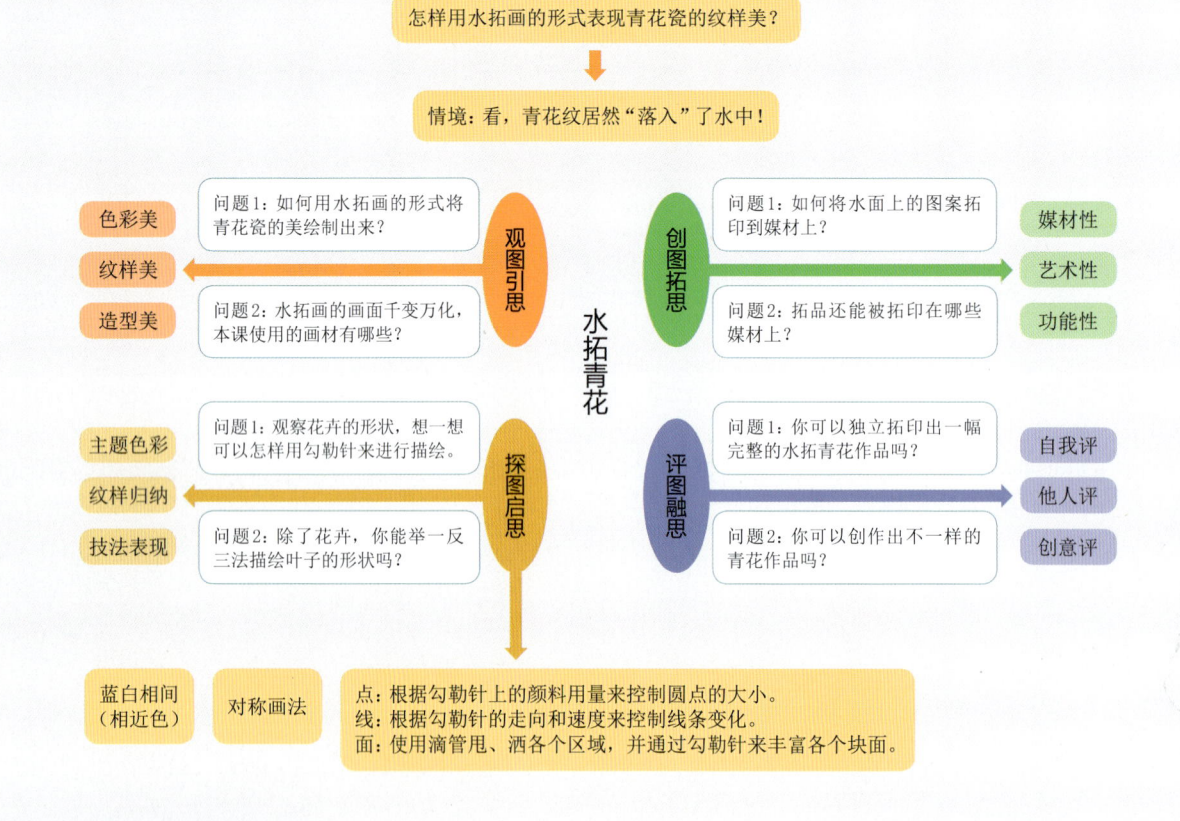

怎样用水拓画的形式表现青花瓷的纹样美？

情境：看，青花纹居然"落入"了水中！

观图引思
- 问题1：如何用水拓画的形式将青花瓷的美绘制出来？
- 问题2：水拓画的画面千变万化，本课使用的画材有哪些？

色彩美 / 纹样美 / 造型美

创图拓思
- 问题1：如何将水面上的图案拓印到媒材上？
- 问题2：拓品还能被拓印在哪些媒材上？

媒材性 / 艺术性 / 功能性

探图启思
- 问题1：观察花卉的形状，想一想可以怎样用勾勒针来进行描绘。
- 问题2：除了花卉，你能举一反三法描绘叶子的形状吗？

主题色彩 / 纹样归纳 / 技法表现

评图融思
- 问题1：你可以独立拓印出一幅完整的水拓青花作品吗？
- 问题2：你可以创作出不一样的青花作品吗？

自我评 / 他人评 / 创意评

水拓青花

蓝白相间（相近色） / 对称画法

点：根据勾勒针上的颜料用量来控制圆点的大小。
线：根据勾勒针的走向和速度来控制线条变化。
面：使用滴管甩、洒各个区域，并通过勾勒针来丰富各个块面。

二、具体课例呈现

（一）探·纹

1. 欣赏青花瓷，说一说青花瓷在纹样和色彩上有哪些特点？

2. 探究问题一：如何用水拓画的形式将青花瓷的美表现出来？
（1）活动形式：图片引导，自主描绘。
（2）小结：配色和纹理。

3. 探究问题二：水拓画的画面千变万化，本课使用的画材有哪些？
（1）通过示范，认识不同的水拓画材，从而进一步了解水拓画的知识。
（2）小结：水拓画的基础画材有画盆、画液、勾勒针以及拓印的纸材等。

水拓青花 =

4. 本课我们通过描绘青花瓷的纹样，对水拓画的创作形式有了基本的认识与了解。

（二）绘·形

1. 探究问题一：观察花卉的形状，想一想可以怎样使用勾勒针进行描绘。
（1）活动形式：观看示范，自主探究。
（2）小结：可以使用"向心式"画法或"离心式"画法进行表现。

2. 探究问题二：除了花卉，还可以绘制什么纹样？如何用水拓画的方式表现？
（1）根据随机出现的纹样，玩一玩"你画我猜"游戏。
（2）小结：
　　•点——根据勾勒针上的颜料用量来控制圆点的大小；
　　•线——根据勾勒针的走向来控制纹样的线条；
　　•面——将颜料甩、洒至各个区域，并通过丰富块面来进行调整。

3. 探究问题三：如何使画面更为丰富？
（1）结合《水拓画的勾勒针画法》学习单，自主探究并补充完整。

79

《水拓画的勾勒针画法》学习单			
构成原则/基本形状	节奏与韵律	对比与统一	对称与均衡
点	疏密、大小	大小、用料的多少	疏密、位置
线	长短、粗细、由点成线	长短、粗细、由点成线	疏密、位置
面			

（2）小结：可以将"点""线""面"互相穿插搭配，利用大小、形状的变化进行生发与创新，使画面具有节奏与韵律、对比与统一、对称与均衡等方面的构成美。

（三）拓·材

1. 探究问题一：如何将水面上的图案拓印到油画框上呢？

1. 绘制水上纹样。（用颜料绘制3—4层即可）

2. 平放拓印。（注意清理气泡）

3. 抬离水面，完成。（注意先从一边先抬起）

2. 探究问题二：除了油画框，水面上的图案还能拓印在哪些材质上？

（1）小组讨论。

（2）小结：水拓画的材料特性决定了它可以将水面上的图案拓印到石膏、木制品、布制品、陶制品等各种密度小的材质上。

3. 探究问题三：拓印结束后，水面如何清理？会影响下一次拓印吗？

（1）问题生发，探讨方法。

（2）小结：将报纸铺上水面后，轻轻地沿着盆边拖拽出来，使浮在水面上的残余颜料被报纸吸附，从而起到清理水面的效果。

4. 探究问题四：如何拓印不同高度和大小的物体？

（1）小组讨论，自主学习。

（2）小结：根据拓印媒材的长、宽、高等数据来选择不同大小、深浅的画盆。

小泳池 　　　　　　　　高6厘米的画盆 　　　　　　　　透明收纳盒

5. 让我们一起评一评。

学生自评		我获得_____★
评价维度	评价内容	星级要求
我会做	画面表达	1. 能独立创作出一件较为完整的水拓画作品。（★） 2. 能将青花瓷的纹样特点表现出来。（★★） 3. 能将自己的构思与想法体现在水拓画作品中。（★★★）
	作品完成	1. 能在教师的帮助下完成作品。（★） 2. 独立完成作品，自主性强。（★★） 3. 能合作完成作品，表达自己的感受。（★★★）

第四章 水为介

第二单元 素水云腴 （10—11岁）

❓ 你观察过茶的颜色，了解过茶的种类吗？

课例一　用心感知·来识茶

火眼金睛·辨一辨

分辨老师带来的茶叶种类，知晓茶的发展历程。

小知识

茶叶可以根据发酵程度以及茶色的深浅分为六大类。

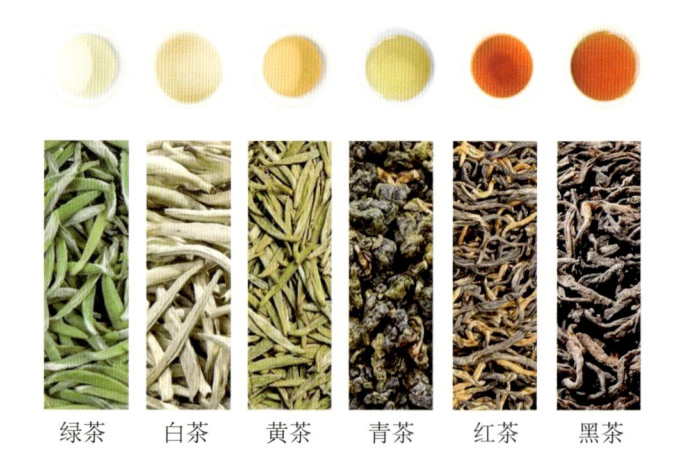

绿茶　白茶　黄茶　青茶　红茶　黑茶

观汤闻香·品一品

小组活动

观察茶汤颜色，闻一闻杯中茶香，品一品不同种类的茶。能够运用相关术语相互交流茶香、茶味。

发展历程

起源（周朝）→ 普及（东汉）→ 定型（唐朝）→ 盛行（宋朝）→ 振兴（现代）

细致观察·画一画

对不同场景下的茶进行写生，表现叶、枝等造型的特点。

素水云腴

? 茶色可以用来做什么呢?

课例二 茶色相连·巧动手

探索茶色

结合《中国传统色》中的色卡,观察不同的茶色分别接近什么颜色。

泡一泡,染一染

冲泡茶叶,得到茶汤,利用不同颜色的茶汤为纸张染色。

想一想,绘一绘

1. 用茶汤绘制一幅国画小品。
2. 在自制茶色纸上绘画。

现当代茶文化展示台

艺术家巧妙运用茶色创作的作品,带给你什么感受?

用茶汤一遍遍地涂刷画布

可以怎样在画布上表现茶水画?

装置滴漏、茶汤涂刷、时间沉淀等。

创作过程中有哪些技巧?

可以利用茶汤深浅、水渍纹、轮廓线、动态线等进行表现。

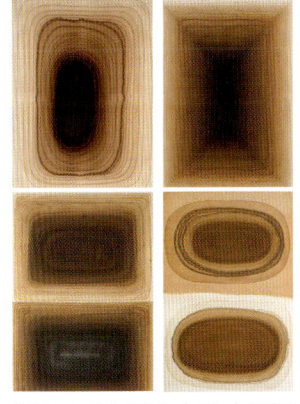

茶汤干后在画布上形成深深浅浅的效果

> 宋代的点茶活动是怎样的呢？

课例三　宋韵点茶·新体验

让我们化身小小茶艺师，通过自主学习，进入点茶活动，并进行趣味"斗茶""分茶"大比拼。

不同点茶阶段的茶粉状态

宋代点茶盛行，因其不仅是一种品茶方式，更融入了礼仪与艺术，是文人雅士社交的重要媒介，彰显了时代风尚与文化底蕴。

三人一组，轮流担任以下三种角色，互相协作，共创点茶作品。

斗茶师：温热茶盏，放入茶粉，注水调膏；点出汤花，丰富汤花，调节汤花。（注意丰富度、细腻度和白净度）

分茶师：调膏作画，使分茶作品有新意。

解说师：清晰描述点茶步骤，配以生动具体的解说，并布景配乐，使活动更生动精彩。

> 假如你化身茶文化宣传大使，你会制作一张什么样的茶文化卡呢？

课例四　万物来"潮"·茶市集

美术表现·文化广宣传

合作探究

怎样结合色彩、文字（茶名、茶诗、简介等）、图案完成茶文化卡的设计，并和茶袋、茶盒进行融合？

合作设计

1.说说茶文化卡的作用，制作茶文化卡。
2.将茶文化卡与茶袋、茶盒结合，使整体平整、牢固且美观。

茶文化卡　→融合→　茶袋、茶盒作品

致敬自然·元素新表达

1.小组合作，创作茶染、综合材料绘画或装置艺术作品。
2.思考：为了表现小组的创意，你会怎样用茶元素创作茶染、综合材料或装置艺术作品？三者可以通过什么样的媒介或方法进行关联？

茶染 　　　综合材料绘画 　　　装置艺术

单元课例教学设计：素水云腴

一、图说教学设计

体验感知初谙茶事
- 观察茶的颜色
- 了解茶的种类

体验茶艺宋韵点茶
- 学习点茶技艺
- 体验斗茶、分茶

巧探茶色染绘共舞
- 观察茶汤颜色
- 闻茶香
- 品茶味
- 写生"茶"

创新表达万物来"潮"
- 茶文化卡设计
- 茶文化卡与茶产品融合
- 茶元素与艺术形式的结合

素|水|云|腴

二、具体课例呈现

茶，与人们的生活息息相关。爱茶，即热爱生活。你观察过茶的颜色，了解过茶的种类吗？

（一）用心感知·来识茶

1. 火眼金睛，辨一辨：分辨老师带来的茶叶种类。

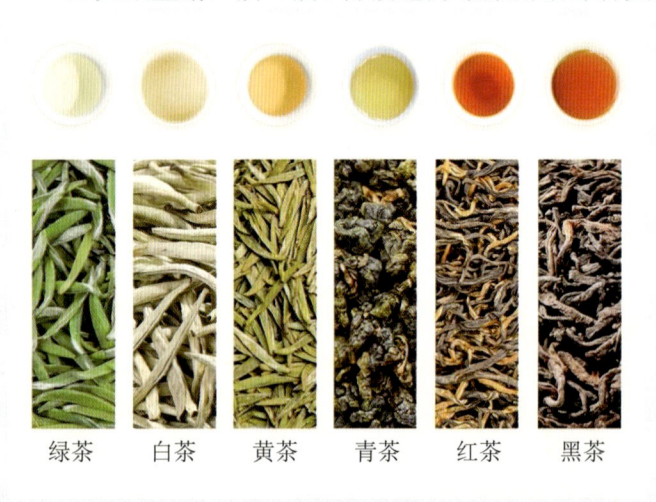

绿茶　白茶　黄茶　青茶　红茶　黑茶

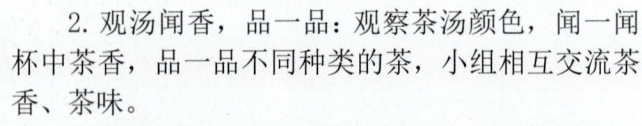

2. 观汤闻香，品一品：观察茶汤颜色，闻一闻杯中茶香，品一品不同种类的茶，小组相互交流茶香、茶味。

3. 细致观察，画一画：尝试写生不同场景下的茶，表现叶、枝等造型的特点。

4. 中国被称为茶的故乡，不仅因为中国是茶叶起源与发展的重要地区，更因为茶已融入了百姓的生活，有着深厚的文化底蕴。

（二）茶色相连·巧动手

1. 探索：中国传统色——茶色。

结合《中国传统色》中的色卡，观察不同的茶色分别接近什么颜色。

2. 泡一泡，染一染。

冲泡茶叶，得到茶汤，用不同颜色的茶汤为纸张染色。

3. 想一想，绘一绘。
（1）用茶汤绘制一幅国画小品。
（2）在自制的茶色纸上绘画。

4. 提示与灵感：艺术家黎鸿城"生长"个展的系列作品，带给你怎样的感受和启发？

5. 艺术家是如何在画布上表现茶水画的？艺术家的创作过程中有哪些技巧？

用茶汤一遍遍地涂刷画布

茶汤在画布上形成深深浅浅的效果

（三）宋韵点茶·新体验

1. 让我们化身小小茶艺师，通过自主学习，进入点茶活动，并进行趣味"斗茶""分茶"大比拼。

2. 三人一组，轮流担任以下三种角色，互相协作，共创点茶作品。
（1）斗茶师：温热茶盏，放入茶粉，注水调膏；点出汤花，丰富汤花，调节汤花。
（2）分茶师：调膏作画，使分茶作品有新意。
（3）解说师：清晰描述点茶步骤，配以生动具体的解说，并布景配乐，使活动更生动精彩。

（四）万物来"潮"·茶市集

美术表现·文化广宣传

1. 小组合作探究：茶文化卡是什么？
2. 怎样结合色彩、文字（茶名、茶诗、简介等）、图案完成茶文化卡的设计，并和茶袋、茶盒进行融合？
3. 小组合作设计：能说出茶文化卡的作用，制作茶文化卡。
4. 将茶文化卡与茶袋、茶盒结合，使整体平整、牢固、美观。

致敬自然·元素新表达

1. 小组合作，创作茶染、综合材料绘画或装置艺术作品。
2. 思考：为了表现小组的创意，你会怎样用茶元素创作茶染、综合材料或装置艺术作品？二者可以通过什么样的媒介或方法进行关联？

茶染

综合材料绘画 　　装置艺术 　　茶文化卡　　融合　　茶袋、茶盒作品

第三单元 蜡染扇事

第四章 水为介

（11—12岁）

> 学校"走书社团"的同学要外出参加表演，你会设计一款什么样的扇子，来搭配他们的表演呢？

课例一 研习草木染

探究·家乡的草木染

草木染作为奉化非遗项目之一，你了解这项非遗吗？

制定·研究方案

草木染技艺沉淀了传统之美，有许多可研究之处，根据主题组建活动小组，制定活动方案并完成学习单。

汇报·探究成果

参观印染工作室，小组轮流介绍探究成果。

《草木染研究活动》学习单方案		
我们的研究主题		
我们的组长		组员
人员分工	负责人	主要任务
汇报方式	我们的汇报方式： □制作PPT □开展班会活动 □举办民族服装设计大赛 我们还可以用其他的方式：_____。	

设计·扇子图案

扇子的种类按照形式可以分为团扇和折扇，扇面上一般都有精美的图案。你觉得团扇和折扇，哪个更适合我们这件旗袍呢？

90

蜡染扇事 =

? 怎样合理地控制蜂蜡的温度？

课例二　探秘蜂蜡

了解·蜂蜡的特点

蜂蜡能用于印染工艺之中，这与温度对蜂蜡形态的影响有关。用科学实验探究温度与蜂蜡的关系，在实验中了解蜂蜡的熔点。

实验材料：蜂蜡、火柴、回收盒、测温枪、酒精灯、石棉网、三脚架。

1. 点燃酒精灯。

2. 在距离蜂蜡10厘米处每隔15秒进行测温。

探究·蜂蜡小实验

蜂蜡又名蜜蜡，是蜜蜂（工蜂）腹部的蜡腺分泌出的，微黄色至灰黄色固体蜡状物。蜂蜡的熔点为60℃—67℃。

《蜂蜡的形态变化》记录表

温度								
变液体了吗								

没变液体：×　　变液体了：√

结论：根据实验现象，我知道了蜂蜡从____℃开始变为液体，____℃完全变为液体，蜂蜡的熔点是____℃。

观察并完成记录，与同学交流，得出自己的结论。

发现·蜡染工具

仔细观察融蜡炉，一般把温度控制在4至5挡为宜，尝试用毛笔蘸取蜂蜡，在布面上进行绘制。

91

= 美育浸润PBL百课　上册

> 怎样用蜡染的方式制作精美的扇面呢？

课例三　仿创扇面

准备·蜡染的工具

你认识左边的这些蜡染工具吗？

学习·蜡染的步骤

1. 构思，绘制。
2. 画蜡。 
3. 浸染。 
4. 取出，氧化。 
5. 熨斗去蜡。 
6. 晾干。 

尝试·蜡染扇面

蜡染通常是用蜡刀来进行绘制的，由于掌控蜡刀的难度较大，我们可以用毛笔蘸取适量蜂蜡，绘制在布面上。

92

蜡染扇事

? 制作一把团扇需要哪些步骤？

课例四　蜡韵扇艺

了解·扇子的结构

扇子一般由扇面、扇柄和扇骨三部分组成，欣赏右面我国的四大名扇，你能找出扇子的各个部分吗？

绫绢扇　浙江

竹丝扇　四川

火画扇　广东

檀香扇　江苏

示范·扇子的制作

一把传统团扇的制作要经过钻孔、插丝、剔骨、黏合等20多道工序。

1. 构图。 　2. 裁剪。 　3. 糊扇面。 　4. 包边。

实践·制作扇子

合作完成一把蜡染扇子。(可以对部分画面的构图进行留白处理)

展演·成果展示

让"走书社团"的同学拿着我们制作的蜡染扇子唱一唱吧！

93

典型课例教学设计：蜡韵扇艺

一、图说教学设计

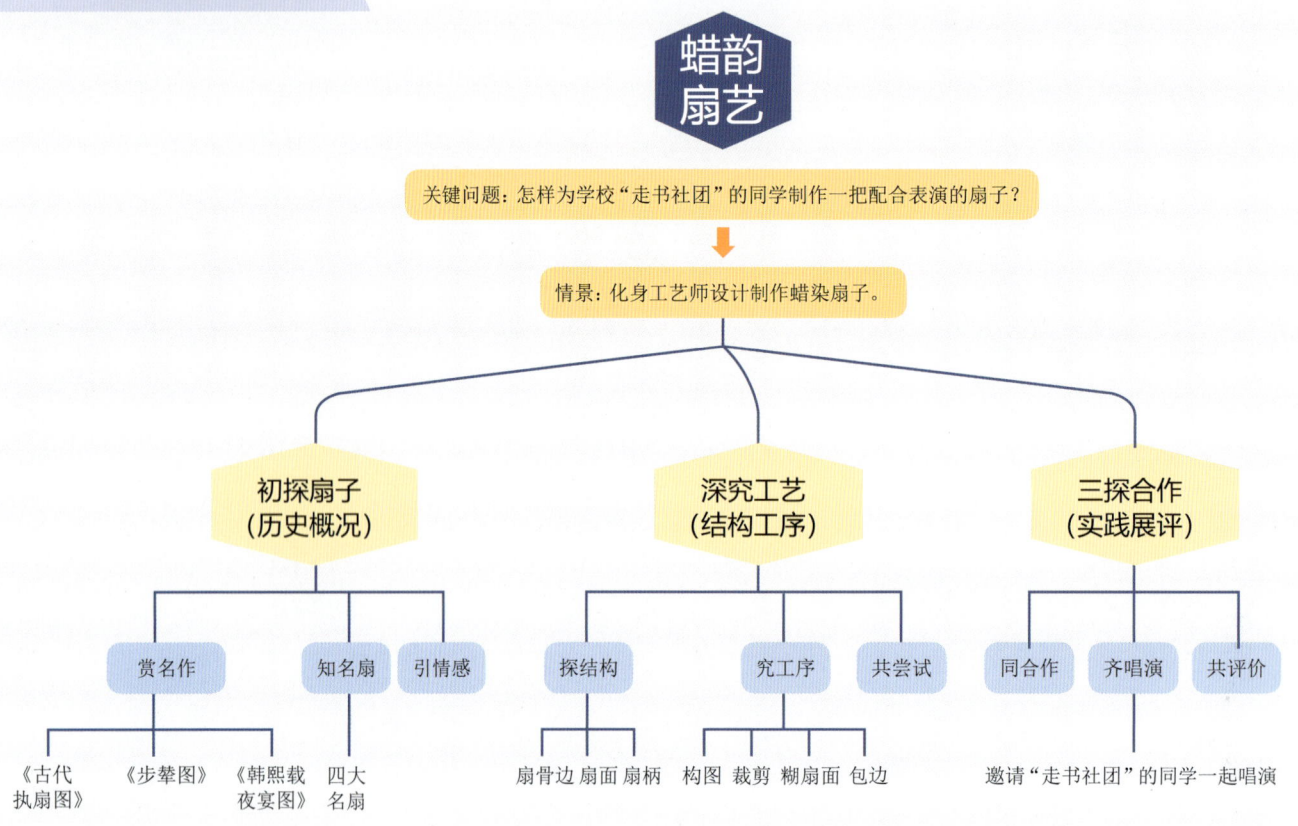

```
                        蜡韵扇艺
                           │
    关键问题：怎样为学校"走书社团"的同学制作一把配合表演的扇子？
                           ↓
              情景：化身工艺师设计制作蜡染扇子。
         ┌─────────────────┼─────────────────┐
    初探扇子            深究工艺            三探合作
   （历史概况）         （结构工序）         （实践展评）
   ┌────┼────┐        ┌────┼────┐        ┌────┼────┐
  赏名作 知名扇 引情感  探结构 究工序 共尝试  同合作 齐唱演 共评价
   │    │              │    │              │
《古代 《步辇图》     扇骨边 构图           邀请"走书社团"的
执扇图》《韩熙载 四大   扇面  裁剪           同学一起唱演
       夜宴图》名扇   扇柄  糊扇面
                           包边
```

二、具体课例呈现

（一）初探扇子——历史概况

1. 中国的扇子至今已有数千年的历史，有着深厚的文化底蕴。
2. 起初，扇子并不是用来纳凉的。查阅资料，找一找古代绘画作品中的扇子是用来干什么的。

3. 从《步辇图》中可以看出，当时的人们利用一种名叫"苇"的植物来制作扇子，那时的扇子多为仪仗扇。

4. 隋唐之后，扇子开始普及，从《韩熙载夜宴图》里可以看出，一边摇纨扇一边吟诗作对是一种时尚。

5. 明朝折扇渐渐开始流行，书画扇面也开始兴起。到了清朝，扇子既是纳凉的工具，同时又兼顾礼仪工具、彰显身份的道具等多项功能。

6. 你知道我国的四大名扇吗？

绫绢扇　浙江　　　火画扇　广东　　　竹丝扇　四川　　　檀香扇　江苏

7. 让我们一起评一评。

学生自评		我获得_____★
评价维度	评价内容	星级要求
我知道	探索能力	1. 能在教师的帮助下探索扇子历史。（★） 2. 能通过小组合作完成学习和探索。（★★） 3. 能独立完成制作。（★★★）

（二）结构解析——深究工艺

1. 扇子的种类繁多，按照形式划分，扇子可以分成哪几类呢？

2. 既然要设计扇子，我们首先就要确定选用哪种形式的扇子。你觉得团扇和折扇，哪个更适合"走书社团"进行表演呢？

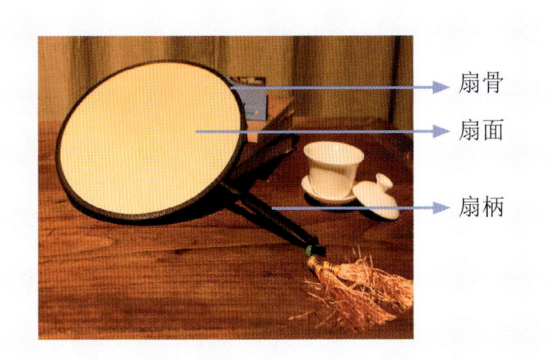

扇骨
扇面
扇柄

我们的设计

（　　　）小组

设计要求：小组讨论填写表格，绘制设计草图，完成后简单说说理由

1. 我们选择的印染方式是_____。
   □手绘　□扎染　□蜡染　□蓝印花布

2. 我们的图案设计：

你的设计理念是什么？跟大家分享一下。

95

3. 团扇比较容易制作，而且比较适合"走书社团"的女同学表演用。因此，我们选择团扇。团扇由扇骨、扇柄和扇面三部分组成，你觉得我们该先做哪一样呢？

4. 扇面的制作是关键。我国传统民间手工印染艺术主要分为扎染、夹染、蜡染和蓝印花布这四个种类，根据你的设计，哪种印染方式比较适合扇面的制作呢？

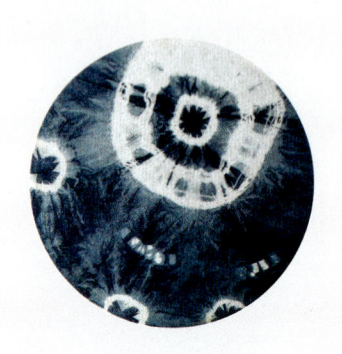

扎染 　　　　　　　　　　蜡染 　　　　　　　　　蓝印花布

5. 蜡染是使用融化的蜡在布面上绘制图案，然后进行染色的方法，它因其独特的效果和精妙的技巧，比较适合用于制作团扇的扇面。

（1）构思，绘制。 　（2）画蜡。 　（3）浸染。 　（4）取出，氧化。（5）熨斗去蜡。 　（6）晾干。

6. 一块小小的蜡染布料需要经过构思、绘制，画蜡，浸染，取出、氧化，熨斗去蜡，晾干等步骤才能完成。与传统蜡染相比，我们的绘画步骤有区别吗？小组讨论，完成下面这张学习单。

《蜡染方式比较》学习单				
	传统的蜡染	我们的蜡染	原因
画蜡工具			
去蜡流程			
建缸工艺			

7. 通过调整画蜡的工具，用毛笔绘蜡代替蜡刀绘蜡；改进去蜡流程，用熨斗去蜡代替沸水去蜡；再用化学染剂助力传统建缸工艺。真正把非遗蜡染"搬"进了我们的课堂里。

8. 一把传统团扇的制作要经历钻孔、插丝、剔骨、黏合等20多道工序，今天的团扇制作需要经过多少道工序呢？我们一起了解一下。

(1) 构图。 　　　　(2) 裁剪。 　　　　(3) 糊扇面。 　　　　(4) 包边。

9. 留白是在画面中空出一部分空间，让人产生无限遐想。这样的构图形式我们常常在国画作品里用到。

10. 最后，我们一起来尝试着画一画蜡染的线条。

（三）三探合作——实践展评

1. 试一试用自己喜欢的图案设计扇面。很多传统的图案都能成为扇子的装饰，如右图中的作品将花卉、长命锁作为主要的图案，运用适合纹样中均衡式的方法进行构图。

2. 准备材料：棉布、扇骨架、熨斗、狼毫毛笔、蜂蜡、融蜡炉、刮板、白胶、靛泥染料、塑料盆等。

3. 精美的蜡染扇子做好啦！让我们邀请"走书社团"的成员们拿着我们制作的扇子来唱一唱吧！

4. 合作布展，将作品放置在自己喜欢的地方，最后完成评价。

学生自评		我获得_____★
评价维度	评价内容	星级要求
我会做	画面表达	1. 有想法地表现画面。（★） 2. 自己的部分想法能在画面中表现出来。（★★） 3. 自己的构思与想法能完全呈现在画面中。（★★★）
	作品完成	1. 能在老师的帮助下完成作品。（★） 2. 能独立完成作品，自主性强。（★★） 3. 能合作完成作品，表达自己的感受。（★★★）

第五章 布为语

第一单元 虎艺生活 (10—12岁)

❓ 你们见过哪些与虎有关的物品？

课例一 寻虎踪迹

发现·虎的物件

玉虎 西周早期　　青铜鎏金虎噬羊形器座 春秋

杜虎符 战国　　白虎瓦当 汉代

艺老师：

仔细观察这些器物与作品，它们都用了哪种动物作为主题？

小虎娃：

我发现这些物件上都有虎的形象！

艺老师：

在中国传统文化中，虎被视为权力和勇猛的象征，有祈福辟邪的寓意。虎文化的历史源远流长，已融入我们生活与民俗的各个领域中。

镇宅神虎（年画）

坐虎（泥塑）

虎头帽

虎（剪纸）

虎头鞋

我通过（　　）查找到了与虎有关的（传说、绘画、诗词、文物、民俗等）：
我的感受是：

98

课例二　探虎意蕴

探究·造型的奥妙

艺老师：

为什么布老虎看起来这么可爱？

艺老师：

找一找，布老虎可爱的秘诀藏在哪里？布老虎又是如何体现虎的特征的呢？

眉眼

鼻子

唇齿

花开美好

富贵有"鱼"

柔中带刚，祝福安康

吉祥须穗，岁岁平安

小虎娃：

原来布老虎身上藏着这么多让它变可爱的秘密呀！

感受·色彩的特色

艺老师：

布老虎身上有哪些色彩？这些色彩给你什么样的感受？为什么用这些色彩？

小虎娃：

哇，原来色彩这么丰富，我要和伙伴们分享我的感受！

> 为什么人们喜欢在各种鞋、服、帽中加入虎的元素并给孩子们穿戴呢？

解读·图案的寓意

艺老师：

布老虎身上的图案可以表情达意，你想添加什么图案来表达愿望或祝福？试着画一画吧。

福禄　　福气　　很牛　　红火
甜蜜　　　创新吉祥图案　　　心想事成
平安　　　……　　　灿烂美好

创作表达·画一画小福虎

艺老师：

怎样画出小福虎的虎气？

小虎娃：

尖利的牙齿、额头的"王"字、强壮的四肢……

艺老师：

吉祥图案可以画在什么位置呢？

小虎娃：

头、嘴、身体、尾巴、爪子上都可以画上吉祥图案，这就变成了一只送福纳祥的小福虎！

艺老师：

试着画一只有吉祥寓意的小福虎，送给自己或家人。

> 如何传承与创新，让虎文化应用于我们的生活？

课例三　融虎生活

动手·做一做布老虎

艺老师：

　　用布作为主要材料，做一个布老虎挂件，来表达我们的祝福和愿望吧！

小虎娃：

　　我要把布老虎挂件送给妈妈，祝愿妈妈平安吉祥！

艺老师：

　　我们还可以做更多的虎元素作品来装点我们的生活，传递美好的祝福。

应用·虎艺生活

艺老师：

　　虎元素作品可以装点我们的生活，你想把你的作品装点在什么地方呢？

= 美育浸润PBL百课　上册

典型课例教学设计：探虎意蕴

一、图说教学设计

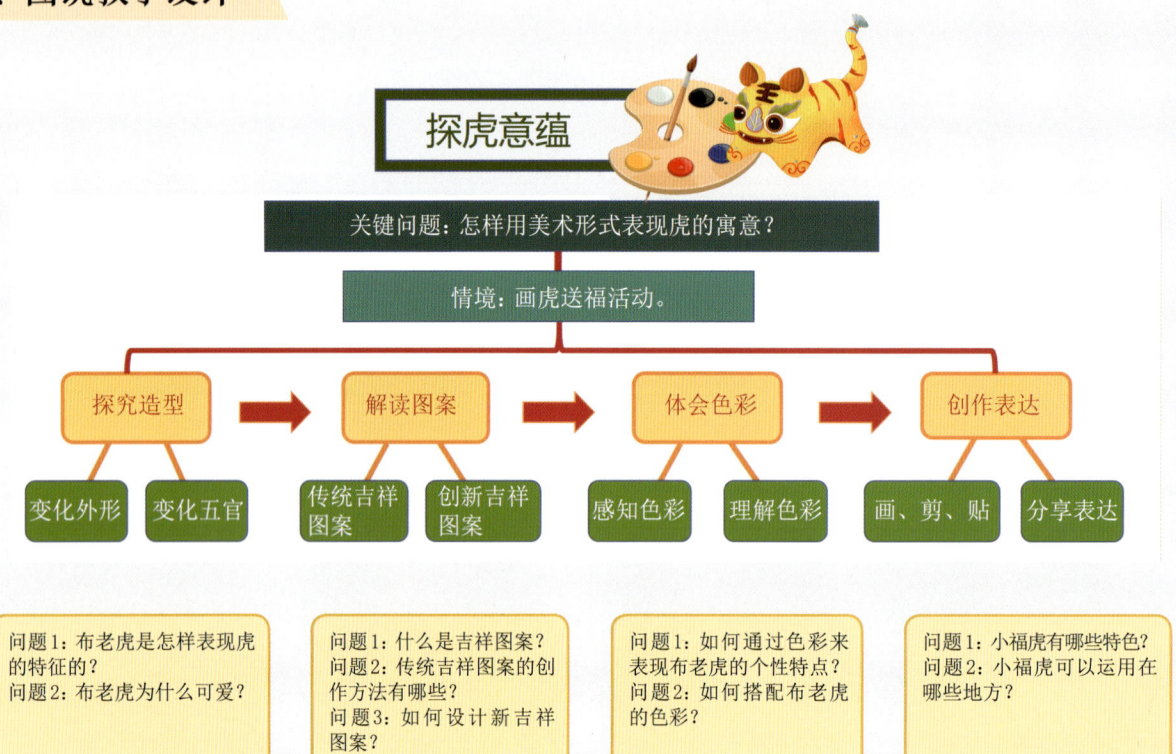

探虎意蕴

关键问题：怎样用美术形式表现虎的寓意？

情境：画虎送福活动。

探究造型 → 解读图案 → 体会色彩 → 创作表达

- 探究造型：变化外形、变化五官
- 解读图案：传统吉祥图案、创新吉祥图案
- 体会色彩：感知色彩、理解色彩
- 创作表达：画、剪、贴、分享表达

问题1：布老虎是怎样表现虎的特征的？
问题2：布老虎为什么可爱？

问题1：什么是吉祥图案？
问题2：传统吉祥图案的创作方法有哪些？
问题3：如何设计新吉祥图案？

问题1：如何通过色彩来表现布老虎的个性特点？
问题2：如何搭配布老虎的色彩？

问题1：小福虎有哪些特色？
问题2：小福虎可以运用在哪些地方？

二、具体课例呈现

（一）探究布老虎的造型

比较外形的变化

1. 布老虎的造型多样，为什么我们依然能认出它们是虎？它们体现了虎什么样的特征？
2. 比较布老虎与真实的虎的外形，有什么不同？
3. 布老虎带给你什么样的感受？
4. 为什么布老虎看起来不可怕，还挺可爱呢？

布老虎的主要特征：

　　虎头（　　），虎身（　　），四肢（　　），虎尾（　　），动作（　　），这些特征让布老虎有了可爱的样态。

探索五官的变化

眉眼

鼻子

唇齿

1. 布老虎的五官与真实的虎相比，发生了哪些变化？为什么要这样设计？

2. 布老虎的眉眼、鼻子和嘴巴在真实形象的基础上运用了夸张和装饰的手法。不同的装饰细节，为布老虎的形象增添了趣味，既具备虎的特点，又不会显得过于凶猛。

3. 为什么要用虎的造型做成鞋、服、帽给孩子们穿戴？布老虎身上蕴含了怎样的情感？

4. 人们相信虎有驱邪祈福的寓意，怀着追求美好生活的质朴愿望，把布老虎作为孩子们的保护神和吉祥物。大眼睛、咧嘴、歪着脑袋……这些孩子似的稚态，都可以用到布老虎的创作中去。

（二）体会色彩的情感

感知色彩的意义

1. 在布老虎身上能找到哪些色彩？哪些色彩用得最多？你认为是什么原因？

2. 布老虎的色彩夸张，对比鲜明，不仅有装饰作用，还具有象征意义。民间美术的色彩多具有吉祥、喜庆的特点，民间艺人通过在布老虎中运用缤纷的色彩来表达情感。

理解色彩的搭配

1. 布老虎的色彩可以怎样选择与搭配？

2. 布老虎身上民间色彩的合理运用更能增强布老虎的视觉表现力，给人以心灵上的喜悦。通过尝试搭配色卡，我们能体会到色彩的搭配要既和谐又有对比，选鲜艳、丰富的色彩更合适。

(三)解读图案的寓意

认识传统吉祥图案

1. 吉祥图案有什么含义？

2. 初步了解传统吉祥图案的含义，它都是根据人们的愿望和祝福创造出来的，有谐音、象征等方法。

创新设计吉祥图案

1. 怎样设计新颖的吉祥图案？

2. 布老虎虽然不会说话，但能通过图像语言来表情达意，这就需要为它设计相应的图案。借鉴吉祥图案的创作方法，结合自己的心愿与布老虎的造型特点，运用谐音法或借物象寓意来设计新的吉祥图案。

3. 思考并完成学习单。

《吉祥图案我来探》学习单			
班级（　　　）　　姓名（　　　）			
你知道哪些吉祥图案？请完成表格。			
图案			
名称			
表现方法			
寓意			
你还想表达什么样的愿望或祝福？一起来设计新吉祥图案吧。			
图案			
名称			
表现方法			
寓意			

4. 让我们一起评一评。

学生自评		我获得＿＿＿★
评价维度	评价内容	星级要求
我知道	概念认知	1. 知道虎艺作品中色彩、造型和图案的概念。（★★） 2. 知道色彩、造型和图案的不同表现方法。（★★★）
我理解	思考能力	1. 能在教师的引导下有自己的思考。（★） 2. 能从某一方面（造型、色彩、图案）进行主动思考，表达自己的想法。（★★） 3. 能从多方面主动思考，提出自己的创意表达。（★★★）
我能做	创作能力	1. 能在教师的引导下完成一种色彩、造型或图案的创作。（★） 2. 能独立完成一种色彩、造型或图案的创作。（★★） 3. 能独立完成两种及以上色彩、造型或图案的创作，并分享自己的创作体验。（★★★）

5. 展示设计的吉祥图案并分享设计过程中的感受。

6. 你最喜欢哪个吉祥图案？

7. 在设计的过程中你遇到困难了吗？是否解决了？是如何解决的？

（四）画一只小福虎

1. 先用马克笔在白色卡纸上画出虎的形象，再添上自己喜欢的吉祥图案，并为它加上鲜艳丰富的色彩。

我的小福虎之创作说明

这是我创作的小福虎：《_____》

设计图　　　作品照片

【创作说明】

画面中是我设计的小福虎形象（主题、元素、材料）：

_____；

它的寓意是：_____。

我想表达的想法是：_____。

我对自己的作品（满意/不满意），因为_____

_____

_____

_____

2. 根据自己画的小福虎的特点，添画吉祥图案，表达愿望与祝福。图案可以画在身体、脸颊、耳朵、胡须或尾巴上，可以是不对称的，但要满足视觉上总体均衡的原则。

3. 红色在中国传统文化中有吉祥的寓意，可以用红色镜片纸来作底纸。用剪贴的方法，把小福虎"请"到纸上，一张小福虎作品就完成啦。

4. 你还有别的创意吗？可以尝试不同的创作方法。

5. 给你的小福虎增添个性特点，让它更生动。试试来给它们按本领或特长分类，比如冠军虎、强壮虎、乖乖虎、可爱虎、平安虎、吉祥虎、福气虎、酷炫虎……你喜欢有什么本领的小福虎？怎样把这些特点表现出来呢？

6. 展示、评价作品，分享自己的构思和创作方法。

学生自评		我获得_____★
评价维度	评价内容	星级要求
我知道	虎元素应用	1. 知道虎元素作品在生活中的应用。（★★） 2. 知道虎元素作品的多种形式、应用场景及其含义。（★★★）
我理解	美术表现	1. 有想法地表现作品内容。（★） 2. 能运用虎元素在作品中表达自己的所感所想。（★★） 3. 能在作品中充分表达自己的创意和感受。（★★★）
我能做	作品完成	1. 能在教师的帮助下完成作品。（★） 2. 能独立完成富有寓意的作品。（★★） 3. 独立完成有创意的作品，能与同伴交流创作体验与作品含义。（★★★）

第五章 布为语

第二单元 "布"一样的中国芯 （10—12岁）

❓ 我们每个人都拥有一颗热爱祖国的中国心，你知道中国芯吗？

课例一 认识中国芯

探究·认识芯片

科创队长：

你见过芯片吗？生活中哪些地方需要用到芯片？

科创队员：

通过上网搜索，我们知道了电路板是由焊盘、导线、元器件等多部分组成的。

焊盘　　芯片　　接插件
元器件　　　　　　导线
　　　安装孔　……

探索·中国元素

科创队长：

我们如何在电路板上体现中国芯的爱国元素？

绘制·芯片草图

科创队长：

国旗、五角星在绘制时一定要规范，这代表着国家的尊严。

科创队长：

根据网络上找到的电路板照片，通过简化和概括的方法，利用点、线和面的构成来设计一张具有中国元素的电路板草图。

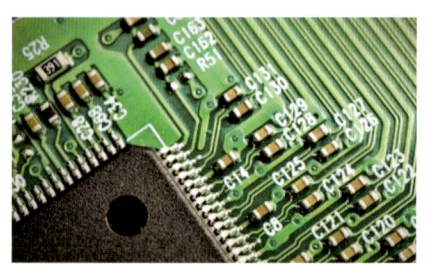

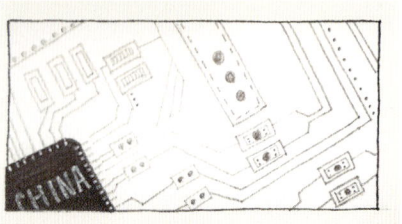

"布"一样的中国芯

? 你可以怎样利用废旧牛仔布和其他材料来创作"布"一样的中国芯?

课例二 "布"一样的材料

思考·材料特点

科创队长：

制作布艺《中国芯》作品，除了废旧牛仔布料，还可以用哪些材料呢？

组成部分	美术语言	表现材料（参考）
焊盘	点	铆钉、大头针、图钉、珠子、扣子……
导线	线	棉线、牛仔线、牛仔布条……
芯片元器件	面	牛仔标牌、不织布、不同颜色牛仔布……

大头钉 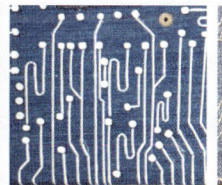　　　　棉线、珠子 　　　　牛仔布、珠子

探究·材料妙用

科创队长：

你知道怎么使用这些材料吗？你有什么妙招？

? 可以用哪些针法在牛仔布上绣出自己想要的图案？

课例三 "布"一样的方法

针法	表现形式	刺绣图示
打籽绣	点 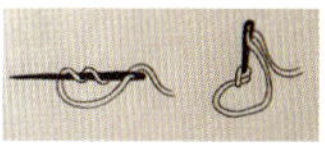  	
回针绣	线 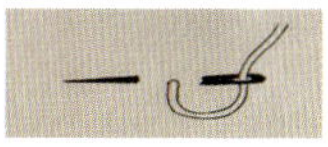 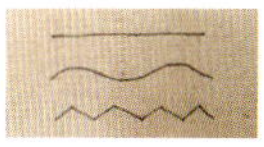 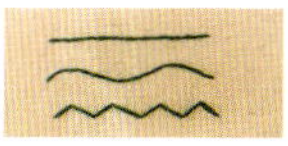	
缎面绣	面 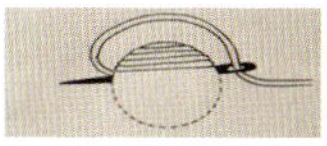 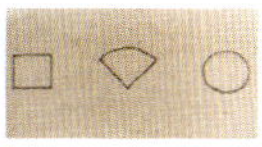 	

练习·刺绣针法

科创队长：

我们先一起来学习刺绣的三种基本针法，也可以请教家里会针线活的长辈们哦。

107

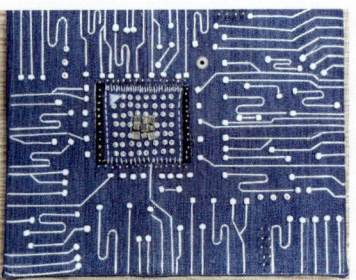

分享·刺绣心得

科创队员：

穿针引线时，大家有好方法分享吗？你们觉得哪一种针法最难？这些针法你都学会了吗？

? 刺绣、拼布，都是传统的手工艺，我们该如何传承传统工艺？

课例四 "布"一样的创作

迁移·能力应用

科创队长：

为了更好地完成作品，我们先要分组和分工。

科创队员：

我们分成4人一小组，然后大家进行任务分工，说说自己想负责哪个任务。

小组名称	创意无限小组	
步骤	负责学生	具体任务
准备材料		利用课外时间搜集可用材料。
裁剪布料		根据草图裁剪所需的布料。
拼摆电路板		用各种材料拼摆出电路板的基础造型。（注意颜色深浅搭配、点线的巧妙结合等）
绣出导线		在牛仔布（电路板底板）上绣出导线。
细节加工		利用其他材料对电路板进行细节加工。

实践·小组创作

1. 准备材料。

2. 拼摆材料，绣出导线。

3. 粘贴其他材料。

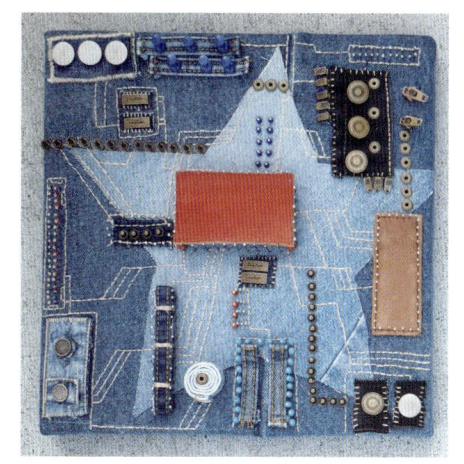

4. 完成。

拼摆·成果展示

科创队长：

将各小组的作品进行排列组合，完成纤维艺术作品《中国芯》。

科创队员：

哇，我们居然完成了这么有意思的《中国芯》作品！大家一起来分享下自己的创作收获吧！

109

典型课例教学设计:"布"一样的创作

一、图说教学设计

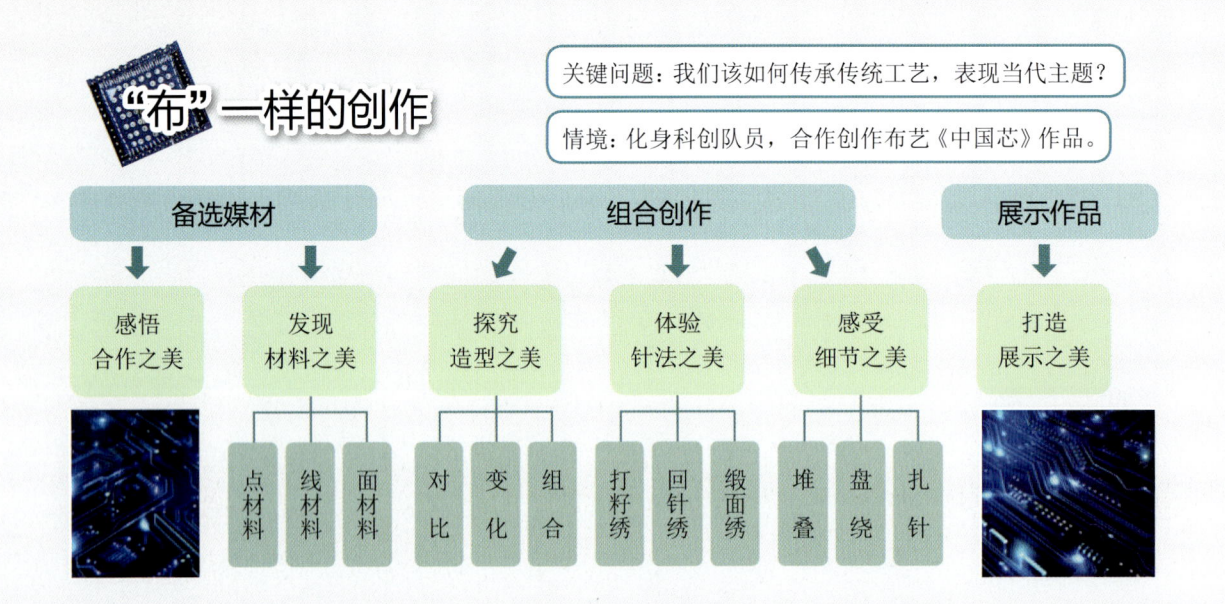

关键问题:我们该如何传承传统工艺,表现当代主题?

情境:化身科创队员,合作创作布艺《中国芯》作品。

"布"一样的创作

- 备选媒材
  - 感悟合作之美
  - 发现材料之美
    - 点材料
    - 线材料
    - 面材料
- 组合创作
  - 探究造型之美
    - 对比
    - 变化
    - 组合
  - 体验针法之美
    - 打籽绣
    - 回针绣
    - 缎面绣
  - 感受细节之美
    - 堆叠
    - 盘绕
    - 扎针
- 展示作品
  - 打造展示之美

问题1:你能找到哪些表现点、线、面等美术语言的材料?
问题2:思考这些材料与《中国芯》作品之间的联系。

问题1:你会如何搭配不同颜色的牛仔布料?
问题2:你会如何组合与应用牛仔服饰上的边角料?
问题3:你能说说每一件材料代表着怎样的意义吗?

问题1:如何根据牛仔布料颜色选择绣线的颜色?
问题2:哪种针法能表现电路板上的导线?
问题3:如何将打籽绣应用于电路板的创作中?

问题1:如何通过堆叠、缠绕等方法让牛仔布料产生立体的效果?
问题2:如何借助大头针、彩珠、图钉来丰富电路板的细节?

二、具体课例呈现

(一)备选媒材,关注艺术语言

感悟合作之美

要完成《中国芯》作品的创作,一个人的力量不够,我们需要有一个团队,所以我们先要进行科创小分队的分组,并为每个队员布置科创小任务。

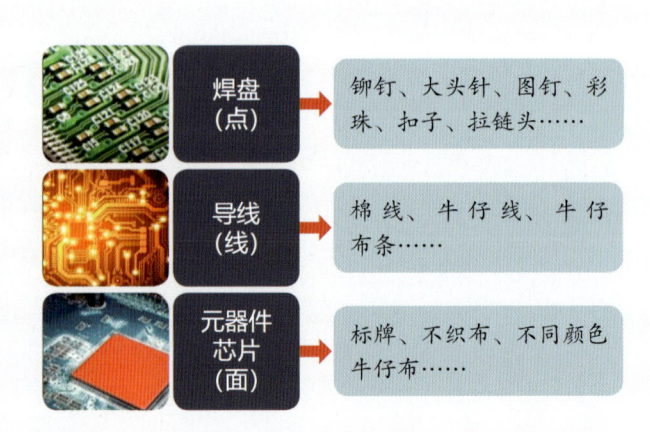

发现材料之美

1. 我们明确自己的任务之后,就要开始正式创作了。
2. 仔细观察收集的材料,思考每一件材料与《中国芯》的联系,你能从点、线、面等美术语言的角度来进行联想吗?

焊盘(点)	铆钉、大头针、图钉、彩珠、扣子、拉链头……
导线(线)	棉线、牛仔线、牛仔布条……
元器件芯片(面)	标牌、不织布、不同颜色牛仔布……

3. 我们需要用大块的牛仔布来做《中国芯》的底板，在选择牛仔布料颜色时，需要注意深浅的搭配，在选择其他材料时更要注意与电路板各组成部分之间造型的联系。

（二）组合创生，联结美好情感

电路板、芯片的造型各不相同，我们需要根据自己设计的草图，寻找最合适的替代材料，拼摆出自己心目中"布"一样的中国芯。

探究造型之美

1. 每一种材料都有着它独特的质感，通过排列组合，可以形成不同的视觉感受，你也来试试吧。
2. 制作步骤：（1）选择大块的牛仔布做底板。（2）选择与底色相异的牛仔布做五角星装饰。（3）标牌作为中间的芯片部分。（4）铆钉、皮带环、金属扣作为电路板上的焊盘等构件。

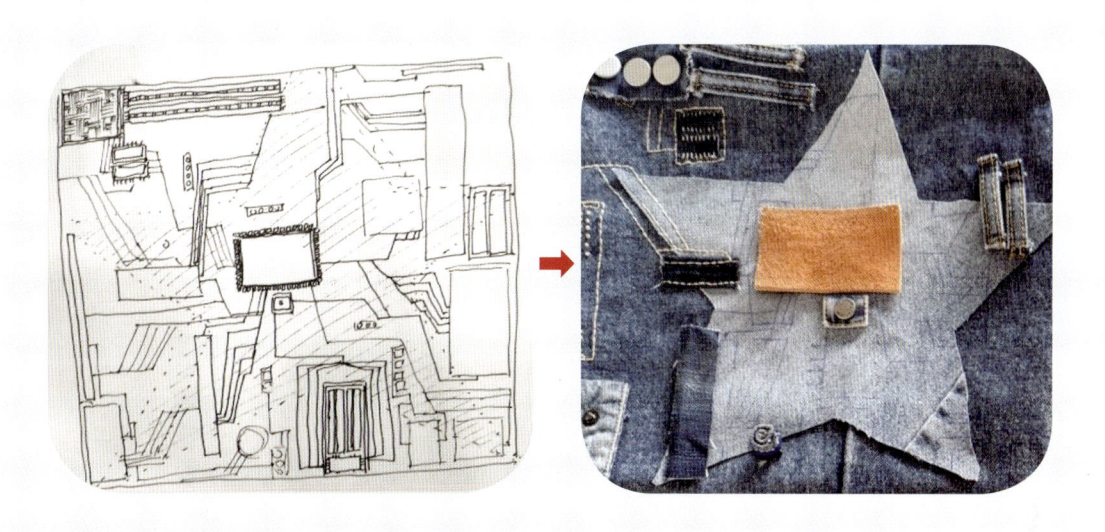

3. 选择材料时，我们需要考虑材料的自身属性，比如标牌在牛仔裤中既是点缀，又是品牌的标识，所以用它来代替芯片，有着不一样的意义。你还能说说其他材料代表的意义吗？

体验针法之美

1. 除了用材料代替电路板的各个部分外，还可以用刺绣来装饰电路板的细节，你觉得哪种针法最能表现电路板上的导线？

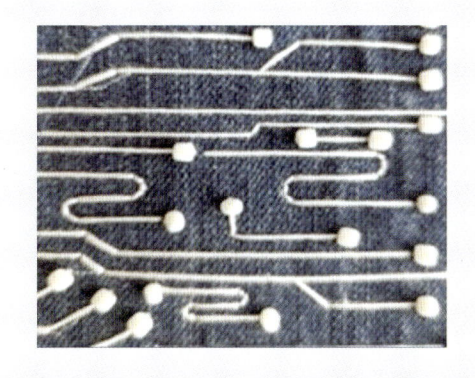

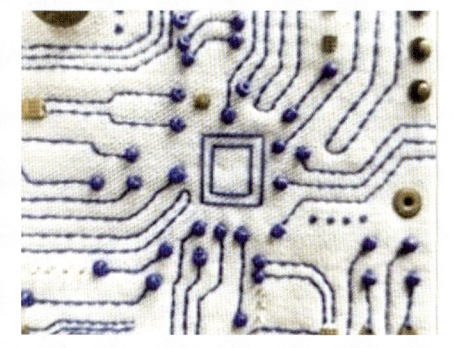

2. 我们在牛仔布上绣下的每一针都有着不一样的意义，同时我们在选择绣线上需要注意色彩的搭配，除了蓝色和白色的绣线，你还会选择哪种颜色的绣线呢？

感受细节之美

1. 电路板的独特美感还在于那浮雕式的起伏变化，我们也可以用堆叠、缠绕等方法让牛仔布变得立体起来。

2. 除了牛仔布条叠加、扎大头钉、排列铆钉等方法，你还能想到其他有趣的方法吗？通过小组成员的集体智慧，让你的牛仔布电路板变得更有创意吧！

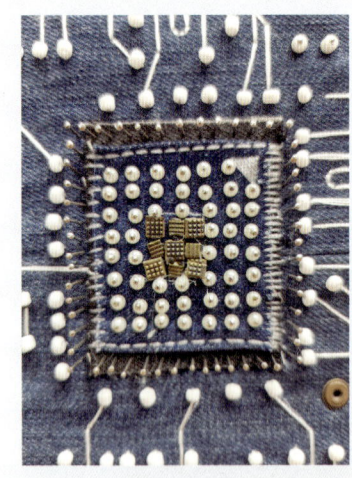

3. 让我们一起评一评。

学生自评		我获得_____★
评估维度	评价内容	星级要求
我知道	造型方法	1. 知道一种布艺的造型方法。（★★） 2. 知道多种布艺组合的造型方法。（★★★）
我能做	刺绣应用	1. 能用回针绣表现简单的电路板导线。（★） 2. 能用两种针法表现电路板导线。（★★） 3. 能用多种针法表现电路板上的点、线、面。（★★★）
我能做	组合创造	1. 能用一种方法进行细节加工。（★） 2. 能用两种方法进行细节加工。（★★） 3. 能用多种方法进行细节加工。（★★★）

（三）展示作品，提升科创魅力

各小组完成布艺电路板的创作后，我们需要把多个电路板组合形成一件完整的作品，我们应该怎么组合呢？可以怎样排列？

打造展示之美

1. 在各小组的共同努力下，《中国芯》作品终于完工了，大家都来谈谈自己的感受吧。
2. 你在整个创作过程中最大的收获是什么？最大的困难是什么？你又是怎么克服的呢？请你和同学一起分享一下。

3. 你觉得《中国芯》作品表达的是什么样的情感？
4. 我们可以将作品布置在校园的哪个位置呢？能说说你的理由吗？
5. 让我们一起评一评。

学生自评		我获得_____★
评估维度	评价内容	星级要求
我知道	芯片知识	1. 知道电路板的组成结构。（★★） 2. 了解芯片技术在生活中的应用。（★★★）
我理解	创作理念	1. 理解中国芯所表达的爱国情怀。（★★） 2. 能用简短的语言表达自己的创作想法，逻辑性强。（★★★）
我能做	自主创作	1. 能巧妙搭配牛仔布的不同颜色。（★） 2. 能合理利用多种材料组合成布艺电路板。（★★） 3. 能结合材料特性，合理选择方法进行创作。（★★★）

第五章　布为语

第三单元　寻味家乡　（10—12岁）

❓ 你知道自己的家乡有哪些特色美食吗？

课例一　乡味日记

探寻·家乡美食

布老师：

你们知道自己的家乡有哪些美食吗？你最喜欢吃的特色美食是什么？

小绣娃：

我的家乡在宁波奉化，这里有水蜜桃、千层饼、油焖笋……我最喜欢吃的就是夏天的水蜜桃了！

布老师：

让我们去家乡的大街小巷走一走，找找本地的特色美食，通过文字、视频或照片的方式进行记录，并完成学习单。

《我的家乡美食》学习单			
家乡美食我发现	调查前	填写你知道的家乡美食。
	调查后	填写新发现的家乡美食。
家乡美食我推荐	美食名称	例如水蜜桃。
	推荐理由	介绍外形、色彩、口感、最佳品尝季节等。
家乡美食我记录	镜头里的美食	用手机或相机拍摄美食，注意取景的角度，通过特写、近景、远景等方法进行拍摄。

尝试·画画美食

布老师：

找到了那么多的家乡特色美食，你能用画笔来表现它们吗？

114

寻味家乡

> 你会怎样用布艺的方式制作一款治愈心灵的美食呢?

课例二　食之絮语

制作·布艺美食

布老师：

　　观察右边的美食，猜一猜，它们是用什么材料做的？用到了哪些方法？

小绣娃：

　　它们是用不织布制作而成的，用到了前面学过的刺绣针法，还利用了珠子、毛线等材料一起来装饰。让我们一起来看看千层饼的制作步骤吧。

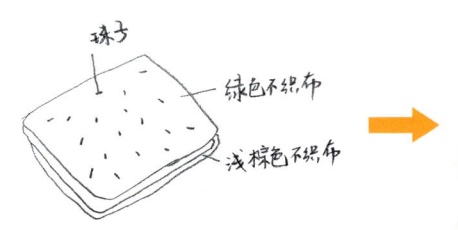

1. 画草图。（备注制作方法和材料）
2. 剪外形。（结合千层饼颜色选择不织布，剪出需要的形状） 
3. 添细节。（缝合，并用珠子来表现芝麻） 
4. 设计包装。（在包装上写下有趣的装饰文案） 

表达·美食絮语

布老师：

　　你能给自己做的布艺美食写一句有意思的文案吗？可以表达你的心情，展现你的幽默，或者体现你对家乡的热爱。

小绣娃：

　　水蜜桃——一口吃下甜蜜蜜的夏天。
　　千层饼——上学路上总能闻到小弄堂里散发的一阵阵饼香。

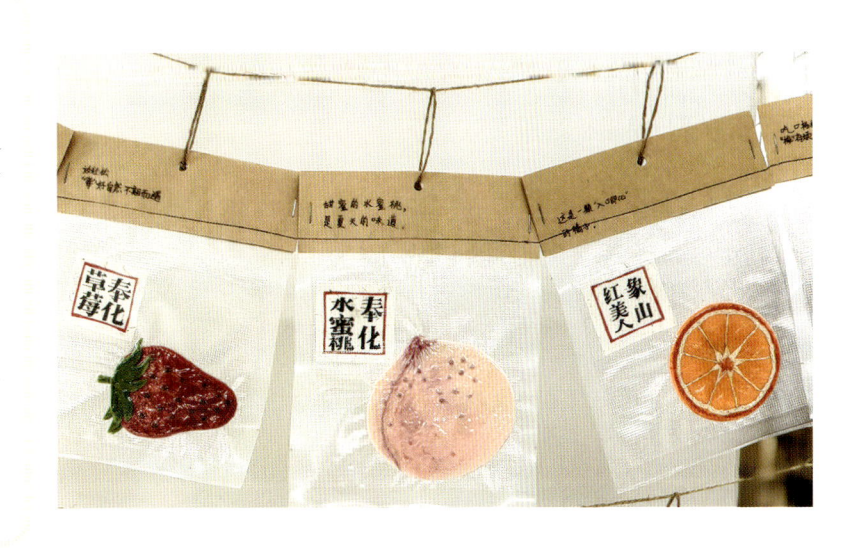

115

> 家乡有这么多美食，你会怎么宣传它们呢？

课例三 "袋"走乡味

赏析·布贴作品

布老师：

我们一起来欣赏左边的这幅布贴刺绣作品，你能发现它用了哪些材料和方法吗？它表现了什么主题？

小绣娃：

我发现有不织布、旧衣服、麻绳等材料，我还发现用到了回针绣、打籽绣和缎面绣的针法，并且还用色粉笔上色，增加了画面的色彩效果。

创作·美食组画

1. 准备材料。
2. 画草图。 
3. 摆图案。 
4. 加细节。 
5. 染色粉。 

布老师：

大家可以找一张好看的美食照片作为参考，进行草图设计，然后根据草图用布贴刺绣的方法创作美食作品。

小绣娃：

我们按照旁边的步骤一起来试试吧！

启迪·创意展示

布老师：

作品完成后，我们该如何展示呢？怎样的展示方式能更好地宣传我们家乡的特色美食？各小组讨论一下，提供一个最佳的方案。

小绣娃：

我们可以把作品装饰在麻布手拎袋上，这样既是一件文创产品，又是一件装饰品，能让每个拎着它的人"袋"走我们的乡味。

实践·展陈设计

布老师：

让我们把作品缝制到麻布手拎袋上，同时，体现手拎袋的艺术性！

小绣娃：

哇，我们的作品经过精心展陈后，变得更有趣了。

寻味家乡

典型课例教学设计："袋"走乡味

一、图说教学设计

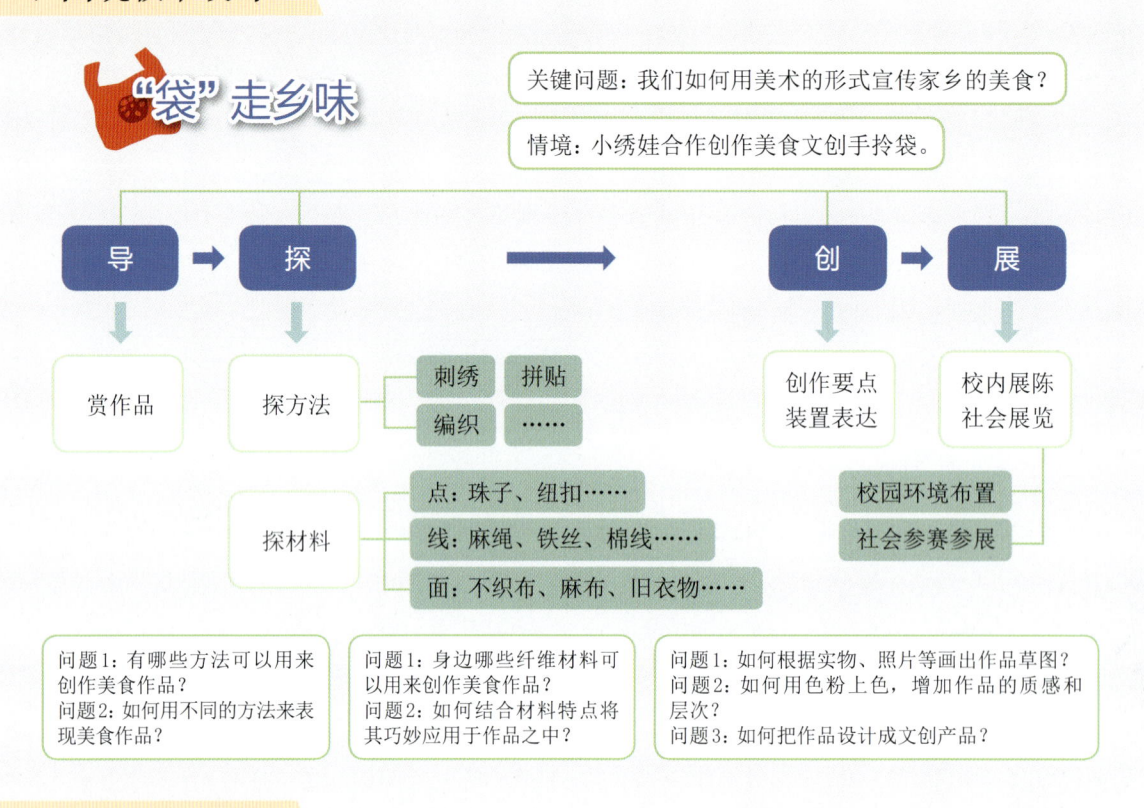

关键问题：我们如何用美术的形式宣传家乡的美食？

情境：小绣娃合作创作美食文创手拎袋。

"袋"走乡味

导 → 探 → 创 → 展

- 导：赏作品
- 探：
  - 探方法：刺绣、拼贴、编织、……
  - 探材料：
    - 点：珠子、纽扣……
    - 线：麻绳、铁丝、棉线……
    - 面：不织布、麻布、旧衣物……
- 创：创作要点、装置表达
- 展：校内展陈、社会展览
  - 校园环境布置
  - 社会参赛参展

问题1：有哪些方法可以用来创作美食作品？
问题2：如何用不同的方法来表现美食作品？

问题1：身边哪些纤维材料可以用来创作美食作品？
问题2：如何结合材料特点将其巧妙应用于作品之中？

问题1：如何根据实物、照片等画出作品草图？
问题2：如何用色粉上色，增加作品的质感和层次？
问题3：如何把作品设计成文创产品？

二、具体课例呈现

（一）导——赏布艺作品

感悟布艺作品的独特魅力

1. 经过"食之絮语"一课的学习，我们已经掌握了单个美食作品的制作方法，那么我们该如何把单个的美食作品组合成一幅完整的画面呢？
2. 一起欣赏同龄人的布艺作品，或许它会给你带来一些创作的灵感。
3. 一边欣赏一边思考，这幅作品的构图有什么特点？用了哪些材料？有哪些创作手法？

（二）探——材料和方法

探究材料

1. 除了沿用前一课的不织布材料之外，我们还可以利用身边哪些合适的材料？
2. 观察画面，从点、线、面的角度去探索适用于美术作品创作的材料。

寻味家乡 二

美术语言	画面内容	表现材料（参考）
点	芝麻、水珠、葱花、食物的馅儿等	彩珠、扣子……
线	沥油条的架子、热水瓶、蒸笼等	麻绳、铁丝、棉线、纸绳、皮绳……
面	桌子、黑板、凳子、盘子等	不织布、麻布、旧毛巾、旧衣物……

探究方法

1. 观察画面中用到的表现方法，归纳总结表现的手法及画面中所表现的内容，将其迁移到自己的创作中去，并能举一反三。

表现手法	画面内容	表现手法	画面内容
刺绣	文字、线条、各种小点	缠绕	需要增加厚度的部分
拼贴	各种大的块面	涂色	需要体现层次和光影的部分
编织	模仿生活中的编织物，用线状材料进行编织	……	根据画面的内容增加其他表现手法

2. 在作品创作过程中，表现方法并非一成不变的，而是可以根据自己的理解去选择合适的材料和方法，例如我们制作沥油条的架子，可以选择用铁丝制作，也可以选择用刺绣的方法米表现。
3. 让我们一起评一评。

学生自评		我获得_____★
评估维度	评价内容	星级要求
我知道	创作材料	1. 知道如何正确选择不织布材料。（★★） 2. 知道根据自己的创作意图选用合适的材料。（★★★）
	创作方法	1. 知道一种布艺拼贴作品的创作方法。（★） 2. 知道两种布艺拼贴作品的创作方法。（★★） 3. 知道色粉的上色方法。（★★★）

119

（三）创——创意与表达

分析作品创作要点

1. 要完成一组有关美食的布艺拼贴作品，首先要知道创作的步骤，并通过小组合作的形式来完成作品。让我们先一起来了解具体的创作步骤吧。

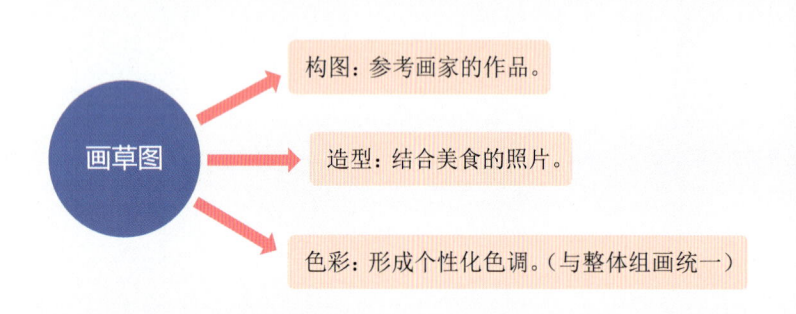

画草图
- 构图：参考画家的作品。
- 造型：结合美食的照片。
- 色彩：形成个性化色调。（与整体组画统一）

（1）根据拍摄的照片画出美食的造型，并进行合理的构图。

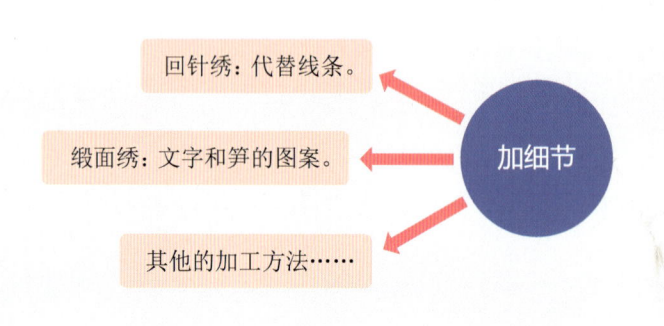

加细节
- 回针绣：代替线条。
- 缎面绣：文字和笋的图案。
- 其他的加工方法……

（2）进行细节加工时要先思考加工的方法，选择刺绣的方法时要先考虑色彩的搭配和针法。

染色粉

（3）利用色粉丰富美食作品的质感和层次。

（4）运用色粉添加阴影，提升画面的立体感。

2. 通过我们的努力，家乡的美食布艺作品终于完工了，谈谈自己的创作感受吧。
3. 让我们一起评一评。

学生自评		我获得_____★
评估维度	评价内容	星级要求
我理解	创作理念	1. 能用简单的语言阐述草图的主要内容。（★★） 2. 能用优美的语言表达自己的想法，逻辑性强。（★★★）
我能做	自主创作	1. 能用拼贴的方法进行细节加工。（★） 2. 能用拼贴和刺绣的方法进行细节加工。（★★） 3. 能在拼贴和刺绣的基础上用色粉丰富作品层次。（★★★）

（四）展——展陈与价值

布置校园环境

1. 布艺美食作品完成以后，我们该如何利用这些布艺作品宣传家乡的美食呢？小组讨论后，提出一个合理的实施方案。
2. 你觉得可以把这些麻布手拎袋展示在校园的哪个位置？说说你的理由。
3. 你能给这件作品取一个合适的名称吗？

参与社会比赛与展览

1. 每一个手拎袋都是对家乡美食的宣传，它们既是独立的文创产品，也是独特的艺术作品。
2. 如果要让这件作品参加比赛或展览，你会怎样组合这些手拎袋，使之成为一组完整的展陈作品呢？

学校图书馆楼梯一角

《"袋"走舌尖上的甬城》展陈设计

3. 让我们一起评一评。

学生自评		我获得 _____ ★
评估维度	评价内容	星级要求
我知道	家乡美食	1. 知道五种以上家乡美食的名称和产地。（★★） 2. 知道一种家乡美食的具体制作方法。（★★★）
我理解	创作意义	1. 理解创作家乡美食是为了更好地宣传自己的家乡。（★★） 2. 能与同伴分享作品创作的意义。（★★★）
我能做	合作学习	1. 能在教师的帮助下完成作品。（★） 2. 能在小组合作中根据要求完成任务。（★★） 3. 能在小组合作中发挥主导作用，自主性强。（★★★）

第六章　纸为媒

第一单元　纸境无止境

01　（适合9—12岁）

❓ 在古代，人们是怎么利用自然中的材料来造纸的呢？

课例一　纸源

队长：

在纸发明以前，我国主要的图文载体是什么呢？

| 甲骨 | 金石 | 竹木 | 缣帛 |

队长：

这些载体有的分量重、体积大，有什么更加轻便、易于保存和使用的材料呢？

队员：

我们日常使用的纸就非常适合。纸是怎么生产出来的呢？

非遗造纸传承人：

古人造纸需要用到哪些材料？你能想到哪些呢？

树皮

破渔网

麻头

非遗造纸传承人：

随着时间的推移，造纸的原材料有了新的开拓，如竹、麦秆、藤等。

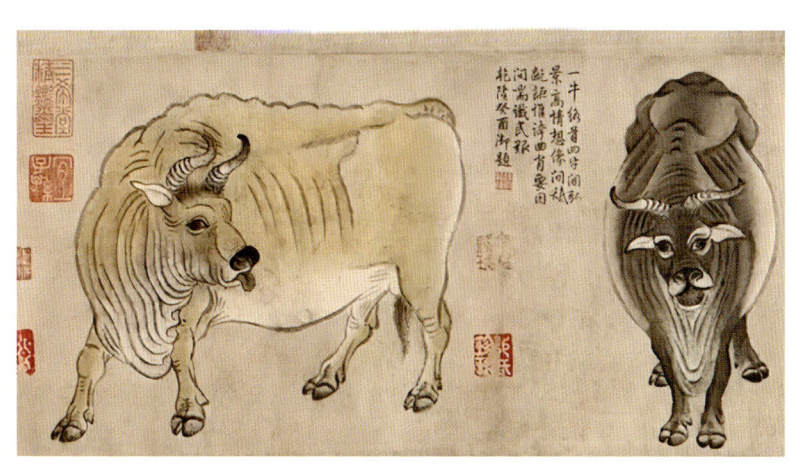

五牛图（局部　中国画）　韩滉

队员：

这张画是画在纸上的吗？

队长：

这是唐代韩滉的《五牛图》，它被认为是中国现存最早的纸本中国画。

> 小纸片里蕴含着什么大文章呢？

课例二　古法造纸

队长：

让我们走进造纸工坊，一探造纸的奥秘吧！

1. 碎纸。
2. 打浆。 
3. 抄纸。 
4. 贴干花。 
5. 浇纸浆。 
6. 晒纸。 

队员：

在纸上，我好像闻到了青苔的清香，是大自然的味道。

队长：

在造纸过程中，通过洒、滴、刮等操作可以让纸产生不同的肌理。每张纸都是独一无二的。

非遗造纸传承人：

万物皆可造纸。可以将这些手工纸做书签、明信片、折页书、收藏集等。

> **纸能呈现出立体的效果吗？**

课例三 纸浆花瓶

队员：

除了造纸，还能用纸浆创造哪些奇迹呢？

1. 去除纸浆水分。 
2. 加入矿盐、白乳胶。 
3. 制作立体模型。 
4. 糊纸浆。 
5. 加入石英砂。 
6. 上色。

队长：

　　利用各种废瓶子并用纸浆、胶水（白乳胶、糯米胶）、矿盐、颜料（植物染料、化学染料）、石英砂等材料来给花瓶进行美化、装饰，将完成的作品摆在家里装点我们的生活吧！

单元课例教学设计：纸境无止境

一、图说教学设计

纸境无止境

关键问题：找找古人造纸的秘密，你会用怎样的方式做一件纸艺术品？

情境：小队员体验古法造纸和纸浆创作。

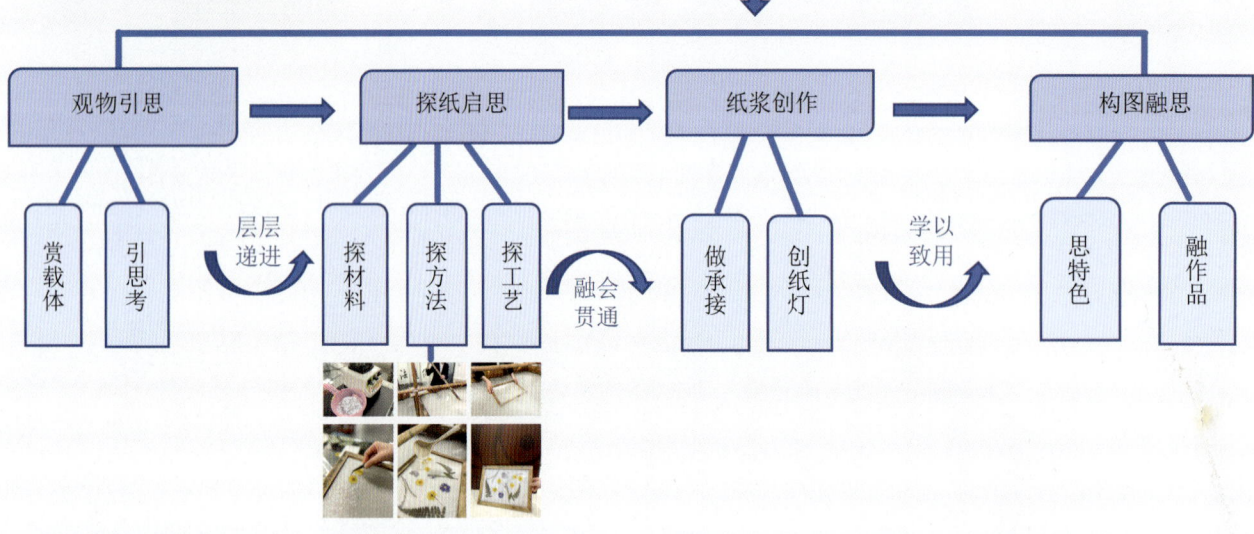

观物引思 → 探纸启思 → 纸浆创作 → 构图融思

- 观物引思：赏载体、引思考
- 探纸启思（层层递进）：探材料、探方法、探工艺
- 纸浆创作（融会贯通）：做承接、创纸灯
- 构图融思（学以致用）：思特色、融作品

问题：纸的特点是什么？

问题1：哪些材料可以用来造纸？
问题2：纸是如何生产出来的？
问题3：有哪些造纸的方法？

问题1：怎样用纸呈现立体的效果？
问题2：如何用承接物来创作纸灯？

问题1：你能想到哪些纸的特殊肌理？
问题2：如何将特色融入作品中？

二、具体课例呈现

（一）寻纸源

1. 在日常生活中，我们用纸来写字、画画、包装等。
2. 你仔细观察过纸吗？纸的种类、用途、质感是怎么样的？请举例说一说。
3. 通过观察纸的纹理，我们可以发现其纤维结构。以云龙宣纸为例，这种纸张之所以备受青睐，主要因为它是由原色的构树皮加工而成的。这种树皮不仅纤维长而且韧性极佳，用它制作的纸张具备出色的吸水和吸墨能力，因此常被选作书法创作以及茶叶包装的材料。

4. 你知道造纸术背后的故事吗？东汉蔡伦，见竹简、木牍笨重，丝帛昂贵，便致力于造纸术的改进。他利用树皮、麻头等自然资源，创新造纸法，经切碎、浸泡、捣浆、捞晾等步骤，制成轻薄柔韧、价廉物美的纸。此纸改善了书写条件，推动了文化传播，成为古代科技与文化发展的重要里程碑。蔡伦因此被誉为造纸术的先驱。

5. 你知道古人造纸要用到哪些材料吗？查阅资料，说一说。

6. 让我们一起评一评。

学生自评		我获得_____★
评价维度	评价内容	星级要求
我知道	信息搜集能力	1. 知道纸的基本特性。（★） 2. 知道较多与纸相关的信息。（★★） 3. 对纸有较全面的认识，例如名称、质感、用途等。（★★★）
我理解	探索能力	1. 在教师的帮助下探索纸张的历史、种类、肌理和作用。（★） 2. 能通过小组合作完成学习和探索。（★★） 3. 能独立完成创作。（★★★）
我能做	表达能力	1. 能用一句话描述纸的特点。（★） 2. 能用简单的语言描述手工纸和机器纸的特点，逻辑性较强。（★★） 3. 能清晰地表达手工纸和机器纸的特点，并能联系生活谈论自己的感受。（★★★）

（二）探纸艺

1. 造纸一般分为六个步骤：碎纸、打浆、抄纸、贴干花、浇纸浆和晒纸。你能按步骤顺序给上图排序吗？

2. 猜一猜这些纸张的肌理是怎么制作出来的。

3. 洒、滴等都是常用的技法,你还能想到哪些?

4. 想一想,生活中还有哪些材料可以用来造纸?

5. 橘皮、麻丝、稻草、青苔、花瓣等都是很好的材料,用这些材料制成的纸上还能闻到独特的香味。

6. 赶紧试一试吧,可以把造好的纸收集起来,做成一本"古法造纸集"。

7. 让我们一起评一评。

学生自评		我获得_____★
评价维度	评价内容	星级要求
我知道	概念认知	1. 知道什么是肌理。(★★) 2. 知道形成肌理的不同方法。(★★★)
我理解	探索能力	1. 能在教师的引导下对肌理有自己的思考。(★★) 2. 能思考肌理产生的方式,并提出自己的想法。(★★★)
我能做	创作能力	1. 能在教师的引导下完成一种肌理效果的创作。(★) 2. 能独立完成一种肌理效果的创作。(★★) 3. 能独立完成两种及以上肌理效果的创作,并结合视觉、触觉、嗅觉来表现。(★★★)

（三）创纸灯

1. 纸浆干后会呈现一定的硬度和肌理效果。你还能用造纸的纸浆来做什么呢？

2. 所需材料：各种废瓶子、纸浆、胶水（白乳胶、糯米胶）、矿盐、颜料（植物染料、化学染料）、石英砂。

3. 我们需要借助瓶子制作立体模型，将瓶身糊上纸浆，一个纸浆花瓶就完成了。

4. 纸浆除了用来装饰花瓶，还能和饼类模具结合，做成纸浆饼。往纸浆饼上滴上花露水后，还有驱蚊的作用。

（四）评纸艺

1. 你知道我们为什么要深入探索中国的造纸术吗？
2. 选择你喜爱的材料，展示你的创意吧！
3. 创作完成后，将作品置于"纸艺台"上进行展示。
4. 让我们一起评一评。

学生自评		我获得_____★
评价维度	评价内容	星级要求
我理解	肌理运用	1. 将一种肌理效果运用于作品中。（★） 2. 将两种及以上的肌理效果运用于作品中。（★★） 3. 运用身边的材料，创新肌理效果。（★★★）
	材料创意	1. 有想法地选择材料。（★） 2. 作品中有利用了新材料。（★★） 3. 在作品中合理使用新材料。（★★★）
我能做	作品完成	1. 能在教师的帮助下完成作品。（★★） 2. 能独立完成作品，完整度高。（★★★）

第六章　纸为媒

02 第二单元　纸塑干栏式建筑 （适合9—12岁）

❓ 你知道哪些古老的楼房？它们有什么妙用呢？

课例一　古老的楼房

找一找

你能找到这些房子的共同特征吗？

小知识

在木（竹）柱底架上建筑的高出地面的房子，被称为干栏式建筑。

想一想

河姆渡先民为什么要这样建房子？试着从他们生活的地理位置和周围环境来分析一下。

密布如织的沼泽 　　连绵不绝的山丘 　　茂密的森林

画一画

根据干栏式建筑的特点，设计一个你心中的干栏式建筑。

130

干栏式建筑为什么会如此牢固？

课例二　纸艺榫卯

我是考古学家

河姆渡遗址出土了大量的木头，据考证为干栏式建筑遗迹，是我国目前发现的最早的干栏式建筑的实物。你能根据这些木头的奇特形态，找到房屋牢固的秘密吗？

小知识

凸出部分叫榫（或榫头），凹进部分叫卯（或卯眼）。

榫与卯是通过木材的多与少、高与低、长与短之间的巧妙组合，有效地限制构件向各个方向的扭动，起到了连接和固定作用。

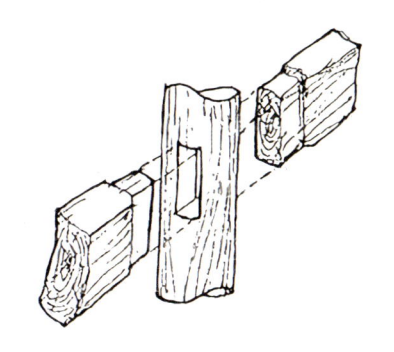

榫卯插接示意图

想一想

可以用纸筒来做榫卯结构吗？

纸筒纸管  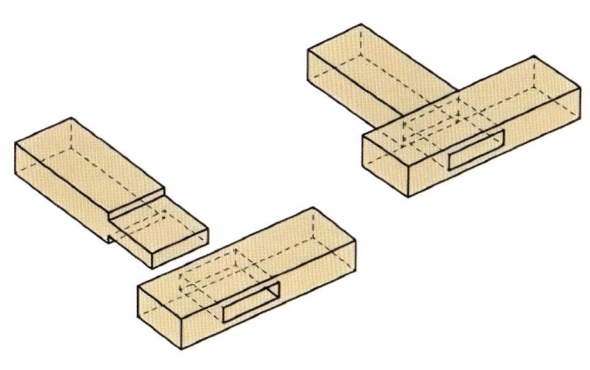　　　　　　　　　　　榫卯结构

131

= 美育浸润PBL百课 上册

组合

在粗纸管上打孔做卯眼，用细管做榫头。注意打的孔洞与细管直径需一致。

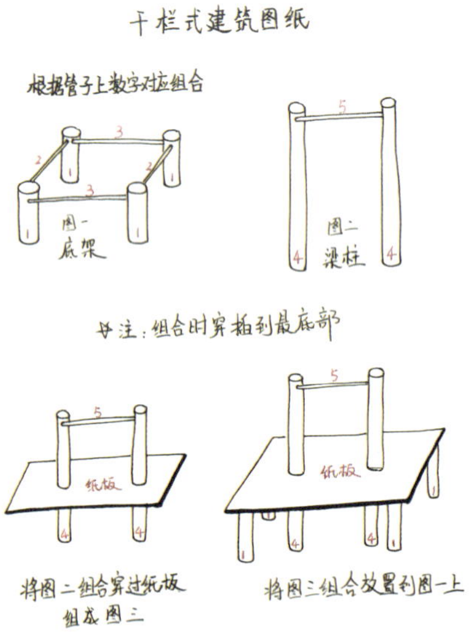

搭一搭

在下面的空白处绘制你的建筑设计图，并试着根据图纸搭建干栏式建筑梁架。

? 怎样保留干栏式建筑的精髓，融入家乡的元素，设计一款特色文创呢？

课例三 建筑文创

我是设计师

以宁波为例，你会在作品中融合哪些家乡的元素呢？

我是建筑师

这间小房子分别是用哪些纸材组合而成的？选择合适的材料试着做一做。

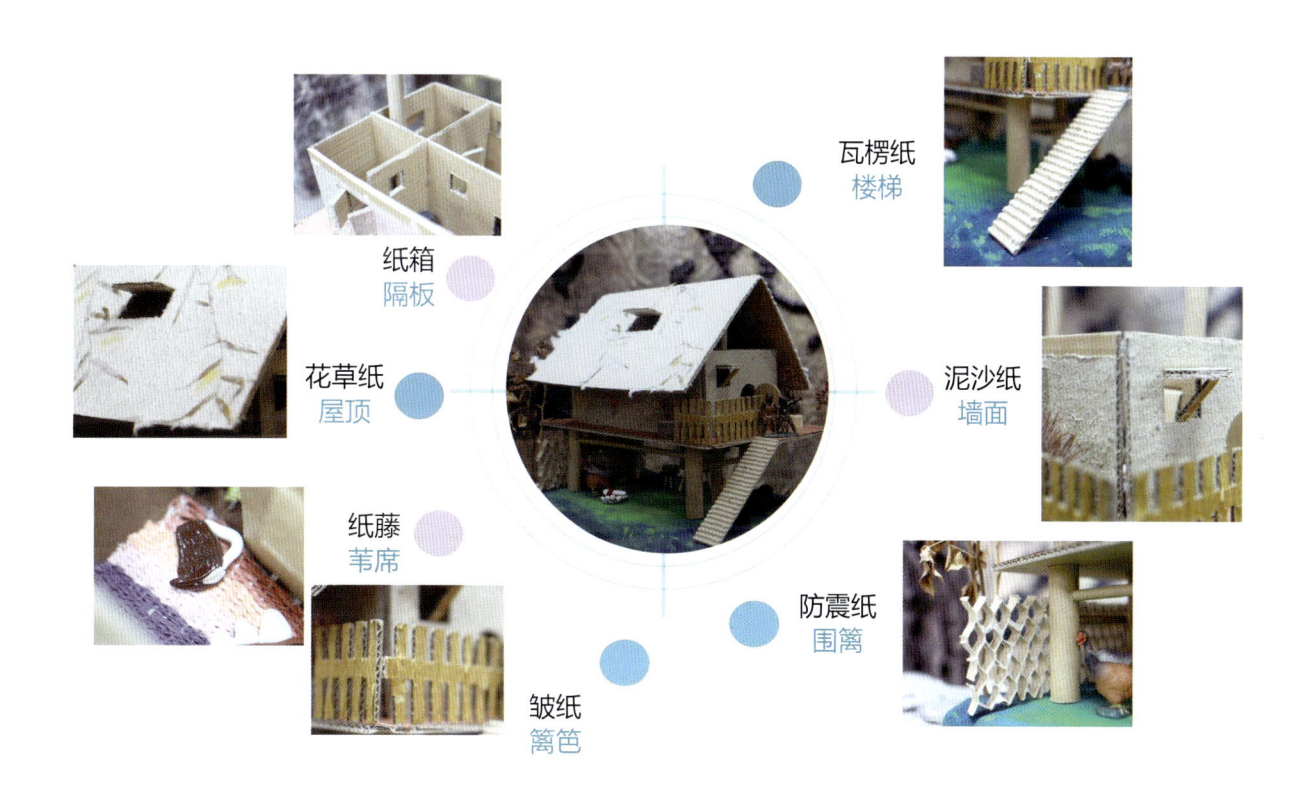

- 纸箱 隔板
- 花草纸 屋顶
- 纸藤 苇席
- 皱纸 篱笆
- 瓦楞纸 楼梯
- 泥沙纸 墙面
- 防震纸 围篱

"书藏古今"是宁波的特色，屋顶采用的就是一本古书的形式。

在屋顶上增加家乡地标建筑的剪影。

用海浪的波纹装饰墙面，呼应沿海城市的特色。

设计与创作

试着将你的干栏式建筑作品改造成一盏文创小夜灯吧！

单元课例教学设计：纸塑干栏式建筑

一、图说教学设计

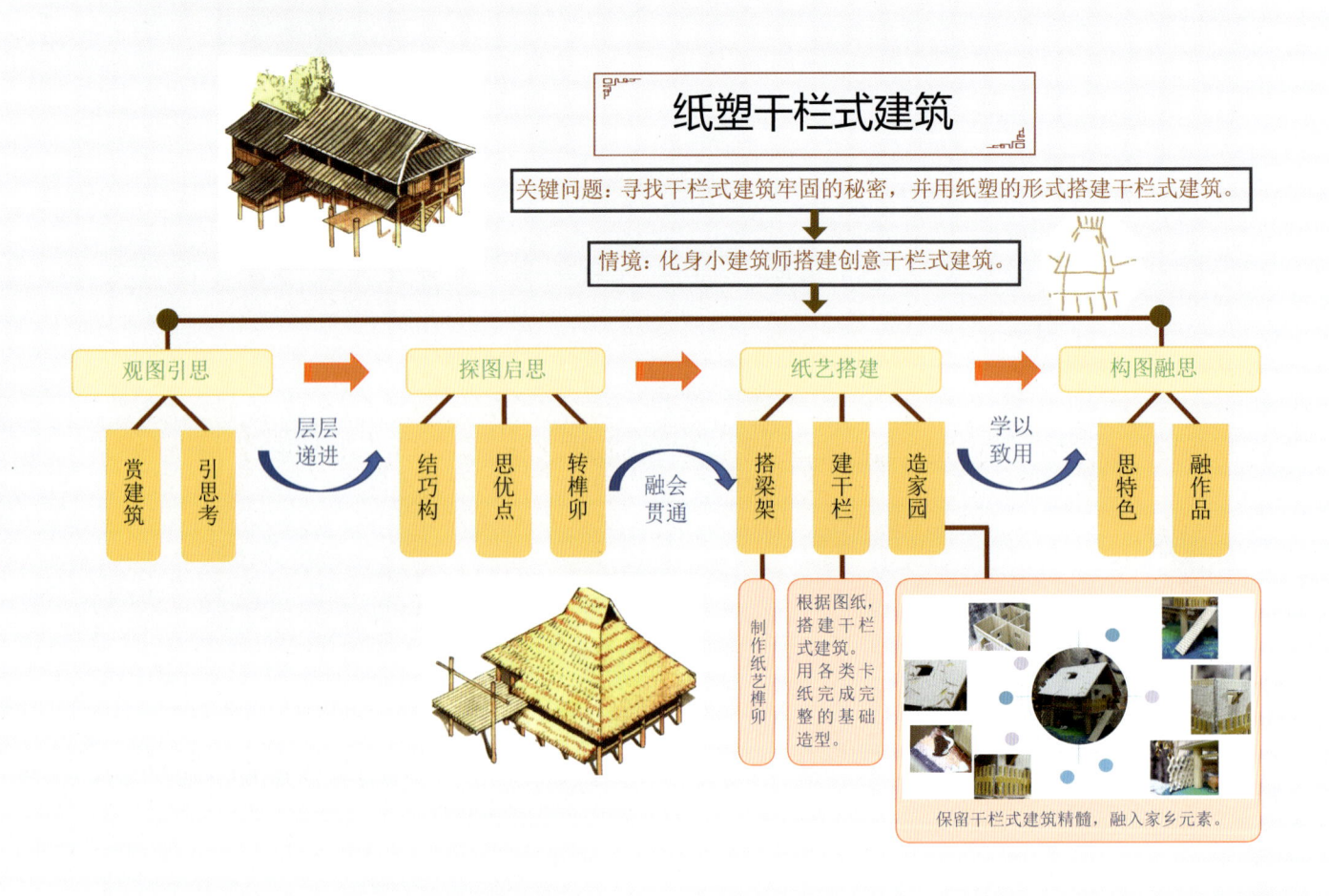

纸塑干栏式建筑

关键问题：寻找干栏式建筑牢固的秘密，并用纸塑的形式搭建干栏式建筑。

情境：化身小建筑师搭建创意干栏式建筑。

观图引思 → 探图启思 → 纸艺搭建 → 构图融思

- 观图引思：赏建筑、引思考
- 层层递进
- 探图启思：结巧构、思优点、转榫卯
- 融会贯通
- 纸艺搭建：搭梁架、建干栏、造家园
  - 制作纸艺榫卯
  - 根据图纸，搭建干栏式建筑，用各类卡纸完成完整的基础造型。
- 学以致用
- 构图融思：思特色、融作品
  - 保留干栏式建筑精髓，融入家乡元素。

问题：干栏式建筑的结构有什么特点？

问题1：房屋为什么要这样建造？
问题2：这样设计的好处是什么？
问题3：这样设计的房屋，牢固的秘密在哪里？

问题1：纸筒、纸管怎么转化为榫卯结构？
问题2：如何用纸艺的形式来搭建干栏式建筑？

问题1：家乡的特色元素，你能想到哪些？
问题2：如何将家乡的特色融入作品中？可以从哪几个方面思考？

二、具体课例呈现

（一）最古老的楼房——干栏式建筑

1. 探索活动：寻找干栏式建筑的共同特征，通过观察和比较，培养观察能力和分析能力。
2. 历史知识探究：通过查阅资料等方式了解干栏式建筑的特点和历史，如收集河姆渡遗址中的干栏式建筑遗迹的图文资料，知道这种建筑形式的悠久历史和实用性。
3. 设计实践：根据干栏式建筑的特点，运用所学知识并发挥创意，设计自己心中的干栏式建筑。

密布如织的沼泽 　　　　　连绵不绝的山丘 　　　　　茂密的森林

4. 小知识：在木（竹）柱底架上建筑的高出地面的房子，被称为干栏式建筑。
5. 思考：结合当地环境分析，河姆渡先民为什么要这样建房子？这样建的好处是什么？
6. 让我们一起评一评。

学生自评		我获得_____★
评价维度	评价内容	星级要求
我知道	概念认知	1. 了解干栏式建筑的基本信息。（★） 2. 知道较多干栏式建筑的相关信息。（★★） 3. 对干栏式建筑有比较全面的认识。（★★★）
我理解	特征分析	1. 能找到干栏式建筑牢固的秘密。（★） 2. 能根据当地环境分析出采用这种结构的原因。（★★） 3. 了解干栏式建筑结构的优点。（★★★）
我能做	创意实践	1. 能在教师的帮助下完成作品。（★） 2. 能独立完成作品，自主性强。（★★） 3. 能独立完成并将作品进行创意表现。（★★★）

（二）纸艺榫卯结构

1. 技术讲解：了解榫卯结构的原理和应用，通过观看实物展示和操作演示，理解榫卯结构的稳固性。
2. 动手操作：尝试使用纸筒和纸管制作榫卯结构，通过实践操作，加深对榫卯结构的认识和理解。
3. 创意搭建：尝试搭建干栏式建筑模型，将榫卯结构应用于实际创作中，增强动手能力和空间想象力。

纸筒、纸管　　　　　　　　　　　榫卯结构

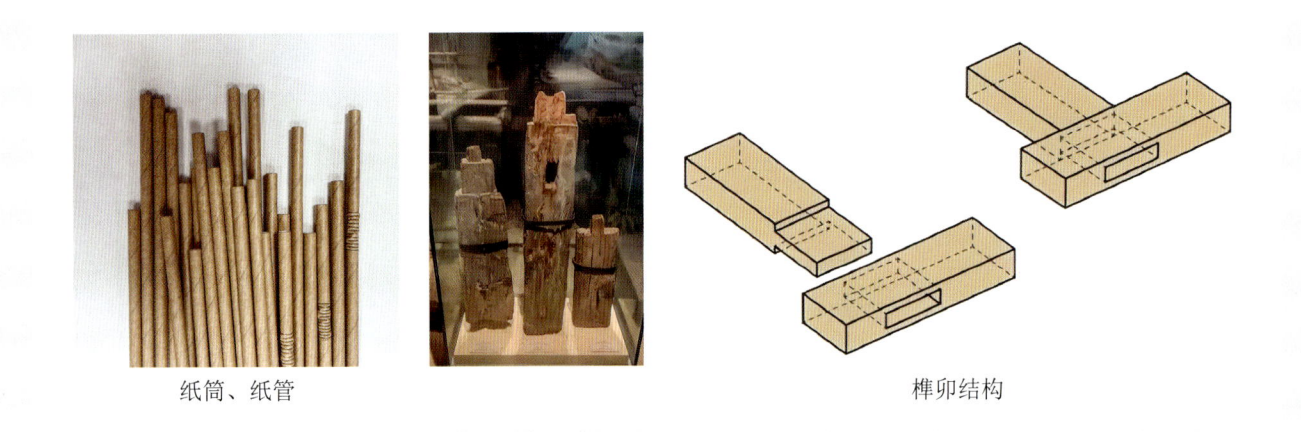

在粗纸管上打孔做卯眼，用细管做榫头

4. 让我们一起评一评。

学生自评		我获得_____★
评价维度	评价内容	星级要求
我知道	原理理解	1. 了解榫卯结构的基本信息。（★） 2. 知道较多榫卯结构的相关信息。（★★） 3. 对榫卯结构有比较全面的认识。（★★★）
我理解	技巧和精确度	1. 能将纸筒和纸管转化成榫头和卯眼。（★） 2. 能让榫头和卯眼组合，达到严丝合缝的程度。（★★） 3. 能用纸筒和纸管搭建出一个干栏式建筑梁架。（★★★）
我能做	作品完成	1. 能在教师的帮助下完成作品。（★） 2. 能独立完成作品，自主性强。（★★） 3. 能独立完成作品并进行创意表现。（★★★）

（三）文创小夜灯设计

1. 文化元素融入：思考如何将家乡特色和文化元素融入干栏式建筑模型中，如宁波的地标建筑和特色美食。
2. 创意设计：设计具有家乡特色的文创小夜灯，结合干栏式建筑的精髓和宁波元素，发挥创意。
3. 作品展示与评价：展示自己的作品并进行互评。通过分享和讨论，提高审美能力，养成批判性思维。

学生自评		我获得_____ ★
评价维度	评价内容	星级要求
我知道	创新思维	1. 对文创设计有一定的了解。（★） 2. 能结合干栏式建筑提出合理的文创设计想法。（★★） 3. 对干栏式建筑文创有独特的想法与多元的联想。（★★★）
我理解	美术表现	1. 能在教师的引导下有自己的思考。（★） 2. 能从某一方面主动思考，提出自己的想法。（★★） 3. 能从多方面主动思考，提出自己的想法。（★★★）
我能做	作品完成	1. 能在教师的帮助下完成作品。（★） 2. 能独立完成作品，自主性强。（★★） 3. 能独立完成作品并进行创意表现。（★★★）

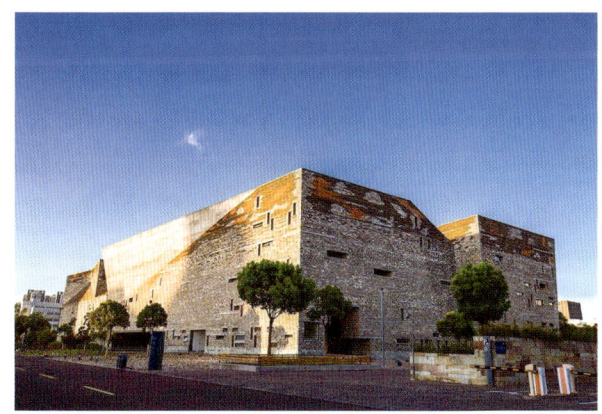

宁波元素

第六章 纸为媒

03 第三单元 纸塑新家园

（适合9—12岁）

? 如何将废纸箱转化为创意艺术作品？

课例一 纸盒奇幻屋

纸盒变变变

小小建筑师：

看，这是最常见的快递纸箱，通过裁剪组合，它们会变成什么呢？

门窗开个槽

小小装修师：

你还能想到不同的开槽方法吗？

楼梯搭一搭

小小装修师：

这个楼梯是用哪一类的纸做的呢？

装修小妙招

小小装修师：

可以通过半立体拼贴、折纸、镂空的方法对房屋进行内部装饰。你还能想到哪些方法？

纸塑新家园

秀一秀

小小装修师：

创作一个属于你的纸盒奇幻屋吧！

如何利用手工课后的碎纸片制作微景观装饰？

课例二　绿色小家园

小碎纸变变变

小小魔法师：

小碎纸也能迎来"春天"吗？剪剪、拼拼、粘粘……看，这不正是"春天"吗？

小叶片重组：将彩纸剪成水滴状，将"叶子"与长条钢丝组合，用热熔胶枪固定。"叶子"上的热熔胶可以多挤一些，模拟植物上的水滴。

多片叶子重组：将彩纸剪成长条状，注意要有长短变化，有序地将"叶子"由内而外一圈一圈组合起来，可采用细钢丝绕圈固定，最后整理一下造型。

139

小小造景师：

观察身边植物的造型，铜钱草圆圆的，松树尖尖的。用小碎纸进行重塑，在制作过程中可以利用牙签、铁丝进行塑形。

平面树造型

立体松树造型

铜钱草造型

小小造景师：

巧用身边的材料，制作一个小盆栽作品吧。

1. 准备材料：热熔胶枪、细钢丝、花泥、镊子、茶叶罐。

2. 将花泥裁剪成与茶叶罐底相同的形状。

3. 将花泥装入罐子内并固定。

4. 将纸塑绿植以"插花"的形式插到底座中。

如何使用纸板和纸浆材料制作太空主题的纸塑作品？

课例三　太空家园

纸浆小星球

小小梦想家：

利用气球和纸巾做一个神秘的小星球吧！

1. 准备材料：气球、白乳胶、刷子、纸巾、颜料。
2. 将白乳胶兑水。 
3. 将纸巾平铺在气球上。 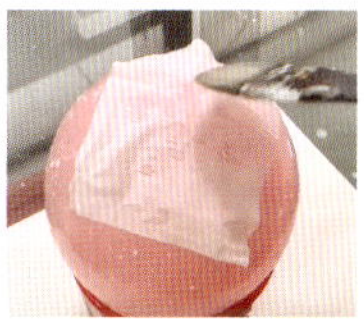
4. 用刷子蘸上白乳胶轻轻刷4—5层。 
5. 刷上颜料，完成。 

熠熠星城

小小梦想家：

你心中的太空家园是什么样的？学习用第一课例中纸板组合的方法，添加宇航员、星空等元素，试着做一做。

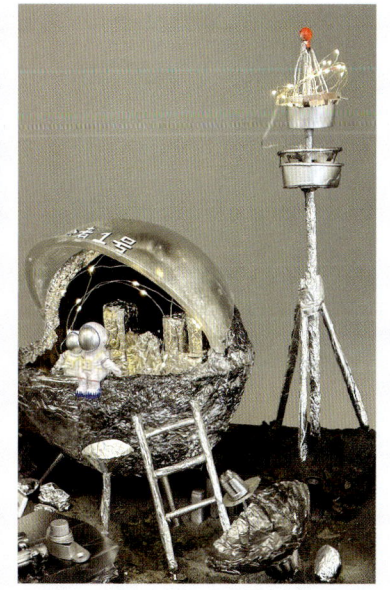

= 美育浸润PBL百课　上册

单元课例教学设计：纸塑新家园

一、图说教学设计

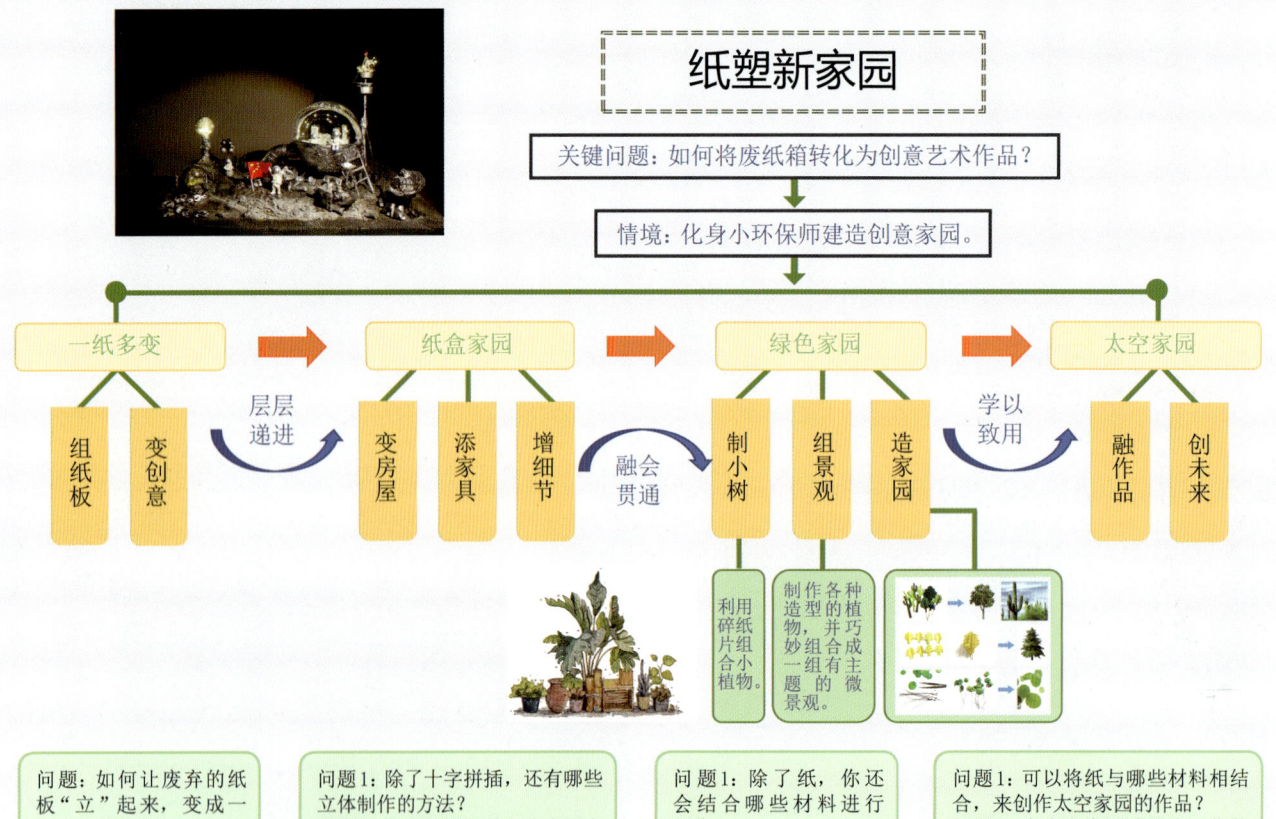

纸塑新家园

关键问题：如何将废纸箱转化为创意艺术作品？

情境：化身小环保师建造创意家园。

一纸多变 → 纸盒家园 → 绿色家园 → 太空家园

层层递进　　　融会贯通　　　学以致用

- 一纸多变：组纸板、变创意
- 纸盒家园：变房屋、添家具、增细节
- 绿色家园：制小树（利用碎纸片组合小植物）、组景观（制作各种造型的植物，并巧妙组合成一组有主题的微景观）、造家园
- 太空家园：融作品、创未来

问题：如何让废弃的纸板"立"起来，变成一件立体的作品？

问题1：除了十字拼插，还有哪些立体制作的方法？
问题2：你会使用几种方式来组合家具？
问题3：你的家园是什么主题的？

问题1：除了纸，你还会结合哪些材料进行创作？
问题2：如何让微景观变得更加有趣生动？

问题1：可以将纸与哪些材料相结合，来创作太空家园的作品？
问题2：在太空家园建设中，你的作品中最大的亮点是什么？

二、具体课例呈现

（一）纸盒奇幻屋

1. 纸盒变身：将最常见的快递纸盒裁剪后，变成立体的房屋模型。

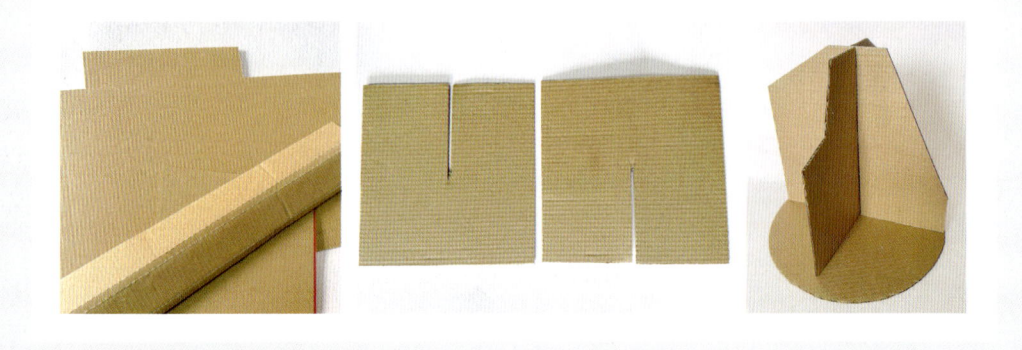

142

2. 技法指导：学习纸盒裁剪、组合技巧，如开槽制作门窗、搭建楼梯等。
3. 创意实践：运用不同的开槽方法和装饰材料，设计并制作自己的纸盒奇幻屋。
4. 向同学展示自己的作品。

5. 让我们一起评一评。

学生自评		我获得_____★
评价维度	评价内容	星级要求
我知道	技法掌握程度	1. 能将纸板变成一个基础房屋结构。（★） 2. 有两种以上的裁剪与组合方式。（★★） 3. 能有想法地运用多种裁剪与组合方式。（★★★）
我理解	创意表现	1. 有想法地表现其中一个角落。（★） 2. 有创意地表现其中一个房间。（★★） 3. 有主题地呈现一座房屋。（★★★）
我能做	作品完成	1. 能在教师的帮助下完成作品。（★） 2. 能独立完成作品，自主性强。（★★） 3. 能独立完成并将作品进行创意组合。（★★★）

（二）绿色小家园

1. 微景观制作：利用小碎纸创作微景观，如植物、花朵等。在使用热熔胶枪、细钢丝等工具材料时要注意安全。
2. 利用环保材料：探索使用环保材料如彩纸、花泥等进行创作，强化环保理念。
3. 创意拓展：结合自身对植物的观察，创作出多样化的纸塑植物，如立体松树、铜钱草等造型，并尝试将它们组合成小盆栽作品。

各种植物的制作方法

不同主题的作品

4. 让我们一起评一评。

学生自评		我获得_____★
评价维度	评价内容	星级要求
我知道	材料应用	1. 能用碎纸制作一棵绿植。（★） 2. 能用碎纸结合其他材料制作绿植。（★★） 3. 能创作多种组合方式的绿植。（★★★）
我理解	技术水平	1. 有想法地表现一棵绿植。（★） 2. 有创意地表现一组绿植。（★★） 3. 有主题地呈现一组景观。（★★★）
我能做	创新能力	1. 能在教师的帮助下完成作品。（★） 2. 能独立完成作品，自主性强。（★★） 3. 能独立完成并将作品进行创意组合表现。（★★★）

（三）太空家园

1. 太空主题引入：通过讨论太空探索的话题，激发对宇宙的好奇心和探索欲。
2. 纸塑技巧学习：使用纸板、纸浆等材料制作太空家园及各种太空元素，如星球、宇航员等。
3. 创意发挥：发挥想象，创作出独特的太空家园场景，如熠熠星城、纸塑星球等。

（1）准备材料：气球、白乳胶、刷子、纸巾、颜料。

（2）将白乳胶兑水。

（3）将纸巾平铺在气球上。

（4）用刷子蘸上白乳胶轻轻刷4—5层。

（5）刷上颜料，完成。

4. 让我们一起评一评。

学生自评		我获得_____★
评价维度	评价内容	星级要求
我知道	主题理解与表现	1. 了解太空的基本信息。（★） 2. 知道较多与太空相关的信息。（★★） 3. 对太空的信息有比较全面的认识。（★★★）
我理解	技巧运用	1. 能用纸浆、气球完成一个星球作品的创作。（★） 2. 能为星球作品进行装饰点缀。（★★） 3. 能结合纸板创作星球作品。（★★★）
我能做	创意发挥	1. 能在教师的帮助下完成作品。（★） 2. 能独立完成作品，自主性强。（★★） 3. 能独立完成并将作品进行创意组合。（★★★）

145

美育浸润PBL百课

下 册

主 编：桂志华

分册主编：茅菁文 许 颖

浙江人民美术出版社

图书在版编目（CIP）数据

美育浸润PBL百课. 下册 / 桂志华主编；茅菁文，许颖分册主编. -- 杭州：浙江人民美术出版社，2024.11（2025.4重印）-- ISBN 978-7-5751-0385-5

Ⅰ．G623.702

中国国家版本馆CIP数据核字第2024746HA1号

主　　编：桂志华
分册主编：茅菁文　许　颖
编　　委：（按姓氏笔画排序）
　　　　　王　伟　　王　欢　　王剑波　　王意红　　方洁萍
　　　　　史凯纳　　邬金燕　　李天甲　　沈春艳　　宋　健
　　　　　张　芬　　张剑平　　张海英　　张晗珠　　陆　莺
　　　　　邵盈燕　　周伦斌　　傅凤亚　　裘　索

责任编辑　　陈辉萍　　胡晓筱
责任校对　　段伟文
责任印制　　陈柏荣
装帧设计　　何俊浩

美育浸润PBL百课

桂志华　主编
许颖　茅菁文　分册主编（上册）
茅菁文　许颖　分册主编（下册）

出版发行	浙江人民美术出版社
	（杭州市环城北路177号）
经　　销	全国各地新华书店
制　　版	杭州林智广告有限公司
印　　刷	浙江新华数码印务有限公司
版　　次	2024年11月第1版
印　　次	2025年4月第2次印刷
开　　本	889mm×1194mm　1/16
印　　张	19
字　　数	150千字
书　　号	ISBN 978-7-5751-0385-5
定　　价	150.00元（上、下册）

如有印装质量问题，影响阅读，请与承印厂联系调换。联系电话：0571-85155604

·目录·

第一章　情之恋　　　　　　　　　　　　　　　　　　　　　　　　　　　　2—25

第一单元　植物印记

课例一　遇见拓印　/2
课例二　植物印记　/3
课例三　畅玩拓片　/4
课例四　当代表达　/5
单元课例教学设计：植物印记　/6

第二单元　端午香韵

课例一　初探端午　/10
课例二　学习"章"法　/11
课例三　百变刻法　/12
课例四　妙制香囊　/13
典型课例教学设计：妙制香囊　/14

第三单元　蓝晒农具

课例一　农具之美　/18
课例二　线条之谜　/19
课例三　蓝晒之法　/20
课例四　媒材之变　/21
单元课例教学设计：蓝晒农具　/22

第二章　特之品　　　　　　　　　　　　　　　　　　　　　　　　　　　　26—49

第一单元　机甲战士

课例一　骁勇的竹节人　/26
课例二　百变机甲战士　/28
典型课例教学设计：百变机甲战士　/30

第二单元　南宋官窑

课例一　器型之雅　/34
课例二　色彩之美　/35
课例三　开片之谜　/36
典型课例教学设计：开片之谜　/38

第三单元　千里江山

课例一　亲近山水　/42
课例二　解构山水　/43
课例三　创意山水　/45
单元课例教学设计：千里江山　/46

第三章　文之创　　　　　　　　　　　　　　　　　　　　　　　　　　　　50—73

第一单元　万物生

课例一　融意创生　/50
课例二　取材创作　/52
课例三　组合创美　/53
单元课例教学设计：万物生　/54

第二单元　校园建筑

课例一　几何建筑　/58
课例二　拼合建筑　/59
课例三　创意建筑　/60
单元课例教学设计：校园建筑　/62

第三单元　装置艺术

课例一　装置艺术　/66
课例二　轮胎装置　/67
课例三　当代表达　/68
单元课例教学设计：装置艺术　/70

第四章　数之智　　74—97

第一单元　数字创美
课例一　认识数字绘画　/74
课例二　数字绘画入门　/75
课例三　创意之道　/76
典型课例教学设计：创意之道　/78

第二单元　数创卡通
课例一　有趣的图层　/82
课例二　卡通形象设计　/83
课例三　电子海报　/84
典型课例教学设计：电子海报　/86

第三单元　定格动画
课例一　认识定格动画　/90
课例二　定格动画入门　/91
课例三　定格动画创作　/92
单元课例教学设计：定格动画　/94

第五章　地之缘　　98—121

第一单元　古塔之美
课例一　探秘古塔　/98
课例二　古塔之美　/99
课例三　纸版印塔　/100
课例四　当代表达　/101
单元课例教学设计：古塔之美　/102

第二单元　古镇印迹
课例一　砖石上的雕刻　/106
课例二　图案之谜　/107
课例三　门钹与铺首　/108
课例四　古镇印象　/109
典型课例教学设计：图案之谜　/110

第三单元　老街物语
课例一　回忆老街　/114
课例二　探访老街　/115
课例三　拓印老街　/116
课例四　老街乡情　/117
单元课例教学设计：老街物语　/118

第六章　典之魅　　122—145

第一单元　星星王子米罗
课例一　好玩的画　/122
课例二　星星王子　/123
课例三　创意表达　/124
典型课例教学设计：星星王子　/126

第二单元　遇见敦煌
课例一　梦回敦煌　/130
课例二　线条之谜　/131
课例三　壁画探秘　/132
课例四　当代表达　/133
典型课例教学设计：线条之谜　/134

第三单元　茶香四溢
课例一　茶字百形　/138
课例二　茶壶百态　/139
课例三　茶事雅韵　/141
典型课例教学设计：茶壶百态　/142

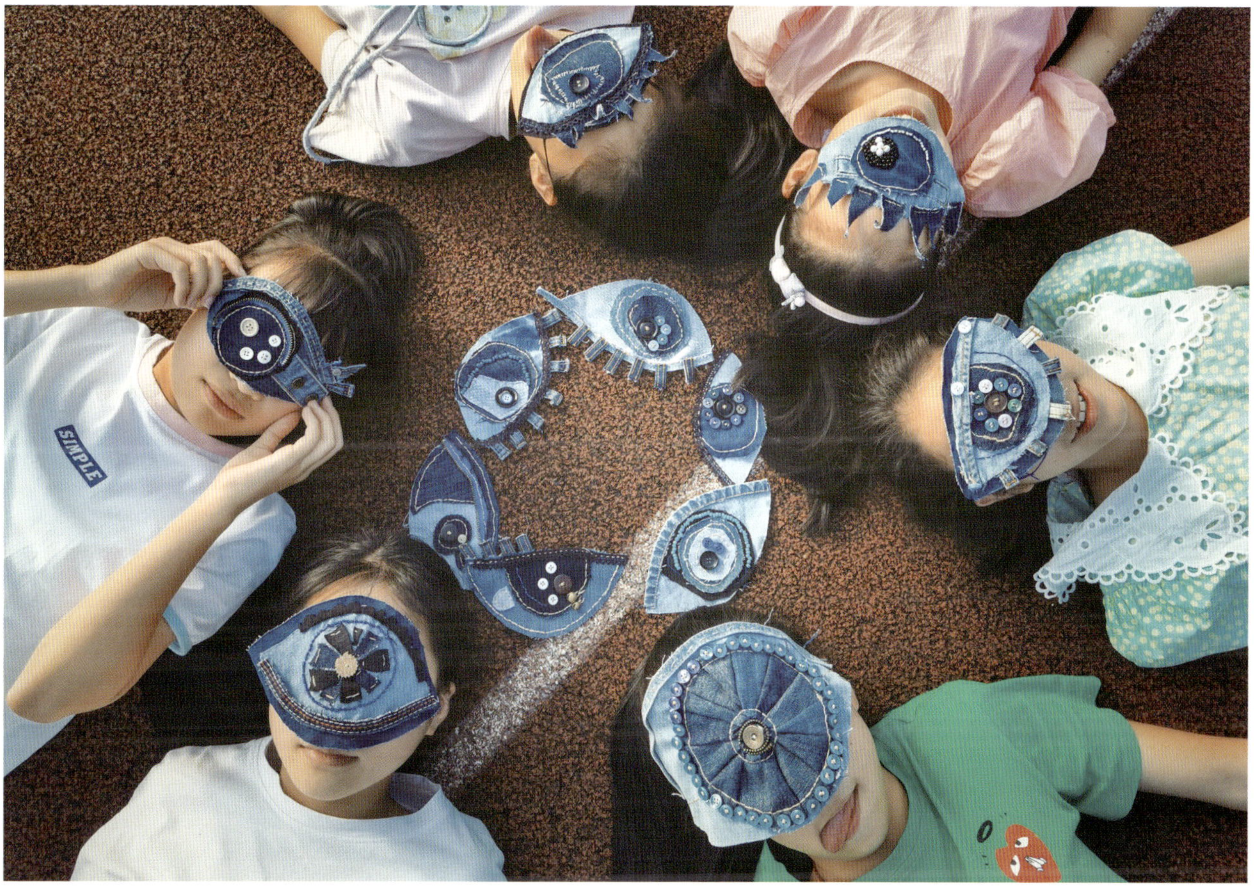
SIMPLE

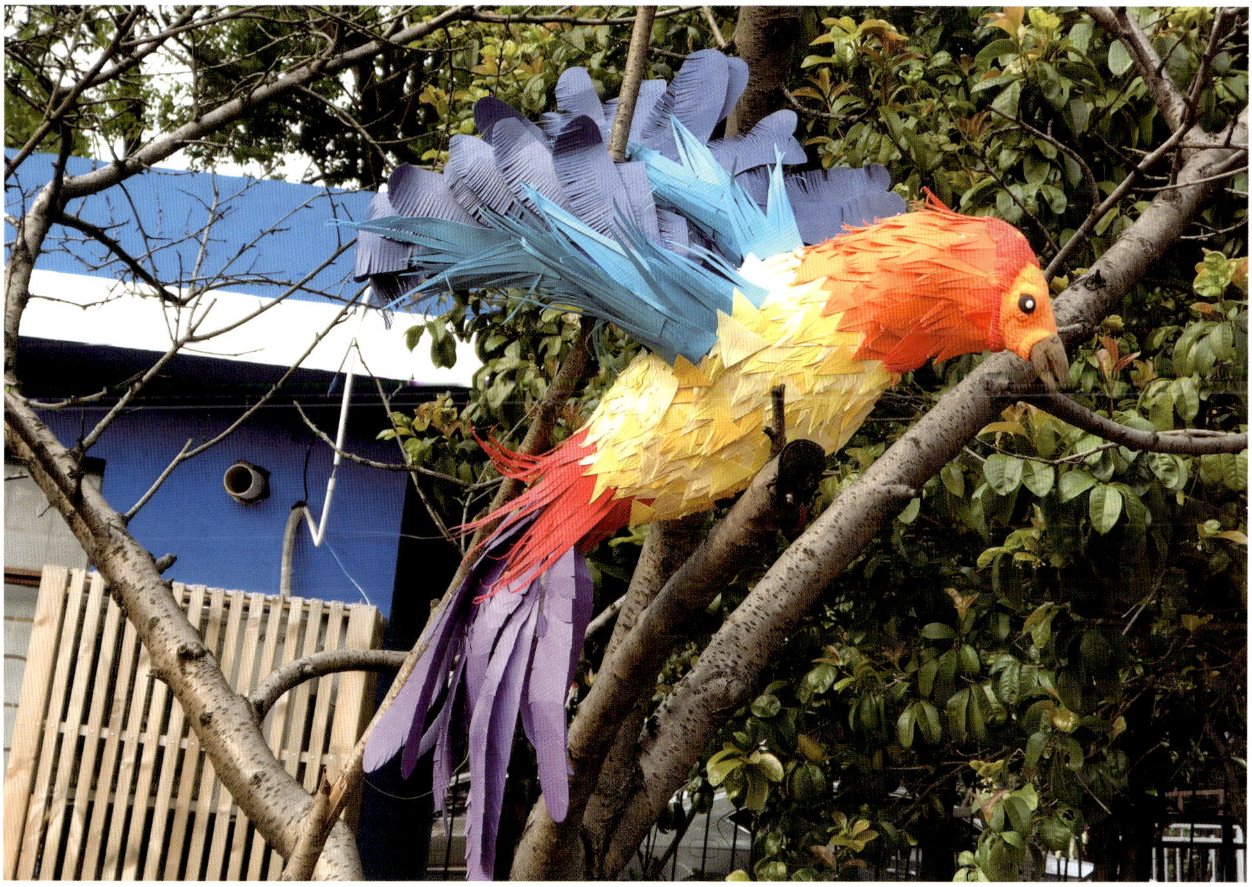

第一章　情之恋

第一单元　植物印记

（适合5—12岁）

> 人间有四季，植物会凋零。如何让植物的生命"延续"呢？

课例一　遇见拓印

品鉴·欣赏拓印

队长：

拓印被称为"古代照相机"，看到文物，我们可以随意拓印吗？

队员：

绝对不可以，专业的事要交给专业的人去做。

队员：

我们要学好本领，向更多的人宣传拓印方法，让文物活起来。

探寻·常见工具

队长：

创作植物印记时，我们应该如何选择植物从而得到一个清晰的印记呢？

队员：

可以选择那些摸起来具有明显凹凸纹理的植物。

1. 剪出喜欢的形状。
2. 将树叶垫在纸的下方。 
3. 用铅笔摹印出纹理。 
4. 擦除多余痕迹，完成。

如何从叶片上获取独特的印记，表现其独特的魅力？

课例二　植物印记

留空隙·剪一剪

队长：留空隙好似剪纸中的阴刻，剪线条好比剪纸中的阳刻。

留空隙（"剔骨"）　　　　　　　　　剪线条（"削肉"）

1. 剪轮廓。　2. 剪叶脉。　3. 用铅笔摹印。　　1. 剪线条。　2. 拼叶片。　3. 用铅笔摹印。

多层次·拼一拼

队长：单层摹印，只能得到一个轮廓；叠加多层，印出来的细节会更加丰富。

1. 剪轮廓。　2. 剪叶脉。　3. 叠加叶脉。　4. 用铅笔摹印。　　1. 剪轮廓。　2. 叠加花瓣。　3. 叠加细节。　4. 用铅笔摹印。

添想象·画一画

队员：将叶片转一转方向，再添一添、画一画，看看会有什么惊喜发生。

植物印记

3

> 如何玩转材料，将平面的拓片有创意地呈现出来？

课例三　畅玩拓片

探究·拓印游戏

队长：
　　让我们探访拓印工作室，了解并学习拓印的过程，探索不同的拓印方法吧！

1. 运用工具制作拓片。

2. 多张拓片叠加拓印。

3. 适当添画，营造意境。

队长：
　　我们可以将拓印效果不佳的拓片和泡沫、纸浆、石子、镜框等材料结合起来，展开创意联想。那些未达预期效果的拓片，通过重新组合，也能呈现独特的美。

拼摆·立体呈现

1. 小组分工合作。 　　2. 尝试不同技法。

3. 用拓片覆盖KT板。 　　4. 借助支架制作立体作品。 　　5. 完成作品并展示。

如何把植物印记与当代艺术深度融合呢？

课例四　当代表达

实践·小组创作

队长：

让我们用拓片布置校园，美化生活吧！

队员：

用下图的方法，把一张张作品组合起来，制作成一本"植物日志"。

队长：

下面的"植物印记"作品，好有创意呀！让我们一起动手创作吧！

单元课例教学设计：植物印记

一、图说教学设计

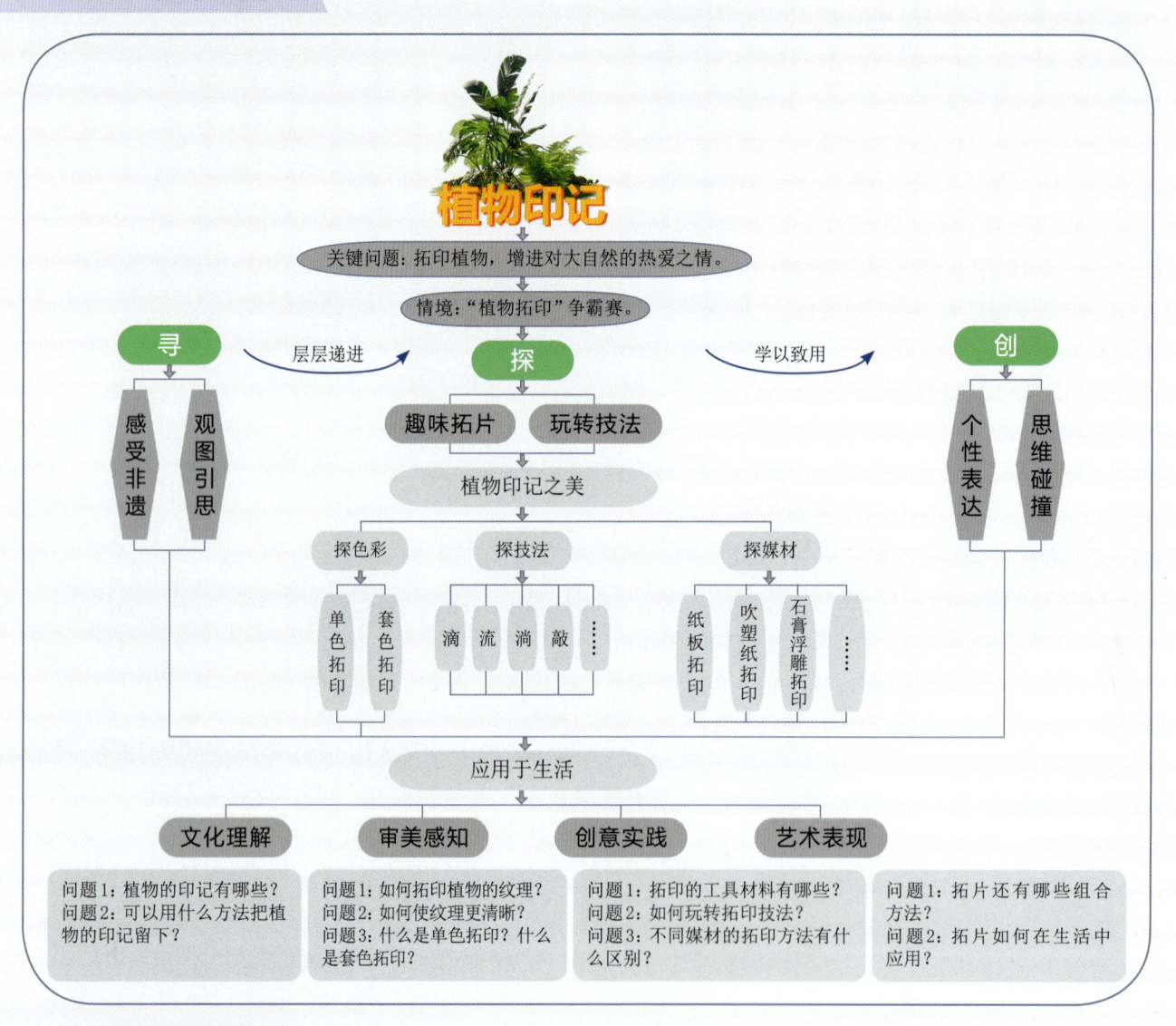

植物印记

关键问题：拓印植物，增进对大自然的热爱之情。

情境："植物拓印"争霸赛。

寻 —层层递进→ 探 —学以致用→ 创

寻：感受非遗、观图引思
探：趣味拓片、玩转技法 → 植物印记之美
  - 探色彩：单色拓印、套色拓印
  - 探技法：滴、流、淌、敲……
  - 探媒材：纸板拓印、吹塑纸拓印、石膏浮雕拓印……
创：个性表达、思维碰撞

应用于生活

文化理解 ｜ 审美感知 ｜ 创意实践 ｜ 艺术表现

- 问题1：植物的印记有哪些？
- 问题2：可以用什么方法把植物的印记留下？

- 问题1：如何拓印植物的纹理？
- 问题2：如何使纹理更清晰？
- 问题3：什么是单色拓印？什么是套色拓印？

- 问题1：拓印的工具材料有哪些？
- 问题2：如何玩转拓印技法？
- 问题3：不同媒材的拓印方法有什么区别？

- 问题1：拓片还有哪些组合方法？
- 问题2：拓片如何在生活中应用？

二、具体课例呈现

（一）探究拓印方法

单色拓印

1. 单色拓印：只使用一种颜色进行拓印，但根据底版层次的变化，仍可产生丰富的视觉效果。
2. 学习建议：拓出深浅不同的效果，增加画面层次感。

套色拓印

1. 套色拓印：用多种颜色进行拓印，这种拓印方式因其丰富的色彩而令人喜爱。
2. 学习建议：运用渐变色和对比色，让画面效果更加出彩。

（二）创意实践表达

1. 找一找可印的材料，创作有趣的纹理吧！

2. 寻找身边的媒材，用不同技法、不同工具，创造出好玩又美丽的肌理效果。

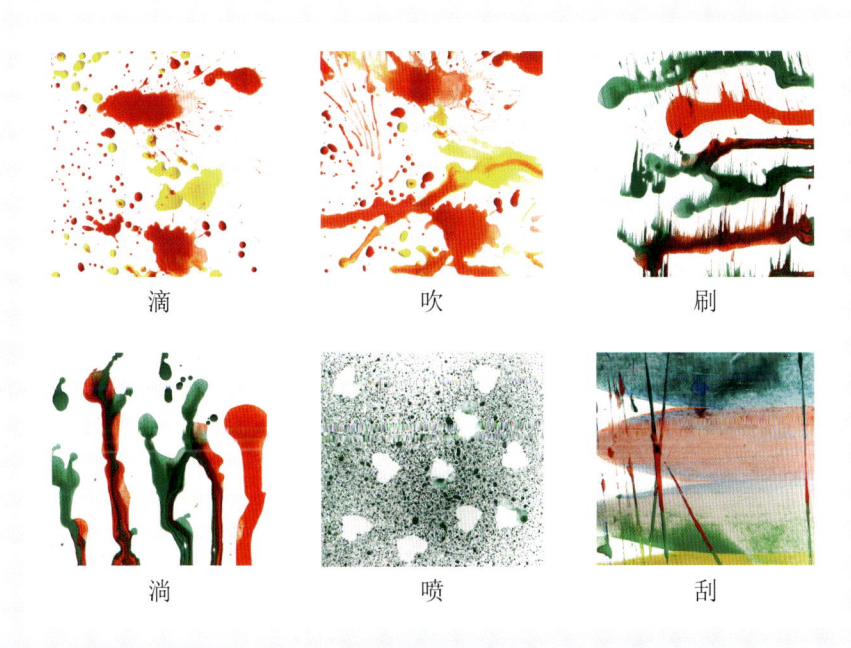

滴　　　　吹　　　　刷

淌　　　　喷　　　　刮

（1）滴：用含有大量清水的笔尖，轻轻地将水滴在未干的色块上。
（2）吹：先滴几滴深浅不同的颜料，然后找一根吸管，对着颜料向不同方向吹气。
（3）刷：用牙刷或板刷在未干的颜料上刷动，刷的速度不一样，效果也不一样。
（4）淌：先滴颜料于光滑的纸面，然后倾斜纸面，让颜料往不同方向流淌。
（5）喷：在白纸上铺上树叶，然后取喷壶在上面喷颜料。
（6）刮：厚涂颜料于光滑的纸面，用尺子把厚颜料刮成不同的形状。

3. 让我们一起评一评。

学生自评		我获得 _____ ★
评估维度	评估内容	星级要求
我知道	拓印方法	1. 知道拓印的两种基本方法。(★) 2. 知道拓印的常用工具。(★★) 3. 能自主探究不同拓印方法产生的独特画面效果。(★★★)
我理解	创意表达	1. 能欣赏不同的拓印作品。(★) 2. 能通过小组合作完成学习和探索。(★★) 3. 能理解拓印独特的艺术价值。(★★★)
我能做		1. 能用身边的材料创作纹理。(★) 2. 能用不同的方法创作两种以上的纹理。(★★) 3. 能用创新材料与方法创作作品。(★★★)

（三）拓片应用于生活

1. 摹印法

（1）怎么用摹印法摹印树叶？
（2）在有明显纹理的树叶上，覆盖一张白纸，再用铅笔或油画棒把它的纹理印出来。

2. 吹塑纸拓印

（1）如何用吹塑纸拓印树叶呢？
（2）用铅笔在吹塑纸上刻划出深且清晰的线条，然后涂上喜欢的颜色，再用纸拓印，吹塑纸拓印就完成了。

3. 纸板拓印

（1）怎样用纸板拓印出树叶纹理？
（2）纸板拓印的过程为构思、画稿、剪刻、拼摆、粘贴、拓印。

4. 石膏浮雕拓印

（1）怎样拓印出石膏浮雕植物？
（2）把陶泥擀成泥板，将植物中有明显纹理的一面朝下并压平，倒入石膏粉，待干后上色，再用纸拓印，石膏浮雕拓印完成。

5. 让我们一起评一评。

学生自评		我获得 _____ ★
评估维度	评估内容	星级要求
我知道	理解能力	1. 知道什么是植物印记。（★★） 2. 知道拓片产生的不同方法。（★★★）
我理解	思维能力	1. 能在教师的指导下构思创作。（★） 2. 能通过小组合作完成技法、色彩、媒材等的探究。（★★） 3. 能从多方面主动思考，提出自己的创造方法。（★★★）
我能做		1. 能在教师的引导下完成一种拓片。（★） 2. 能独立完成一种拓片。（★★） 3. 能举一反三地完成多种拓片。（★★★）

6. 让我们开动脑筋，结合技法、色彩、媒材等，将平面的拓片立体化表达吧！
7. 除植物外，我们还可以拓印其他的物体，再将其重新组合，创造出意想不到的效果。

8. 让我们一起评一评。

学生自评		我获得了 _____ ★
评估维度	评估内容	星级要求
我知道	媒体运用	1. 知道媒材对作品效果的重要性。（★） 2. 知道不同媒材的拓印效果。（★★） 3. 有想法地运用多种媒材，能创作不同效果的拓片。（★★★）
我理解	作品表现	1. 对于作品表现有自己的想法。（★） 2. 自己的部分想法能在作品中表现出来。（★★） 3. 自己的构思与想法完全能够在作品中表现出来。（★★★）
我能做	作品完成	1. 能在教师或小组同学的帮助下完成作品。（★） 2. 能独立地完成作品且有创意。（★★） 3. 能对自己所创作品进行描述。（★★★）

第一章　情之恋

03　第二单元

端午香韵

（适合10—12岁）

? 端午节是中国的传统节日，它有哪些独特的习俗呢？

课例一　初探端午

走进端午

端午使者：

　　农历五月初五，是我国的传统节日——端午节。端午节又被称为"端阳节""菖蒲节"等，是集纪念先贤和特色饮食等于一体的民俗节日。

探秘习俗

多选题：端午节的习俗有哪些？（　　）

A. 包粽子　　　B. 赛龙舟　　　C. 挂艾草　　　D. 挂香囊

端午使者：

你还知道端午节的其他习俗吗？

队长：

根据已有的生活经验，让我们一起想一想、说一说吧！

10

课例二 学习"章"法

> 精雕细琢，印出精彩，小小橡皮章如何表现端午习俗呢？

工艺体验

队长：
橡皮章，是指用小型雕刻刀具在橡皮砖上进行阴刻或阳刻，制作出的可反复盖印的图案章。你知道橡皮章图案是怎么制作出来的吗？

1. 描绘线稿。
2. 沿线条开始雕刻。 
3. 雕刻出主体。 
4. 刻除背景。 
5. 印制。 

巧手尝试

端午使者：
橡皮章的制作方法你学会了吗？我们一起来尝试制作有端午元素的橡皮章吧！

课例三 百变刻法

橡皮章有哪些不同的刻法呢？

探索刻法

阴刻 　　　　阳刻

端午使者：

阴刻和阳刻是橡皮章的两种基本刻制方法。

队长：

你知道两者有什么区别吗？你更喜欢哪一种？

队长：

不同的刻法所呈现的作品效果也不同。左边两幅香囊印章作品，你更喜欢哪一幅呢？你发现刻法的奥秘了吗？

阴刻	阴刻，就是刻除主体图案的线条（图案是凹进去的），盖印时由周边被保留下来的部分凸显出图案的技法。
阳刻	阳刻，就是刻除主体图案线条以外的背景（背景是凹下去的），盖印时凸显出图案线条的技法。

动手实践

队长：

请你也来试一试，用学到的方法制作一枚属于你的端午橡皮章吧！

> 佩戴香囊是端午节的传统习俗之一。你想拥有一个什么样的香囊？

课例四　妙制香囊

知香囊·存香驱虫

端午使者：

你了解香囊吗？香囊内有朱砂、雄黄、菖蒲等材料，有着熏香、驱虫、避瘟、防病的功能。

队长：

要制作一只带有端午元素的创意香囊可不容易哦！

队员：

让我们一起试一试吧。

探香囊·寻材探形

队长：

你知道右图的菱形香囊是用什么材料做的吗？口罩还能做出什么形状的香囊呢？

队员：

小口罩大用处。只要能装得下药材，什么形状都可以。

菱形香囊　　荷包香囊　　蝴蝶结香囊

制香囊·制作步骤

1. 用剪刀剪去口罩绳子，将口罩对折成自己想要的形状，并在四周贴上双面胶。
2. 用刻好的橡皮章在口罩香囊上印出图案，作为装饰。
3. 在口罩外层剪一个小口子，沿着口子加入香料、药材并封口。
4. 贴上流苏挂饰，口罩香囊完成。

典型课例教学设计：妙制香囊

一、图说教学设计

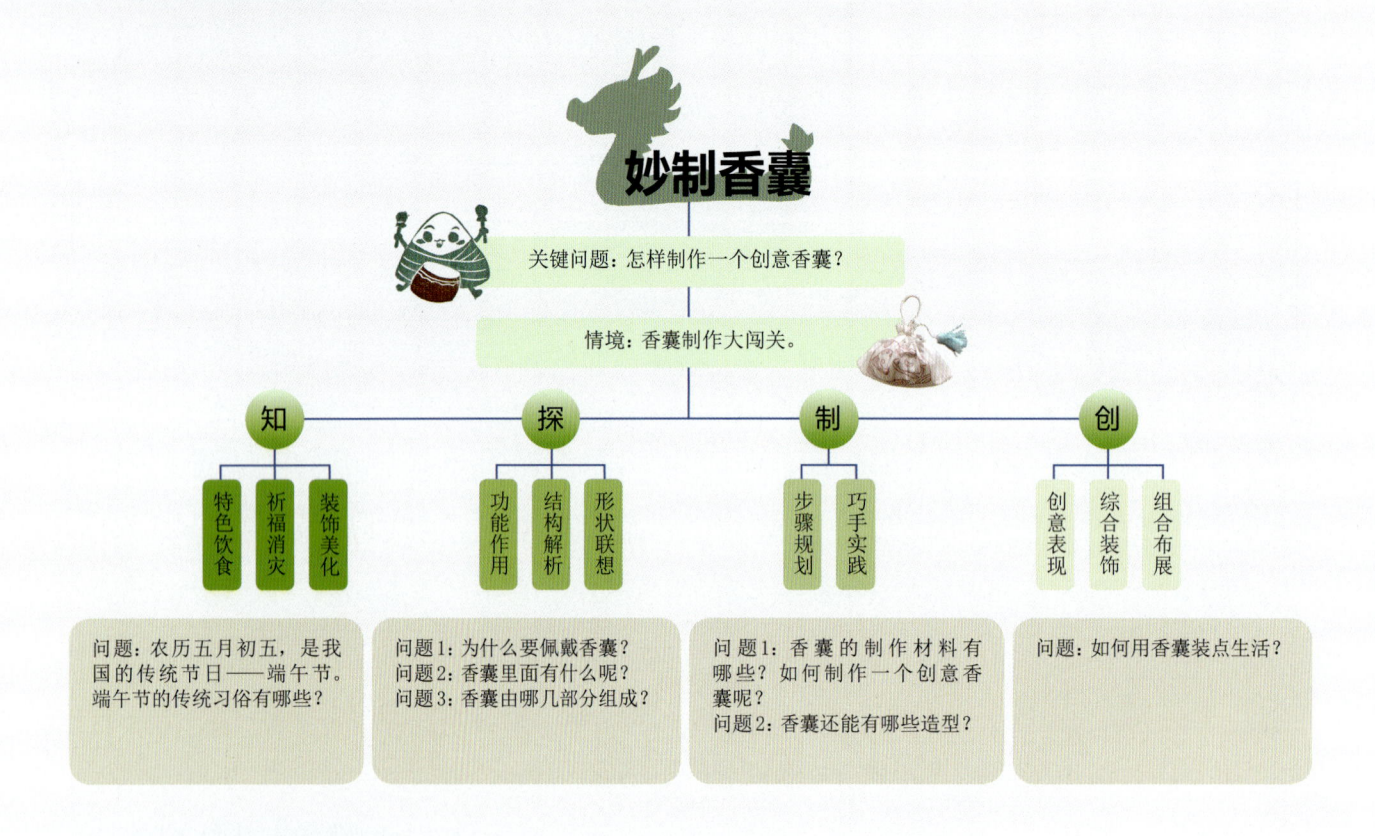

妙制香囊

关键问题：怎样制作一个创意香囊？

情境：香囊制作大闯关。

知	探	制	创
特色饮食 / 祈福消灾 / 装饰美化	功能作用 / 结构解析 / 形状联想	步骤规划 / 巧手实践	创意表现 / 综合装饰 / 组合布展

问题：农历五月初五，是我国的传统节日——端午节。端午节的传统习俗有哪些？

问题1：为什么要佩戴香囊？
问题2：香囊里面有什么呢？
问题3：香囊由哪几部分组成？

问题1：香囊的制作材料有哪些？如何制作一个创意香囊呢？
问题2：香囊还能有哪些造型？

问题：如何用香囊装点生活？

二、具体课例呈现

（一）寻味端午知香囊

1. 农历五月初五，是我国的传统节日——端午节。端午节又被称为"端阳节""菖蒲节"等，是集纪念先贤和特色饮食等于一体的民俗节日。

2. 你知道端午节有哪些习俗吗？可以请教家长，或从网络、书本中获取知识。

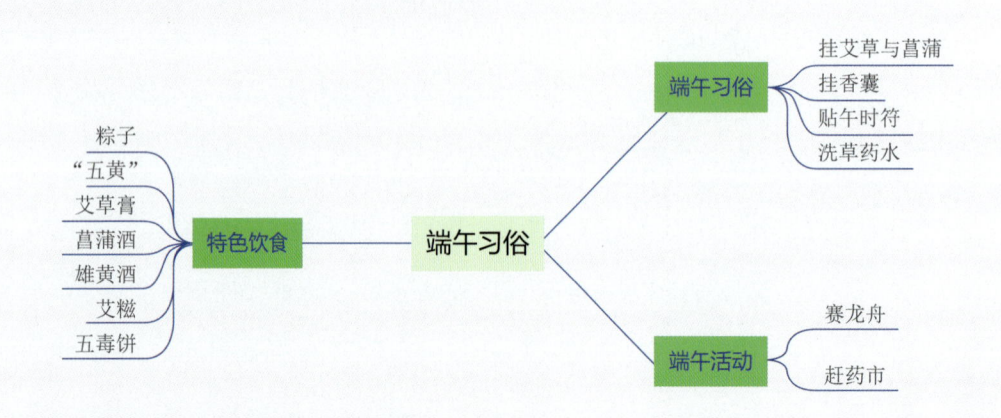

端午习俗
- 特色饮食：粽子、"五黄"、艾草膏、菖蒲酒、雄黄酒、艾糍、五毒饼
- 端午习俗：挂艾草与菖蒲、挂香囊、贴午时符、洗草药水
- 端午活动：赛龙舟、赶药市

3. 佩戴香囊，是端午节的传统习俗之一。
4. 你还知道哪些端午节的知识？请和大家分享并完成自我评价。

学生自评		我获得 _____ ★
评估维度	评估内容	星级要求
我知道	文化理解	1. 在教师的帮助下探索学习端午节的相关知识。（★） 2. 能通过视频学习、讨论探究等形式了解端午的历史典故、传统习俗。（★★） 3. 能结合自己的生活实际展开表述，激发民族情怀。（★★★）

（二）寻材探形析香囊

1. 香囊，亦称"容臭"，是一种以丝织物缝制而成的装有香料的小袋。
2. 你知道端午节为什么要佩香囊吗？香囊起源于战国时期。古人认为，端午时暑毒盛行，蛇虫出没，人容易生病，瘟疫也易于流行，因此人们常常佩戴香囊以祈求安康、防病保健，至今民间仍有"戴个香草袋，不怕五虫害"的说法。
3. 你知道香囊由哪几个部分组成吗？生活中你见过什么形状的香囊？

4. 香囊真奇妙啊！让我们一起评一评。

学生自评		我获得 _____ ★
评估维度	评估内容	星级要求
我知道	造型感知	1. 了解香囊的结构组成，有一定的造型基础。（★★） 2. 了解香囊的结构组成，能自主探索，发现许多有创意的香囊造型。（★★★）
我理解	文化理解	1. 了解香囊的历史和功能。（★★） 2. 了解香囊的历史和功能，能感悟中国传统民俗文化的魅力。（★★★）

（三）步步生花制香囊

1. 你知道下图的菱形香囊是用什么材料做的吗？让我们一起来看看制作步骤。
2. 口罩香囊的材料准备：口罩、端午印章、剪刀、双面胶、香料、流苏等。

3. 制作步骤：
（1）用剪刀剪去口罩绳子。
（2）用刻好的橡皮章在口罩香囊上印图案以作为装饰。
（3）将口罩对折成自己想要的形状，并在四周贴上双面胶。
（4）在口罩外层剪一个小口，沿着小口加入香料和药材后，封口。
（5）贴上流苏挂饰，口罩香囊完成。
4. 香囊的制作方法你学会了吗？让我们一起跟着做一做吧！
5. 秀一秀你的香囊并完成自评表吧。

学生自评		我获得 _____ ★
评估维度	评估内容	星级要求
我理解	基础步骤	1. 了解制作香囊的基础步骤。（★★） 2. 了解并掌握制作香囊的基础步骤，学会实践。（★★★）
我会做	实践操作	1. 能按照步骤图制作出结构完整的香囊。（★★） 2. 能创作出造型别致、图案丰富的创意口罩香囊。（★★★）

（四）举一反三创香囊

1. 举一反三：你还能做出更有创意的香囊吗？请认真探究创作方法，并填写学习单。

菱形香囊　　　　　荷包香囊　　　　　蝴蝶结香囊

《口罩香囊创作》学习单	
1. 请小组内的成员共同选择其中一个感兴趣的口罩香囊进行探究，写出选择该造型的原因。	选择原因：
2. 分析制作过程中较难的环节。	难点：
3. 小组内还有其他有创意的制作想法？	金点子：

端午香韵

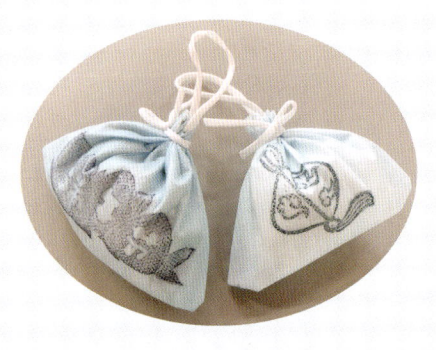

2. 用口罩制香囊的方法，你学会了吗？你还能想到什么新的款式？和小伙伴们一起来制作端午香囊吧！（小提示：可以共享你们的小印章）

3. 让我们一起制作创意口罩组合作品，装点我们的生活吧！

4. 让我们一起评一评。

学生自评		我获得 _____ ★
评估维度	评估内容	星级要求
我理解	创意表现	1. 能通过小组学习制作出结构完整的口罩香囊。（★★） 2. 能基于学习单，创作出造型别致、图案丰富的创意口罩香囊。（★★★）
我会做	实践操作	1. 能在教师的帮助下探索口罩香囊的相关知识。（★） 2. 能通过讨论、探究等形式，了解口罩香囊的制作步骤并进行实践。（★★） 3. 能结合自己的创意想法，制作出形状独特、造型别致的口罩香囊。（★★★）

17

第一章 情之恋

03 第三单元 蓝晒农具 （适合10—12岁）

❓ 民之大事在于农，你发现农具之美了吗？

课例一　农具之美

探寻追忆·了解农具之秘

队长：

你知道什么是农具吗？

农耕使者：

农具是指在农业生产中所使用的结构简单、由人工操作或蓄力驱动的工具。如锄头、镰刀、步犁等。

赏析分类·解密农具之用

队长：

你知道这些农具的名称和作用吗？岁月在农具上留下了不同的痕迹，带给你什么样的感受？

农耕使者：

这里有许多农具，让我们一起赏一赏、辨一辨，并完成学习单。中国农业历史悠久，农具种类多样。随着时代的发展，农具经过不断创新、改造，为人类文明进步做出了贡献。

《解密农具之用》学习单		
农具名称	步犁	锄头
农具作用	☐农耕用　☐收割用 ☐加工用	☐农耕用　☐收割用 ☐加工用
农具发展	《大禹治水》中大禹所拿的耒耜可看作步犁的前身。随着科技的进步，步犁主要有铧式犁、圆盘犁等类型，极大地提高了耕作效率。	

18

课例二　线条之谜

观察线条·描绘农具之法

农耕使者：

仔细观察，这些线条有什么特点？你还能想到线条的哪些变化？

队长：

线条有曲直、长短、粗细、疏密、虚实等变化。

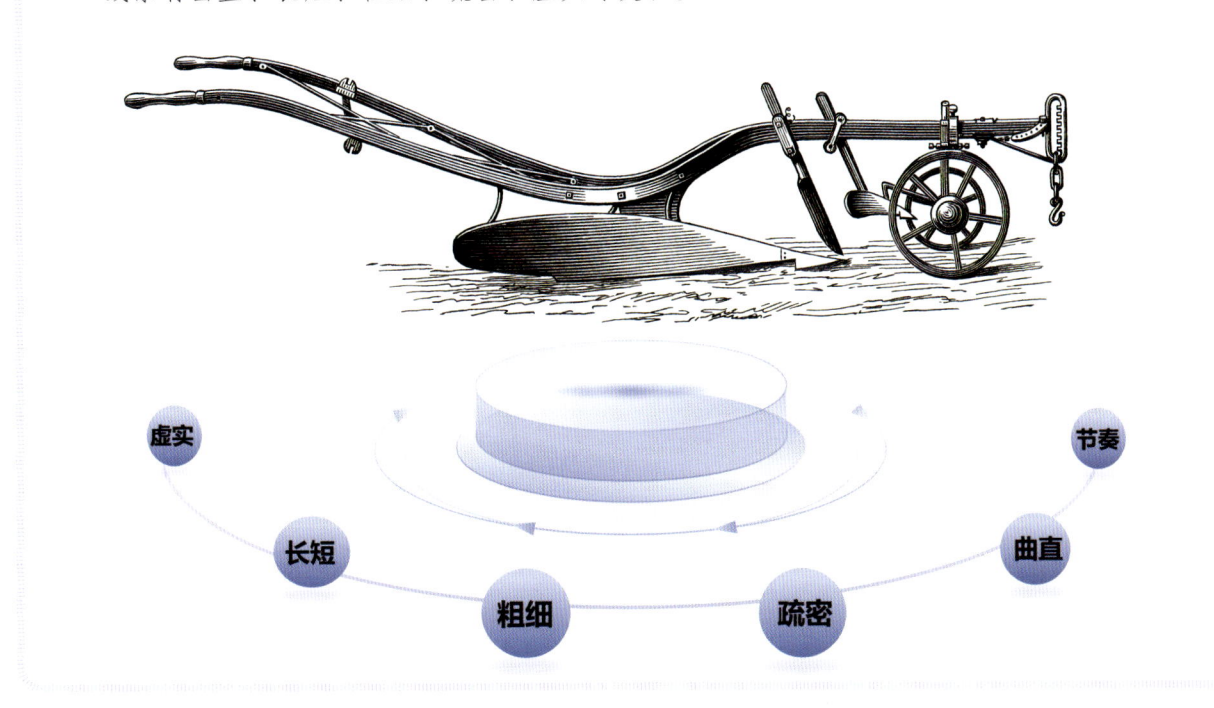

虚实　长短　粗细　疏密　曲直　节奏

躬行践履·线描农具之美

农耕使者：

请选择一种自己感兴趣的农具，用不同的线条在纸上画一画。

队长：

中华文明根植于农耕文明。农具承载着华夏文明生生不息的基因密码，映射出中华民族的思想智慧和精神追求。

> 如何用线条表现农耕文化的结晶？

> 蓝晒是太阳的魔法，它有什么奥秘呢？

课例三 蓝晒之法

初探欣赏·了解蓝晒之法

蓝晒大师：

蓝晒是一种利用铁盐与光的化学反应，通过日晒来实现成像的独特工艺。其影像耐久稳定，成像细腻且易于制作，具有很好的观赏性。

科学实验·调配蓝晒之材

① 学制蓝晒液，感受调配比例。

药液A：50g铁氰化钾+500ml水。
药液B：125g柠檬酸铁铵+500ml水。

② 自制相片纸，探寻创作之法。

在避光的地方用画笔或刷子蘸取混合后的A、B药液均匀地刷在纸上。

③ 覆盖胶片纸，等待太阳魔法。

将胶片放置相片纸上，置于太阳底下曝光。照射时长：10—20分钟。

水洗显影·陈情蓝晒之作

队长：

将曝光完成的作品用清水冲洗至显影成像。看，你发现了什么？

队员：

这是太阳的魔法！溶液中的铁离子在紫外线的照射下会使相片纸上生成普鲁士蓝色调物质，太神奇啦！

> 农耕遇见蓝晒，会擦出什么样的火花呢？

课例四　媒材之变

材质之变·创新蓝晒之美

队员：

　　我会用蓝晒结合线描的方法进行以农具为主题的创意创作，将物体最美的样子留在纸、布上，并且体会自然的魅力。

队长：

　　蓝晒的美还能留在哪里？

蓝晒大师：

　　蓝晒因制作过程中的每一步都充满着变化，所以每一件作品都是独一无二的。水彩纸、明信片、相片纸、纯棉布、扇子、木头、石头等材料都可以用来制作蓝晒作品。发挥自己的想象力，为创意蓝晒农具作品展览助力吧！

单元课例教学设计：蓝晒农具

一、图说教学设计

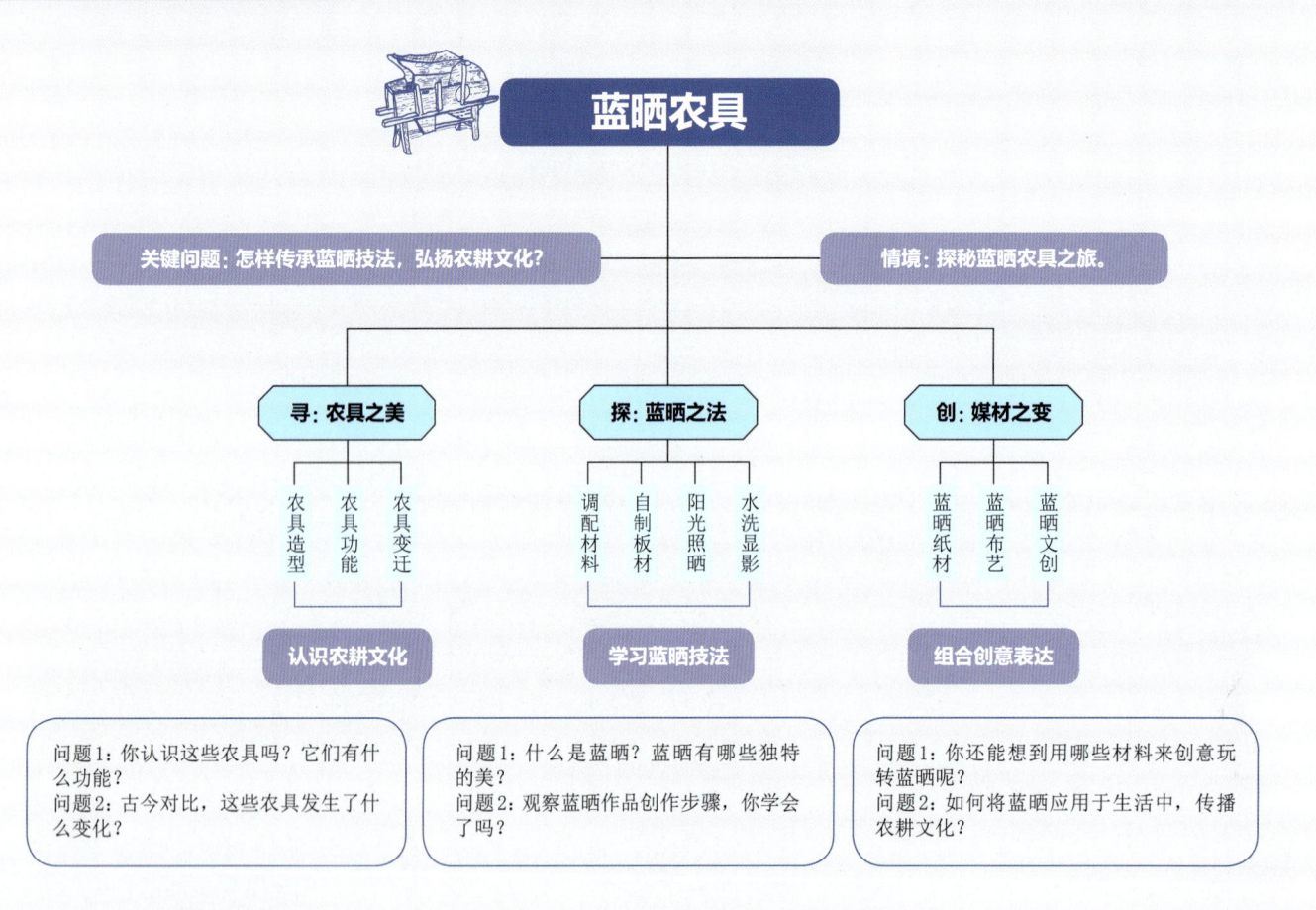

```
                          蓝晒农具
                              |
   关键问题：怎样传承蓝晒技法，弘扬农耕文化？      情境：探秘蓝晒农具之旅。
                              |
   ┌──────────────┬──────────────┐
   寻：农具之美      探：蓝晒之法      创：媒材之变
   ┌──┬──┬──┐    ┌──┬──┬──┬──┐   ┌──┬──┬──┐
   农具 农具 农具   调配 自制 阳光 水洗   蓝晒 蓝晒 蓝晒
   造型 功能 变迁   材料 板材 照晒 显影   纸材 布艺 文创
   认识农耕文化      学习蓝晒技法       组合创意表达
```

问题1：你认识这些农具吗？它们有什么功能？ 问题2：古今对比，这些农具发生了什么变化？	问题1：什么是蓝晒？蓝晒有哪些独特的美？ 问题2：观察蓝晒作品创作步骤，你学会了吗？	问题1：你还能想到用哪些材料来创意玩转蓝晒呢？ 问题2：如何将蓝晒应用于生活中，传播农耕文化？

二、具体课例呈现

（一）寻农具之美

1. "日出而作，日落而息""凿井而饮，耕田而食"。农业是国家发展的基础，中国几千年的乡土生活、农业生产离不开农民手上的农具。

2. 农民们依靠这些工具来种地、收割，并期待着风调雨顺与丰收。让我们一起观察过去在农田里耕作时用的工具，它们带给你什么样的感受？

3. 随着历史的发展和科技的进步，很多传统农具已被现代农业机器替代，逐渐淡出人们的日常生活，也在慢慢消失。但每一种农具，在它的形成和发展过程中，都凝聚着我们中华民族的智慧。

4. 让我们一起评一评。

学生自评		我获得 _____ ★
评估维度	评估内容	星级要求
我能做	造型表现	1. 能在教师的引导下，发现线条的变化。（★） 2. 能熟练地运用线条表现农具。（★★） 3. 能创意地表现农具，画出农具的特征并添加背景。（★★★）
我理解	文化理解	1. 能在教师的帮助下探索、理解农耕文化。（★） 2. 能通过小组合作、网络学习等方式了解农具的特点和作用。（★★） 3. 能结合自己的生活实际，说出对农具的认识。（★★★）

（二）探蓝晒之法

1. 在艺术史里，蓝色是一种特殊而古老的合成色。然而，因原料稀少，制作工艺复杂，上好的蓝色很难寻觅。蓝晒法由约翰·赫谢尔于1842年发明，这种工艺是利用铁盐与光发生化学反应，并通过日晒成像来实现的。蓝晒的美独特在哪里？艺术家是怎样用蓝晒进行创作的？

2. 让我们一起学制蓝晒液，认识蓝晒的技法和原理。

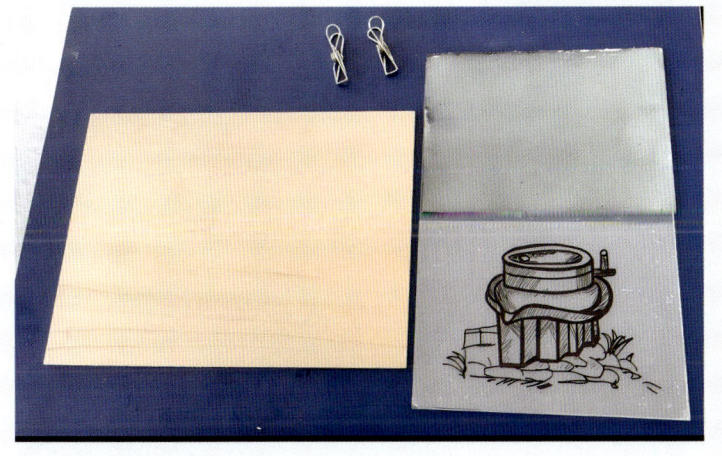

3. 试试用蓝晒之法表现农具。
（1）学制蓝晒液，控制调配比例。
（2）自制相片纸，探寻创作之法。
（3）覆盖胶片纸，等待太阳魔法。

4. 将曝光完成的作品用清水冲洗至显影成像,你发现了什么奇妙之处?

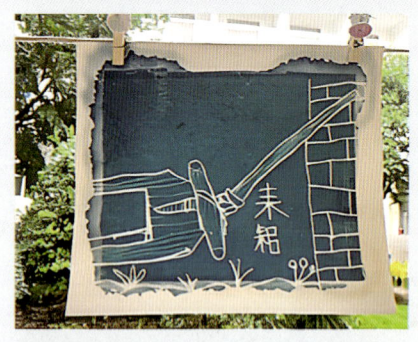

5. 蓝晒太奇妙了!我们一起来评一评。

学生自评		我获得 _____ ★
评估维度	评估内容	星级要求
我理解	技法学习	1. 能在教师的引导下,了解蓝晒的历史和原理。(★★) 2. 能自主调配蓝晒液,掌握蓝晒的技法。(★★★)
我能做	实践操作	1. 水洗显影后,能晒出农具的大致轮廓。(★★) 2. 水洗显影后,能晒出农具完整的外形和丰富的细节。(★★★)

(三)创媒材之变

材质之变

　　蓝晒的制作过程中,每一步都充满着变化,所以每一件作品都是独一无二的。水彩纸、明信片、相片纸、纯棉布、扇子、木头、石头等材料都可以用来制作蓝晒作品。你还能想到什么呢?

蓝晒农具

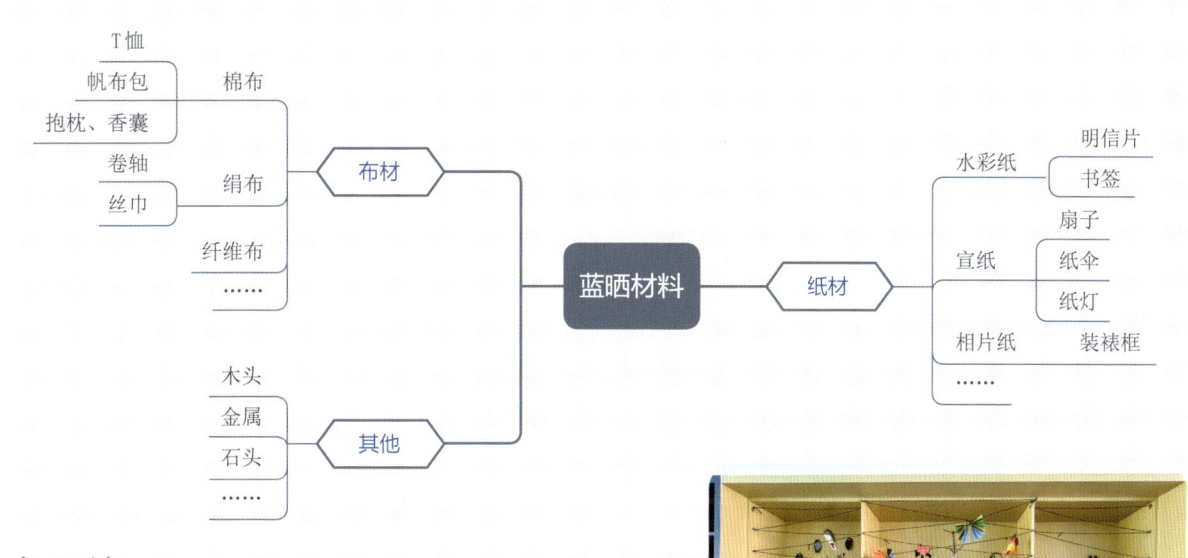

```
                T恤
           帆布包
           抱枕、香囊   棉布
           卷轴       绢布
           丝巾              布材                              水彩纸   明信片
                     纤维布                                          书签
                     ……                                            扇子
                              蓝晒材料        纸材      宣纸      纸伞
                                                                  纸灯
                木头                                        相片纸   装裱框
                金属                                        ……
                石头       其他
                ……
```

组合之创

1. 让我们开动小脑筋，将纸面与布面蓝晒农具作品整合创作，并将它们制作成立体造型作品吧！

2. 重拾古老的蓝晒技艺，体会自然的魅力。组合再创，传承农耕文化，共拾蓝晒之美！

情感之美

1. 希望大家在今后的学习与生活中，也能用同样的方法表现生活中更多有意思的事物。
2. 完成蓝晒农具组合作品。
3. 让我们一起评一评。

| 学生自评 || 我获得 _____ ★ |
评估维度	评估内容	星级要求
我知道	观察探索	1. 能在教师的引导下学习并了解蓝晒在不同材料上的表现效果。（★★） 2. 能观察生活中的细节，发现素材，探索更多可用于表现的材料。（★★★）
我能做	创意再造	1. 学会在不同材质的物品上进行蓝晒表现，完成创意农具图。（★★） 2. 能将蓝晒作品整合创作，组合再造，制作出蓝晒农具的立体造型。（★★★）
	情感表达	1. 能在美术学习活动中感受探究的乐趣，学会关注生活。（★★） 2. 能通过蓝晒农具的学习弘扬农耕文化，传承中华文明。（★★★）

第二章 特之品

第一单元 机甲战士

（适合9—12岁）

？ 怎样让你的竹节人拥有"功夫"？

课例一 骁勇的竹节人

中国传统玩具：

竹节人是中国传统玩具之一，其历史可以追溯到南北朝时期。

队长：

竹节人是20世纪70年代较为流行的玩具，给当时的孩子们带来了无限的快乐，留下了美好的童年回忆。

探一探 了解竹节人的玩法，体会传统玩具给人们带来的乐趣。

26

机甲战士 =

做一做

准备一些彩纸卷成的纸卷（也可以用其他材料替代）、1根绳子和2块垫片，按下图进行组装，即可完成一个基础版的竹节人。

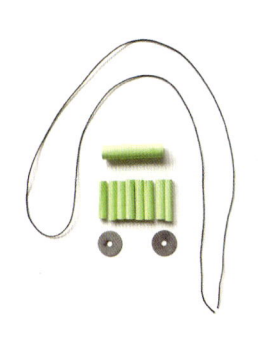

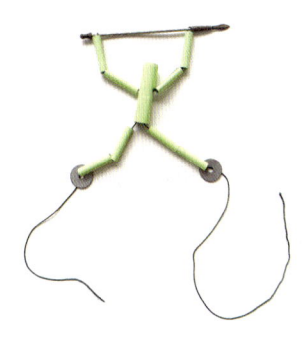

1. 准备纸卷、绳子、垫片。　2. 如图串接。　3. 串接完成。　4. 添加兵器等。

队员：

怎样让做好的竹节人更炫酷？

机甲研究员：

我们可以给竹节人设计一些铠甲和兵器！

玩一玩　**队长：**

尝试制作一个炫酷的竹节人，和小伙伴一起玩一玩竹节人"功夫大比拼"游戏。

27

> 哪些材料可以用来制作机甲战士？

课例二　百变机甲战士

变废为"机甲"

机甲研究员：

　　我发现纸张、积木、魔尺、磁力片、塑料瓶、旧彩笔以及螺丝、螺帽零件等材料都可以用来制作百变机甲战士，真是既有趣又环保。

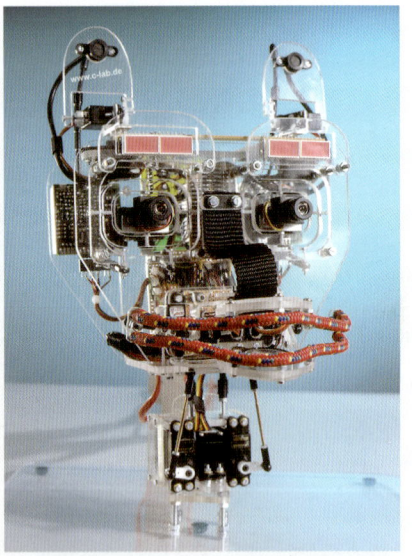

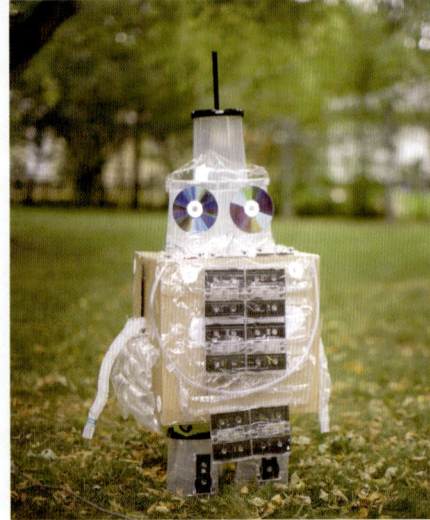

万物可"机甲"

队员：

　　机甲战士的外形有哪些创意？

队长：

　　动物造型机甲、交通工具造型机甲、食物造型机甲……

队员：

　　这么说来，万物都可以做成机甲造型吗？让我们也来试一试。

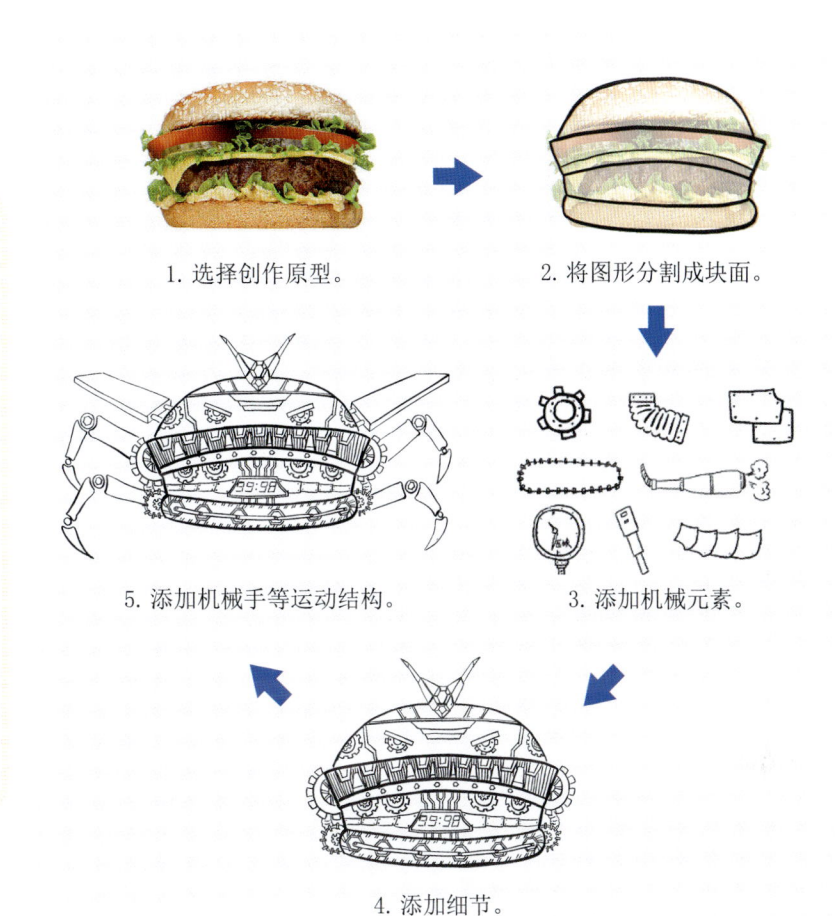

1. 选择创作原型。

2. 将图形分割成块面。

3. 添加机械元素。

4. 添加细节。

5. 添加机械手等运动结构。

创意无极限

机甲研究员：

　　高科技的机甲造型产品，可广泛用于军事、医疗、交通、通信、日常生活等领域。

队员：

　　让我们来试试设计更多样式的机甲造型吧！

典型课例教学设计：百变机甲战士

一、图说教学设计

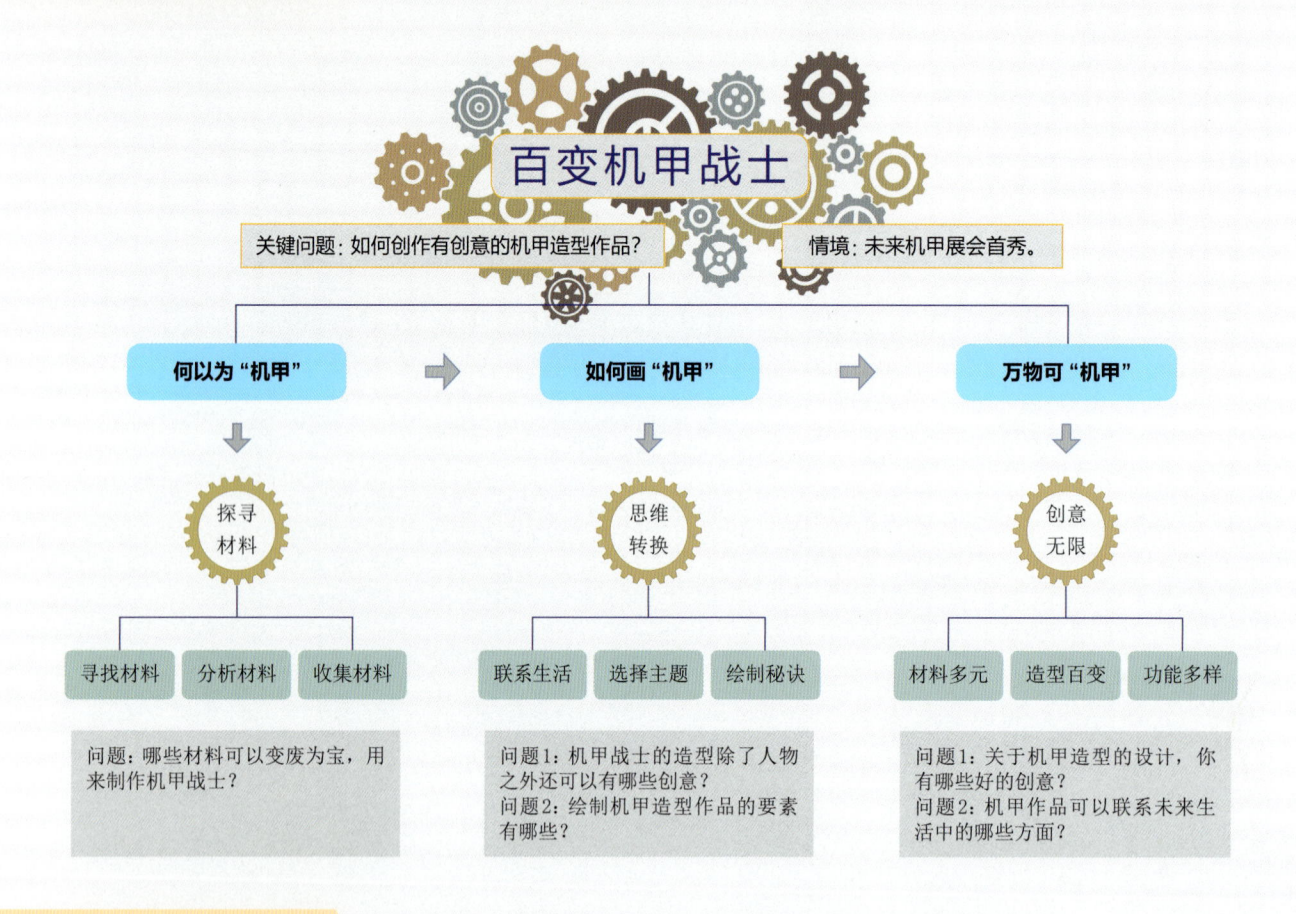

百变机甲战士

关键问题：如何创作有创意的机甲造型作品？　　情境：未来机甲展会首秀。

何以为"机甲" → 如何画"机甲" → 万物可"机甲"

- 探寻材料：寻找材料、分析材料、收集材料
  - 问题：哪些材料可以变废为宝，用来制作机甲战士？
- 思维转换：联系生活、选择主题、绘制秘诀
  - 问题1：机甲战士的造型除了人物之外还可以有哪些创意？
  - 问题2：绘制机甲造型作品的要素有哪些？
- 创意无限：材料多元、造型百变、功能多样
  - 问题1：关于机甲造型的设计，你有哪些好的创意？
  - 问题2：机甲作品可以联系未来生活中的哪些方面？

二、具体课例呈现

（一）何以为"机甲"——探寻材料

1. 你知道炫酷的机甲战士吗？它能惩奸除恶，是正义的象征。
2. 我们生活中哪些材料可以用来做机甲战士呢？让我们一起从下列作品中找一找。

3. 材料探究：我们发现夹子、积木、磁力片以及弹力绑带等材料都可以用来做机甲战士。

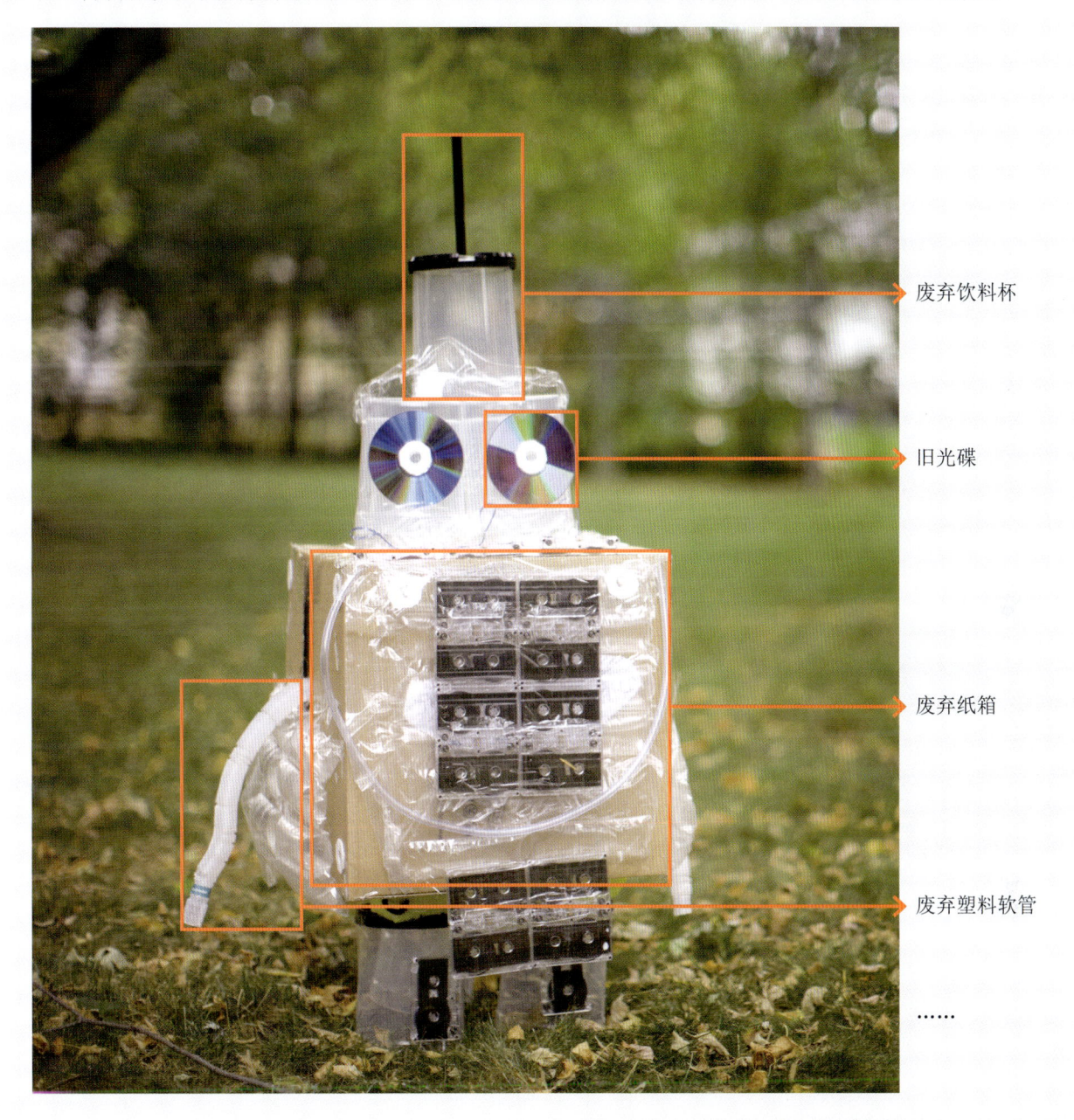

废弃饮料杯

旧光碟

废弃纸箱

废弃塑料软管

……

4. 你发现了吗？废弃的饮料杯、纸箱、塑料软管等材料，都可以制作百变机甲战士，真是既有趣又环保。

5. 看完这些作品后你有什么感想？课后，让我们从生活中去寻找和收集一些可以做机甲战士的材料，并完成自我评价。

学生自评		我获得 _____ ★
评估维度	评价内容	星级要求
我知道	材料搜集能力	1. 能从身边找到1—2种制作机甲战士的材料。（★） 2. 能从身边找到多种制作机甲战士的材料。（★★） 3. 环保意识强，能将收集的材料变废为宝。（★★★）

（二）如何画"机甲"——思维转换

1. 思维转换

思考：机甲战士的外形除了人物形态还可以有哪些创意表现？

小组讨论后，我们发现，机甲可以是动物造型机甲、交通工具造型机甲、植物造型机甲等。

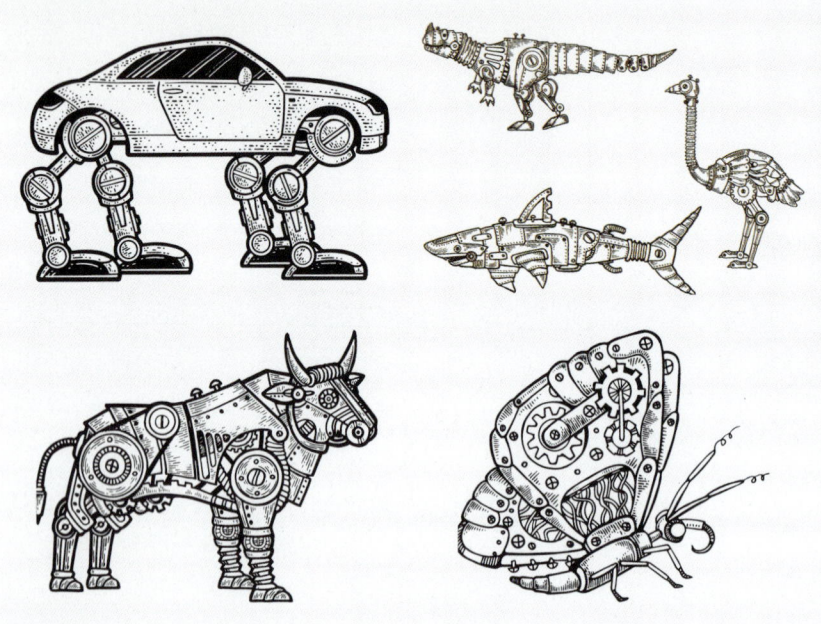

2. 如何画出机械感？方法如下：

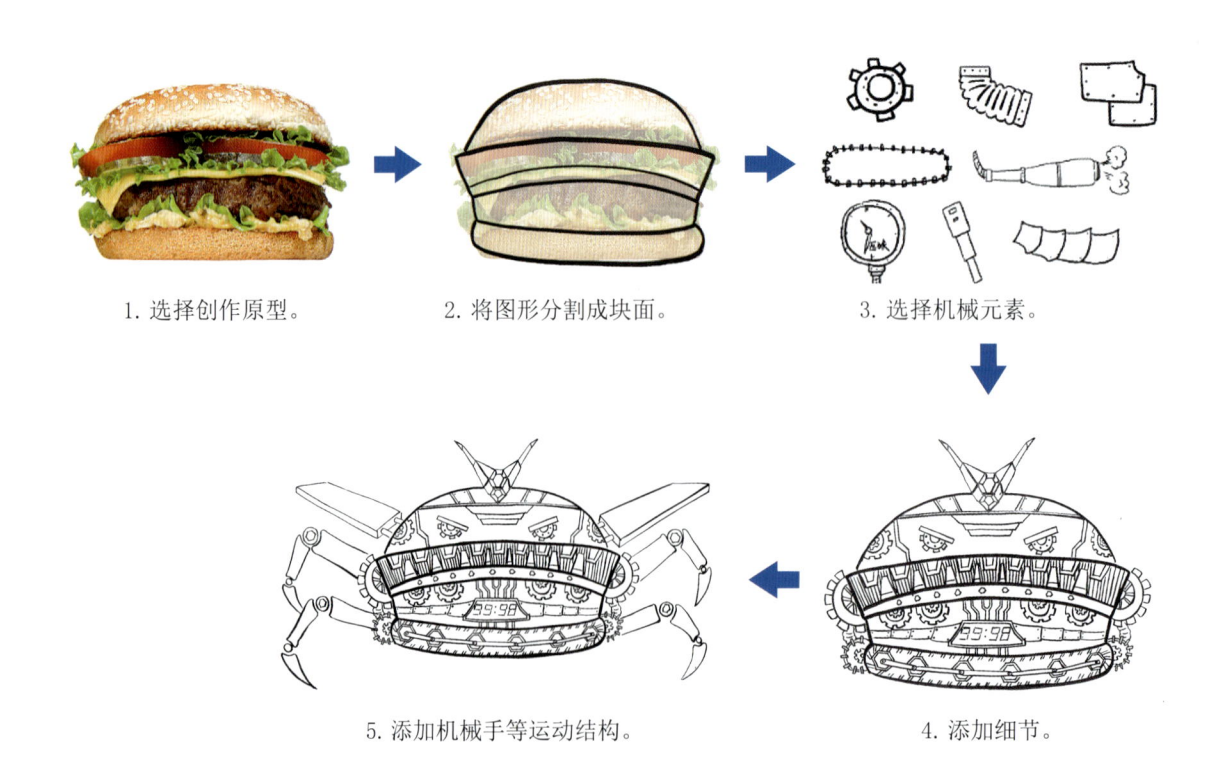

1. 选择创作原型。　　2. 将图形分割成块面。　　3. 选择机械元素。

5. 添加机械手等运动结构。　　4. 添加细节。

3. 思考：具有机械感的元素有哪些呢？可以是螺丝、螺帽、齿轮、轴承等。

4. 学习了机甲风格创作的要点后，你能总结机甲创作的基本步骤吗？我们还可以设计哪些机甲的造型呢？画出来吧！

5. 让我们一起评一评。

学生自评			我获得 _____ ★
评估维度	评估内容	星级要求	
我知道	造型能力	1. 能用绘画的方式创作一幅机甲造型作品。（★★） 2. 在设计制作机甲作品的同时能添画合适的场景。（★★★）	
我能做	思维能力	1. 在教师的指导下，能理解机甲造型作品的创作方法。（★★） 2. 能自主探究机甲的创作方法。（★★★）	

（三）万物可"机甲"——创意无限

1. 机甲作品创意无限：

（1）造型百变，可以是各种人物造型机甲、动物造型机甲、植物造型机甲、交通造型机甲，还可以结合传统文化，比如结合三星堆文化设计三星堆风格的机甲等。

（2）制作材料多元，塑料瓶盖、废弃纸箱、旧光碟等都可以变废为宝，设计制作成机甲造型。

（3）功能多样，可以设计成机甲玩具，又可以融合航天技术、医疗仪器、国防军事等进行创意设计。

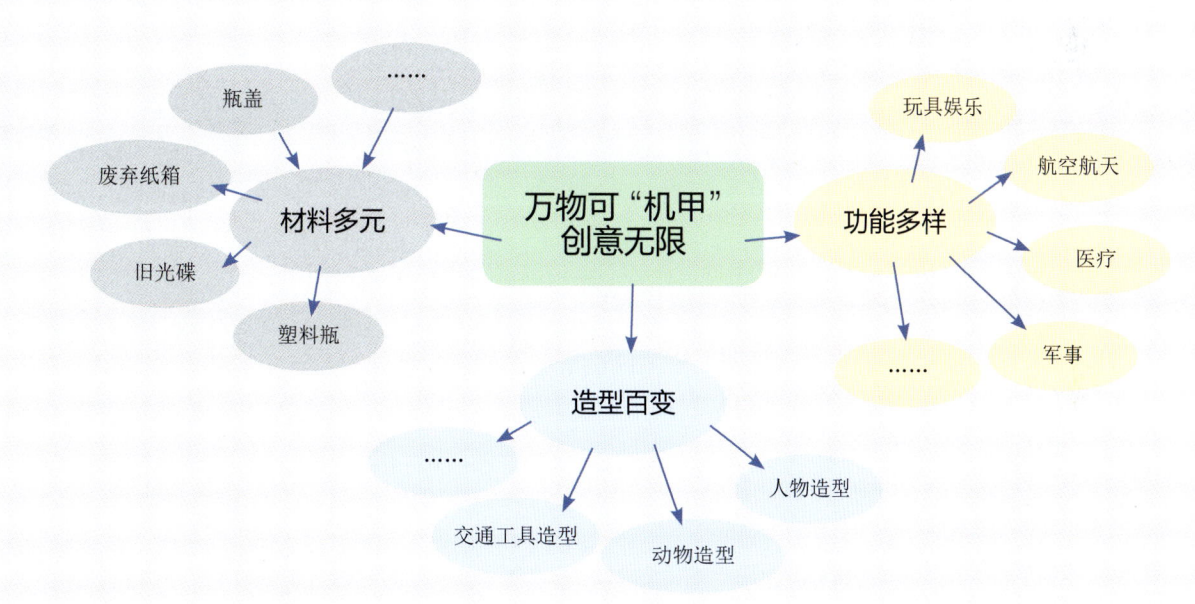

2. 让我们结合机甲主题展开丰富的想象，也许炫酷的机甲战士真将出现在我们未来的国防军事、航天科技中。

3. 单人完成创作并进行集体作品展示，共同呈现机甲风格作品之美。

4. 让我们一起评一评。

学生自评			我获得 _____ ★
评估维度	评估内容	星级要求	
我理解	探索能力	1. 在教师的引导下知道"万物可'机甲'"的方法。（★★） 2. 能自主探索"万物可'机甲'"的方法。（★★★）	
我能做	作品完成	1. 在教师的帮助下，能用绘画或手工的方式完成一件机甲作品。（★★） 2. 能联系生活，将"万物可'机甲'"的方法举一反三，用绘画或手工的方式设计出具有创意的机甲作品。（★★★）	

第二章 特之品

02 第二单元

南宋官窑

（适合9—12岁）

> ❓ 南宋官窑瓷器有怎样的造型特点？

课例一　器型之雅

官窑研究员：
　　南宋官窑瓷器的器型多样，欣赏下图并思考：南宋官窑瓷器的器型美在哪里？

官窑研究员：
　　南宋官窑的瓷器，在造型上有古朴典雅、端庄大方之美。

菊瓣盘 　　　　　　青瓷弦纹贯耳壶 　　　　　　花口碗

三足炉 　　　　　　青瓷琮形瓶 　　　　　　青釉方洗

34

课例二　色彩之美

? 南宋官窑瓷器为什么会有温润如玉的质感？

队长：

古瓷尚青，而青瓷的极高境界就是类冰似玉。由于使用乳浊性较强的石灰碱釉，故南宋官窑器物的釉层有乳浊的质感，特别是粉青色釉制品，其丰厚的釉层，典雅柔和的色泽，使瓷器类同美玉，彰显出一种高洁而优雅的气质。

南宋官窑龙窑遗址

官窑研究员：

南宋建都临安（今浙江杭州）时，建立修内司窑和郊坛下窑，生产宫廷专用御品，故称"南宋官窑"。南宋官窑的色彩主要有粉青、淡青、灰青、月白、米黄等。

采土取料并加工成胎料

内外施釉

队员：

我从博物馆了解到，为了达到瓷润如玉的效果，南宋官窑瓷器需要多次施釉，薄胎厚釉也是它的一个重要特征。

> 南宋官窑瓷器表面独特的开片纹理是怎么出现的？

课例三　开片之谜

探质感

队长：
让我们一起走访官窑博物馆，探寻官窑的开片之谜。

队员：
我了解到，南宋官窑的瓷器在烧制过程中，由于釉料与底胎膨胀系数不同，导致开片，有"鱼子纹""蟹爪纹""冰裂纹""百圾碎"等妙称。

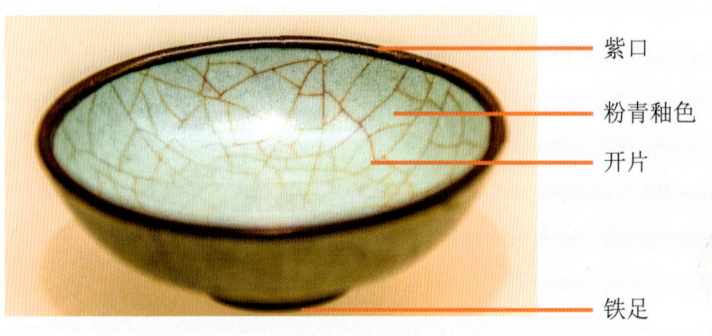

釉面底胎

紫口
粉青釉色
开片
铁足

探工艺

队长：
南宋官窑的制瓷技艺是中国制瓷史上的一座高峰，它是宋代制瓷业中顶尖技艺的代表，而这技艺的背后包含的则是千万制瓷工匠的辛勤与智慧。

试一试

队员：
我发现纸张揉皱后的纹理像极了南宋官窑开片的纹理！

队长：
我还想到可以用纸版画的形式把纹理印出来。

南宋官窑

小组创作

队员：
我发现鸭蛋壳的质感和瓷器的质感有点像。

队长：
那就让我们试试看，收集一些鸭蛋壳来拼贴，模仿官窑的开片效果吧！当然，我们要先把鸭蛋壳洗净晾干。

1. 将鸭蛋壳用白胶贴在塑料片上。
2. 逐步添加组合。
3. 完善细节。
4. 贴在底板上并落款。

作品呈现

队长：
让我们把作品设计成文创产品。

队员：
让我们小组合作，完成一组具有南宋官窑风格的文创产品吧。

队长：
我们可以将作品在展览中展出，让更多同学感受到南宋官窑的魅力。

37

典型课例教学设计：开片之谜

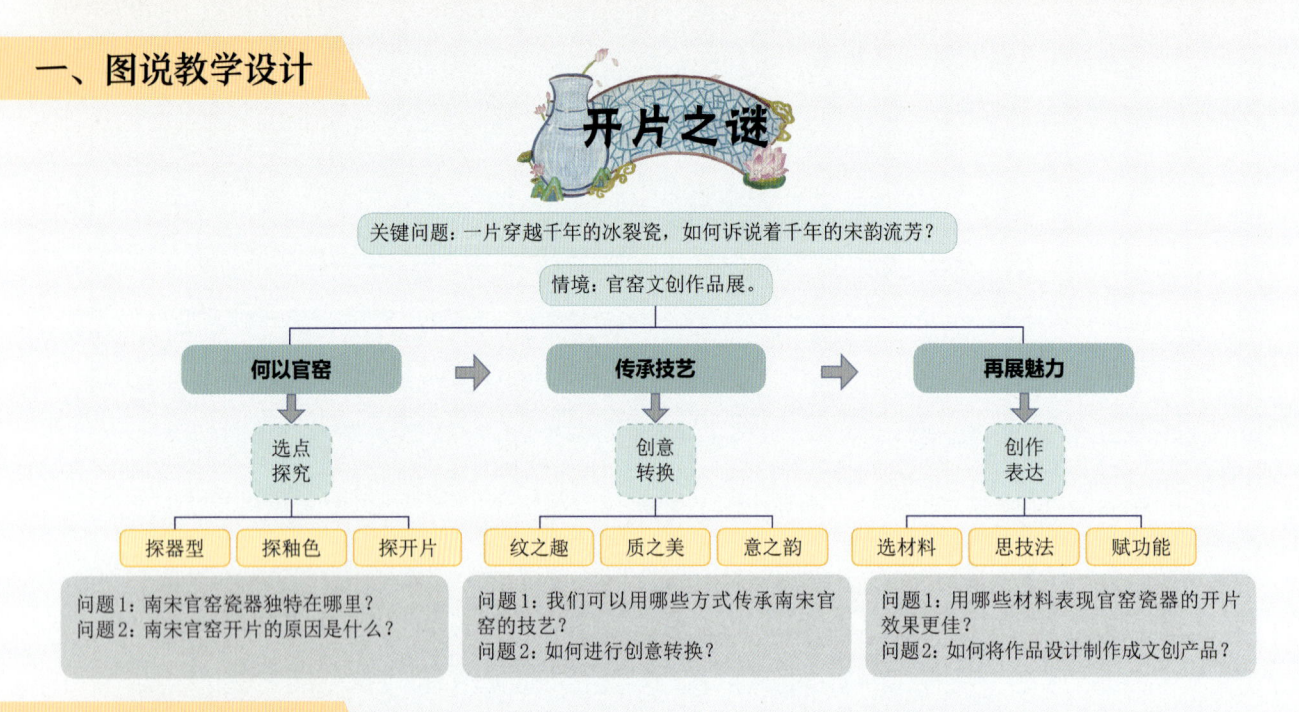

一、图说教学设计

开片之谜

关键问题：一片穿越千年的冰裂瓷，如何诉说着千年的宋韵流芳？

情境：官窑文创作品展。

```
何以官窑  →  传承技艺  →  再展魅力
  ↓            ↓            ↓
选点探究      创意转换      创作表达
```

何以官窑	传承技艺	再展魅力
探器型 探釉色 探开片	纹之趣 质之美 意之韵	选材料 思技法 赋功能
问题1：南宋官窑瓷器独特在哪里？ 问题2：南宋官窑开片的原因是什么？	问题1：我们可以用哪些方式传承南宋官窑的技艺？ 问题2：如何进行创意转换？	问题1：用哪些材料表现官窑瓷器的开片效果更佳？ 问题2：如何将作品设计制作成文创产品？

二、具体案例呈现

（一）何以官窑·选点探究

1. 你知道南宋官窑吗？一片穿越千年的冰裂瓷，雨过天青碾冰作玉，在温润素雅中诉说千年的宋韵流芳。

2. 南宋官窑瓷器独特在哪里？仔细对比下列青铜簋和南宋官窑簋式炉上的纹饰，它们有什么区别？

青铜簋

官窑簋式炉

纹饰比较

（1）我们发现，青铜簋表面有许多具浮雕感的纹饰，官窑簋式炉上没有立体的纹饰，而是有很多细小的裂纹开片。

（2）观察更多的南宋官窑青瓷后，我们可以提取南宋官窑青瓷的色彩及开片纹理。

3. 你知道南宋官窑瓷器开片的原因吗？

（1）南宋官窑开窑时会有叮叮当当清脆悦耳的声音，那就是南宋官窑瓷器开片的声音，是什么原因使得南宋官窑的瓷器在制作过程中会形成天然的开片呢？

（2）我们去探访一下南宋官窑博物馆，探秘冰裂纹之谜！

（3）通过探访南宋官窑博物馆，我们可以了解到，南宋官窑的瓷器在烧制过程中，由于釉料与底胎膨胀系数不同，导致开片。

（4）想一想，猜一猜：南宋官窑瓷器釉面膨胀系数和底胎膨胀系数哪一个大一些？

釉面膨胀系数大于底胎膨胀系数形成开裂

南宋官窑瓷片

4. 为什么要有意为之？

（1）通过在南宋官窑博物馆的学习探究，我们了解到，釉面开片是南宋官窑为了追求特殊的观赏效果而有意识地在瓷器表面造成的网状裂纹装饰，使瓷器流溢出一种古朴而奇特的审美意趣。

（2）在古瓷中，根据釉面开片的不同状态，有"鱼子纹""蟹爪纹""冰裂纹"等妙称。

5. 让我们一起评一评。

学生自评		我获得 _____ ★
评估维度	评价内容	星级要求
我知道	表达能力	1. 能用一句话表达对南宋官窑瓷器的感受。（★） 2. 能用简单的语言表达自己的想法。（★★） 3. 能结合南宋官窑相关的历史背景展开表述。（★★★）
我理解	探索能力	1. 能在教师的帮助下知道南宋官窑瓷器开片的特点。（★★） 2. 能通过资料查询等方法理解南宋官窑瓷器开片的原因。（★★★）

(二)传承官窑·创意转换

1. 冰裂纹之美。

中国享有"世界瓷国"之美称。在琳琅满目的中国瓷器中,南宋官窑青瓷"出类拔萃,精美绝伦",被视为艺术瑰宝。官窑是官办瓷窑,专供皇家使用,权臣贵胄也只能望瓷兴叹,可见而不可得。相传官窑制出瓷器以后,发现稍有瑕疵的便会摔碎,剩下的精品才可呈到皇宫里,供皇室使用。正因如此,官窑瓷器存世量极少。

2. 如何有创意地转换材料,表现瓷器之美?

南宋官窑瓷器是祖国的艺术瑰宝,我们可以怎样传承南宋官窑的制瓷技艺呢?让我们将想到的创意用思维导图的方式记录下来,并选择其中一种进行创意表现。

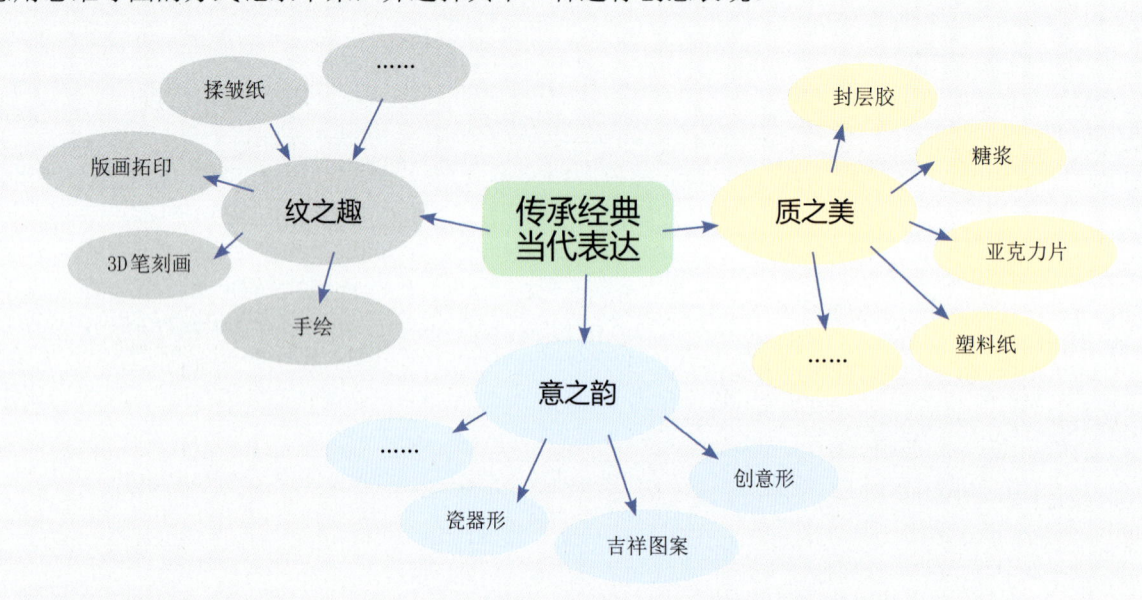

3. 动手实验。

(1)有了这么多的想法后,让我们动手做一做有趣的冰裂纹实验吧!

(2)我们可以寻找身边的各种媒材,尝试着玩"寻找肌理"的游戏,看看哪些肌理与冰裂纹相似吧。

(3)家里的保鲜膜覆盖在打湿的纸张上会形成自然的褶皱,是不是有点像冰裂纹呢?可以用留白液在颜料上做出冰裂纹的肌理;上色前可以用胶带纸分割画面,待上色完成后撕掉胶带便可得到几何形的纹理;可以用弹珠粘上颜料并让其在纸面上自由滚动,形成有趣的纹理……

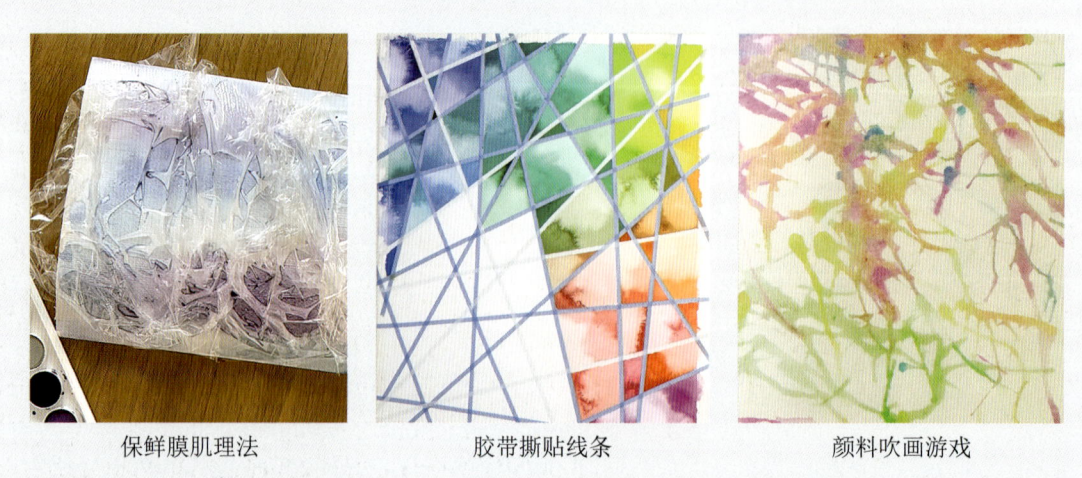

保鲜膜肌理法　　胶带撕贴线条　　颜料吹画游戏

(4)我们还可以尝试用手绘裂纹、手揉纸纹理、摹印纹理、吹塑纸拓印纹理、树叶拓印纹理等方式进行南宋官窑冰裂纹的表现。

手揉纸纹理　　　　　　　　摹印纹理　　　　　　　吹塑纸拓印纹理

4. 总结记录实验结果。

我们可以实验各种有趣的材料，用它们表现南宋官窑具有装饰感的冰裂纹，并把实验心得梳理出来。

（1）首先寻找具有纹理效果的纸张，比如多色的手揉纸、手工花纹纸等，也可以自制手揉纸，这些特种纸张的纹理效果可以直接使用。

（2）用各种笔手绘，画出多种不同视觉效果的冰裂纹，如水彩笔、油性马克笔、针管笔、彩铅、色粉笔等，手绘的方式不仅能锻炼我们的控笔和造型能力，还能培养我们的耐心。

（3）在吹塑纸、橡皮章上进行冰裂纹的刻划，再印到底板上会呈现出自然质朴的裂纹效果，而且可以拓印多次。

5. 让我们一起评一评。

学生自评		我获得 _____ ★
评估维度	评价内容	星级要求
我能做	探索能力	1. 在教师的指导下，能尝试用简单的材料和工具模仿冰裂纹。（★） 2. 能独立完成冰裂纹肌理实验，并总结出一种方法。（★★）。 3. 通过多次实验，能用多种方式表现冰裂纹效果。（★★★）

（三）再展魅力·创作表达

1. 我们已经可以通过很多种材料和方法来呈现冰裂纹，那么对于南宋官窑瓷器釉面玉的质感又可以如何表现呢？

2. 思考原理：南宋官窑瓷器釉面具有玉质的原因在于它的釉层非常厚，所以呈现的质感温润如玉。

3. 我们可以用哪些材料表现这种玉的质感呢？一起来实验吧！

4. 我们用碎蛋壳拼出冰裂纹效果后，表层再用封层胶均匀封层并用紫外灯固化，就可以让冰裂纹作品具有玉质光泽感。

5. 其他的材料会有同样的增强质感的效果吗？我们试试用白胶厚涂表层，或者用塑料纸、亚克力片覆盖在作品表面，你会发现它们一定程度上都会提升作品的质感！

6. 选择一种自己喜欢的方式来表现南宋官窑的冰裂纹效果，并将它制成一件有意义的装饰品。

7. 单人创作完成作品，并与集体作品一起展示，共同呈现南宋官窑之美，最后一起评一评。

学生自评		我获得 _____ ★
评估维度	评价内容	星级要求
我理解	创意实践	1. 在教师的帮助下，能构思一种作品的呈现形式。（★） 2. 能从南宋官窑中汲取灵感，构思2—3种作品的呈现形式。（★★） 3. 能独立思考，并能联想到多种作品的呈现形式。（★★★）
我能做	作品完成	1. 能在教师的帮助下完成作品。（★★） 2. 有自己独特的想法，能独立完成或小组合作完成一套冰裂纹风格的文创产品。（★★★）

第二章　特之品

03 第三单元　千里江山

（适合10—12岁）

? 怎样结合现代媒材，让《千里江山图》之美在当代焕发新生？

课例一　亲近山水

走近四明山

队长：

　　宁波有着许多秀美的山川，四明山脉中有被誉为"海上蓬莱，陆上天台"的雪窦山，让我们一起去探访一下吧。

　　踏上寻找三隐潭之路，我们翻开了秀甲四明的山水长卷……

鸟瞰四明山脉之雪窦山

42

《千里江山图》为什么被称为宋代版"航拍中国"？

课例二 解构山水

探究山色与空间

队长：
《千里江山图》描绘了连绵的群山和浩渺的江河，色彩鲜艳夺目、气势磅礴。

千里江山图（局部 中国画） 王希孟

观察与思考

1. 画家如何表现群山层层叠叠的空间感？
2. 作品中除了山和水，你还发现了哪些景物？
3. 观察作品中山的色彩，你发现了什么规律？

43

美育浸润PBL百课　下册

探秘色彩

队长：

《千里江山图》的色彩历经近千年依然鲜艳，奥秘在哪里？

队员：

我们来了解一下青绿山水上色的基本步骤，探寻其色彩的奥秘吧。

1. 淡墨勾皴。 
2. 铺赭石底色。 
3. 局部铺石绿与花青。 
4. 石青罩色。 
5. 石绿罩色。

绿松石　　孔雀石 　　青金石 　　朱砂

队长：

《千里江山图》上的色彩千年留存，用的是珍贵的矿物颜料。

创新材料

队员：

有哪些巧妙的方法可以表现山体自然而丰富的色彩渐变？

队长：

还可以用哪些材料来表现山水之美呢？让我们去色彩实验室寻找更多媒材来表现我们心中的《千里江山图》吧！

彩色卡纸 　　掐丝珐琅

石塑黏土 　　超轻黏土混色

44

如何将山水画意境融入当代艺术创作？

课例三　创意山水

联想创新

现代艺术家：

可以从原作中提取元素，进行材质或形式的改变。例如可以用热缩片的形式来表现《千里江山图》，即提取青山的形和色，用色粉上色后热缩，再用封层胶增强质感。你们有更多有意思的创意吗？

队员：

让我们发挥创意，分工合作，把《千里江山图》与现代艺术结合起来创作吧。

小组合作

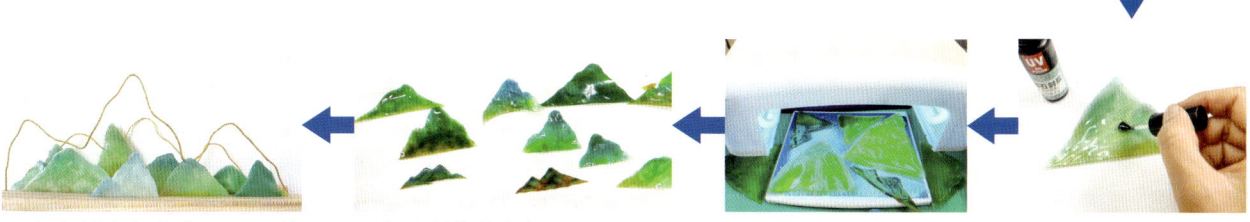

1. 剪外形，用色粉上色。
2. 用海绵棒涂抹出渐变色。
3. 用热风枪吹热缩片直至平整。
4. 涂封层胶。
5. 用紫外线灯烤干。
6. 每人制作多片备用。
7. 在底板上插接作品，用铁丝添加远山。

= 美育浸润PBL百课　下册

单元课例教学设计：千里江山

一、图说教学设计

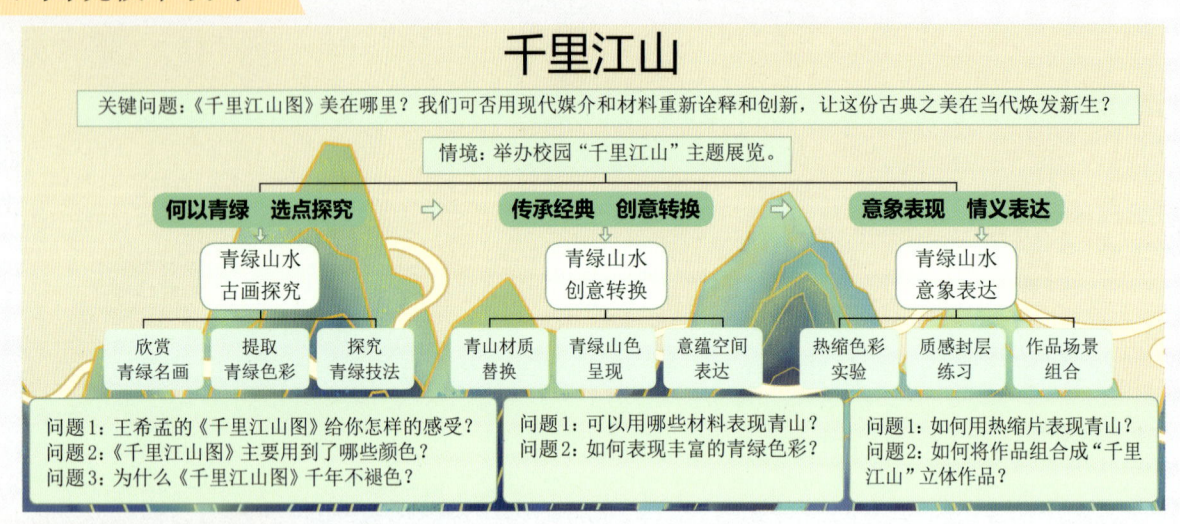

千里江山

关键问题：《千里江山图》美在哪里？我们可否用现代媒介和材料重新诠释和创新，让这份古典之美在当代焕发新生？

情境：举办校园"千里江山"主题展览。

| 何以青绿　选点探究 | ⇒ | 传承经典　创意转换 | ⇒ | 意象表现　情义表达 |

青绿山水古画探究 / 青绿山水创意转换 / 青绿山水意象表达

- 欣赏青绿名画
- 提取青绿色彩
- 探究青绿技法
- 青山材质替换
- 青绿山色呈现
- 意蕴空间表达
- 热缩色彩实验
- 质感封层练习
- 作品场景组合

问题1：王希孟的《千里江山图》给你怎样的感受？
问题2：《千里江山图》主要用到了哪些颜色？
问题3：为什么《千里江山图》千年不褪色？

问题1：可以用哪些材料表现青山？
问题2：如何表现丰富的青绿色彩？

问题1：如何用热缩片表现青山？
问题2：如何将作品组合成"千里江山"立体作品？

二、案例具体呈现

（一）何以青绿，选点探究

1. 你游过"海上蓬莱，陆上天台"的雪窦山吗？诗仙李白曾在诗句中夸奖道："四明三千里，朝起赤城霞。"让我们以《千里江山图》为例，一起学习用艺术家表现山水的方式来寄情家乡四明山吧。

2.《千里江山图》美在哪里？仔细观看《千里江山图》的局部，你能用简单的语言描述一下你的感受吗？（色彩鲜艳、璀璨夺目、气势磅礴……）

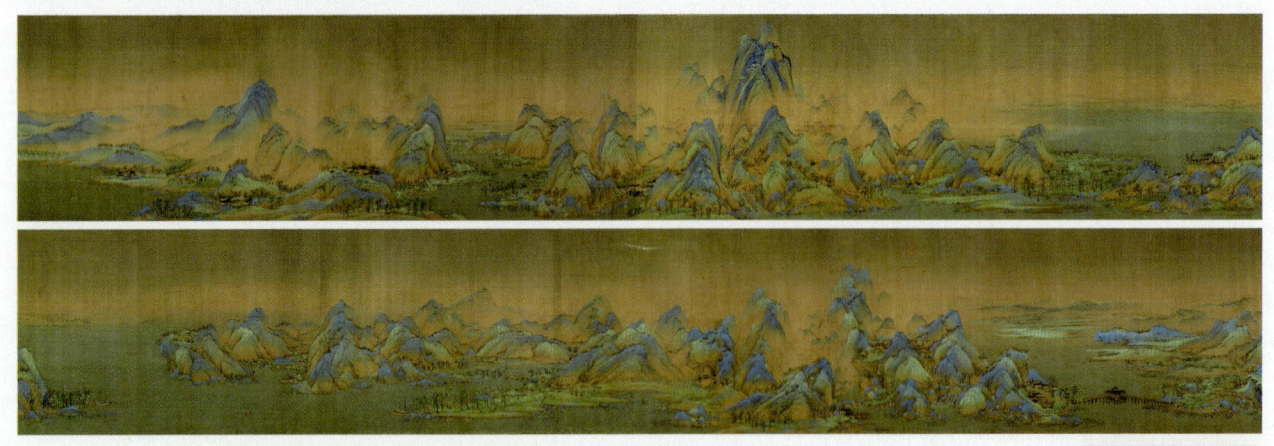

3. 观察下列局部图，回答以下问题：
（1）画家如何表现群山层层叠叠的空间感？（三远法：深远、平远、高远）
（2）作品中除了山和水，还有哪些景物？
（3）观察图中山的色彩，你发现了什么规律？

4. 我们观察到《千里江山图》运用了中国画中表现空间的三远法：深远、平远、高远。

5. 通过电脑软件中提取色彩的功能找出《千里江山图》中的青绿色谱，能看出图中的青绿山色非常丰富。

提取《千里江山图》部分山色的色谱

6. 传统的青绿山水是怎样上色的呢？让我们通过步骤图来了解青绿山水上色的基本步骤，探寻其色彩的奥秘吧。

（1）淡墨勾皴。　（2）铺赭石底色。　（3）局部铺石绿与花青。（4）石青罩色。　（5）石绿罩色。

7. 为什么《千里江山图》千年不褪色呢？让我们来看看它的上色原材料。原来是绿松石、孔雀石、青金石、朱砂石等各种珍贵的天然矿物颜料。

绿松石　　孔雀石　　青金石　　朱砂石

8. 让我们一起评一评。

学生自评		我获得_____★
评估维度	评价内容	星级要求
我知道	表达能力	1. 能用一句话表达自己对《千里江山图》的感受。（★） 2. 能用简单的语言表达自己的想法，逻辑性强。（★★） 3. 能结合自己所学展开论述。（★★★）
我理解	探索能力	1. 能在教师的引导下理解《千里江山图》的色彩特点和空间表现方法。（★） 2. 能通过小组合作完成学习和探索。（★★） 3. 能独立完成作品。（★★★）

（二）传承经典，创意转换

1. 《千里江山图》的色彩能留存近千年，用的就是矿物颜料。那么我们可以用哪些新材料来表现青绿山水之色彩美呢？

2. 让我们去色彩实验室，找寻更多媒材来表现心中的千里江山吧。

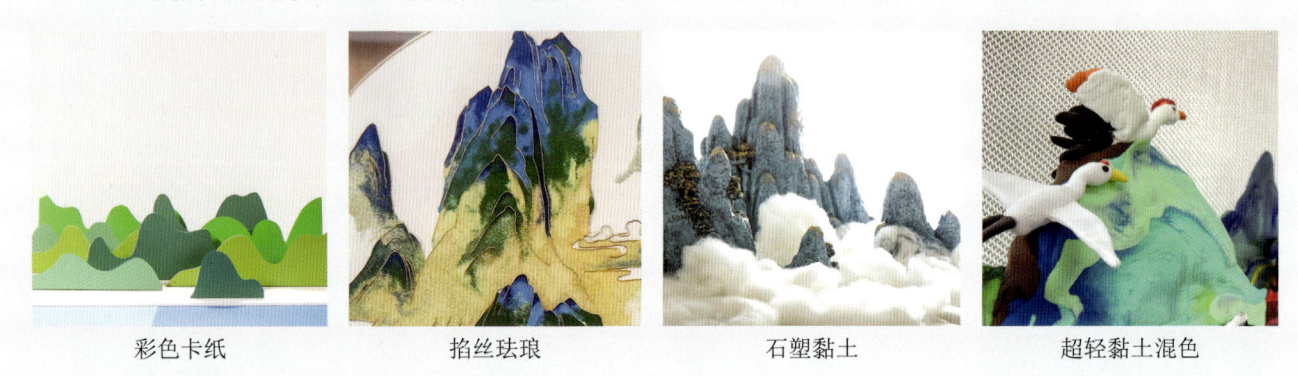

| 彩色卡纸 | 掐丝珐琅 | 石塑黏土 | 超轻黏土混色 |

3. "青绿山水"创意转换思维导图

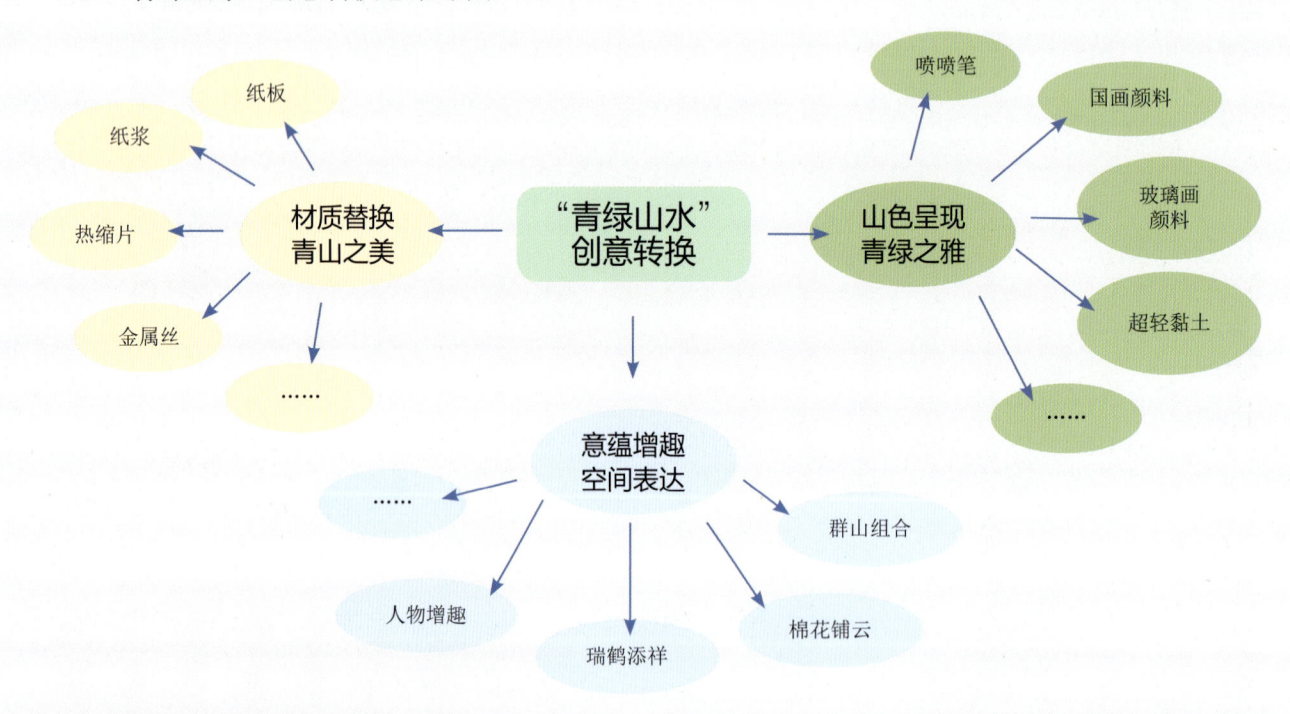

"青绿山水"创意转换
- 材质替换 青山之美
  - 纸浆
  - 纸板
  - 热缩片
  - 金属丝
  - ……
- 山色呈现 青绿之雅
  - 喷喷笔
  - 国画颜料
  - 玻璃画颜料
  - 超轻黏土
  - ……
- 意蕴增趣 空间表达
  - ……
  - 人物增趣
  - 瑞鹤添祥
  - 棉花铺云
  - 群山组合

4. 秀美的山水不仅带给我们视觉上的享受，还有情感上的寄托，能疗愈人的心灵，带给我们能量。

5. 让我们一起评一评。

学生自评		我获得 _____ ★
评估维度	评价内容	星级要求
我知道	材料探究能力	1. 能说出一种材料以表现青山。（★） 2. 能说出两种材料以表现青山。（★★） 3. 能说出多种材料以表现青山。（★★★）
我能做	动手能力	1. 能在教师的帮助下用一种材料表现青绿色彩。（★） 2. 能用自己喜欢的材料表现青绿色彩。（★★） 3. 能用多种材料表现丰富的青绿色彩。（★★★）

(三) 创意表现，情意表达

1. 前期准备。
(1) 我们要表现四明山青绿的山色，可采用手工裁剪热缩片的形式，上色后将其热缩。
(2) 准备材料：热缩片、各种上色工具。（彩铅、色粉、丙烯颜料、喷喷笔、油画棒等）
(3) 通过色块实验最终选择自己喜欢的上色材料。

| 水彩颜料效果 | 喷喷笔效果 | 彩铅效果 | 油画棒效果 |

| 亮粉效果 | 彩沙效果 | 丙烯颜料效果 |

2. 在创意转换中选择自己喜欢的方式给热缩片上色，并涂上封层胶，用紫外线灯固化。待山体做好后，我们可以用凹槽木底板组合拼摆山体，用《千里江山图》里的高远、平远、深远的空间处理法排列层峦叠嶂的山体，组合出山势与空间。山与山之间的底板怎么藏？是否可以用布料或棉花遮挡，还是用其他方式处理？

3. 小组合作，完成一组立体作品，并放置在学校的"美术天地"进行展示，用美术的方式守护家乡的美，守护那一片绿水青山！

4. 让我们一起评一评。

| 学生自评 || 我获得 _____ ★ |
评估维度	评价内容	星级要求
我知道	创意表现	1. 能用创新材料表现青山。（★） 2. 能用创新材料以新的作品形式进行表现。（★★） 3. 能用创新材料表现千里江山的意境。（★★★）
我理解	理念表达	1. 能用简单的语言表达自己的创新想法。（★★） 2. 能用语言表达自己作品的主题和思想，创意性强。（★★★）
我能做	作品完成	1. 能在教师的帮助下完成作品。（★） 2. 能通过小组合作完成作品。（★★） 3. 能通过小组合作完成作品，在合作过程中乐于探索。（★★★）

第三章 文之创

01 第一单元　万物生

（适合10—12岁）

> 一草一木皆含诗意，一墙一瓦皆为美景。如何根据校园特点来装扮我们的校园呢？

课例一　融意创生

寻觅·校园美景

队长：

你们喜欢我们的校园吗？

队员：

喜欢！

队长：

让我们一起来欣赏一下校园中的美景吧。

创生·灵感美学

队员：

你们瞧，我们的校歌被"种植"于这片草坪之上。

队长：

草坪上的小草随着四季的变换，冬天会枯萎，春天又会重新生长。

队长：

我们学校的标志是由四个"F"组成，分别代表"未来""信念""公平"和"家庭"这四个文化理念。我们能不能结合这几个理念，来设计作品呢？

队员：

当然，没问题。让我们先来设计草图吧！

队长：

设计草图的时候记得要标注好所需的材料。

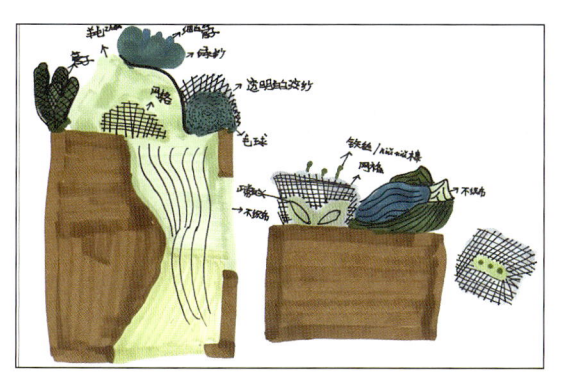

Future	未来
Faith	信念
Fair	公平
Family	家庭

> 如何利用各种材料来制作立体装置作品呢？

课例二　取材创作

收集·多元材料

队长：

看看我们需要用到的材料和工具吧！

布料

网管

珠子

胶枪

探寻·制作方法

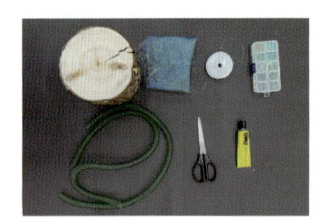

1. 准备材料。

2. 将网管卷起，变换造型。

3. 将卷好的网管重叠粘贴。

4. 可以将网管进行穿插。

5. 制成不同造型的网管。

6. 将纱布进行折叠，变换造型。

7. 完成纱布和网管造型。

8. 将完成的素材进行组合。

万物生

如何让我们的作品融入校园？

课例三　组合创美

队长：

我们可以用自己完成的立体装置作品进行组合。

队长：

你们能试着动手做一做，来装扮我们的校园吗？

队员：

当然！我们也可以将立体装置作品"种植"于校园的草坪上，让草坪充满生机勃勃的美。

单元课例教学设计：万物生

一、图说教学设计

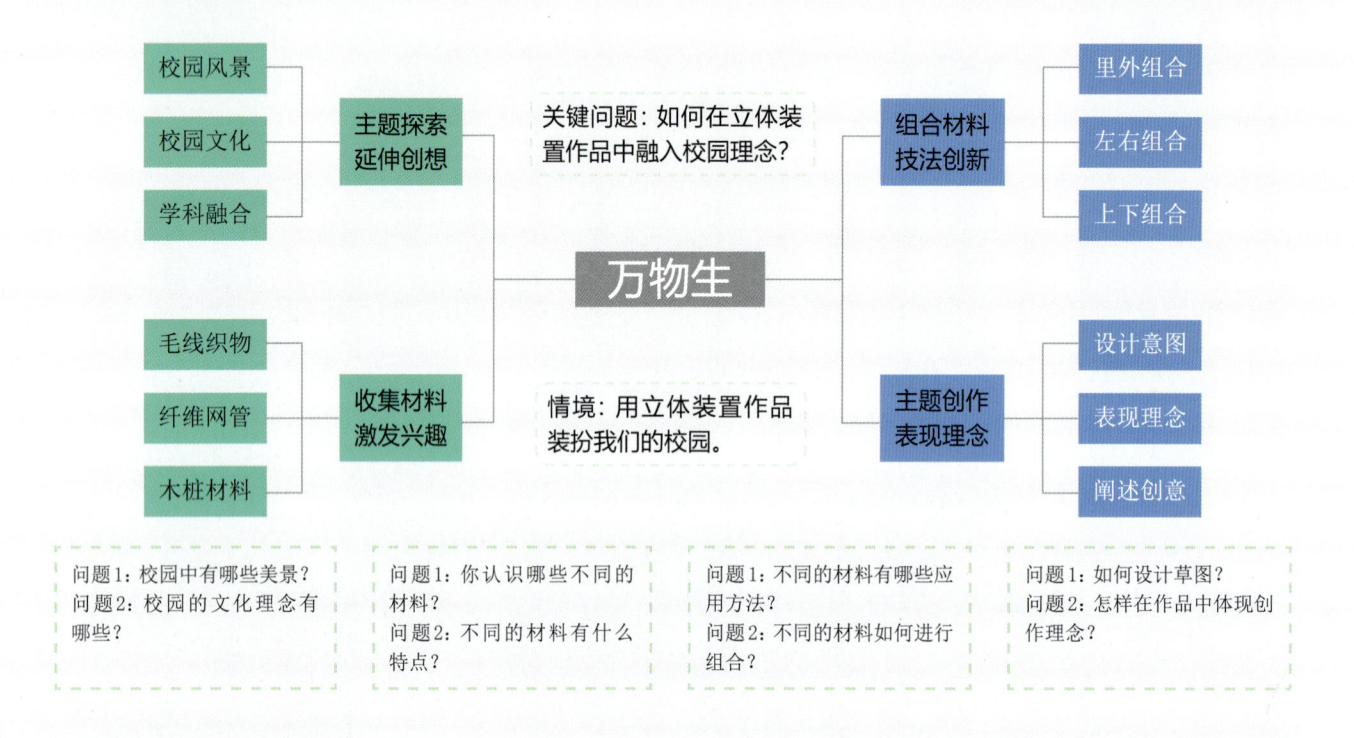

```
校园风景 ┐
校园文化 ├─ 主题探索    关键问题：如何在立体装          ┌ 里外组合
学科融合 ┘  延伸创想    置作品中融入校园理念？  组合材料 ├ 左右组合
                                            技法创新 └ 上下组合
                        万物生
毛线织物 ┐
纤维网管 ├─ 收集材料    情境：用立体装置作品            ┌ 设计意图
木桩材料 ┘  激发兴趣    装扮我们的校园。      主题创作 ├ 表现理念
                                            表现理念 └ 阐述创意
```

| 问题1：校园中有哪些美景？ | 问题1：你认识哪些不同的材料？ | 问题1：不同的材料有哪些应用方法？ | 问题1：如何设计草图？ |
| 问题2：校园的文化理念有哪些？ | 问题2：不同的材料有什么特点？ | 问题2：不同的材料如何进行组合？ | 问题2：怎样在作品中体现创作理念？ |

二、具体课例呈现

（一）主题探究，延伸创意

1. 通过相机或者画笔记录校园的美景，这些美景可以是四季更替的自然景观，也可以是特别的校园文化装置。

校园中随季节变化的景象

万物生 =

"种植"于草坪上的校歌

音乐长廊

2. 校园文化不仅能够浸润美化校园环境,还能在潜移默化中浸润师生的心灵。基于学校的文化理念之一"Faith(信念)",学校将校歌"种植"于草坪上。当学生发现无人问津的草地容易枯黄,便思考是否可以借助作品装点草地,让草地看上去不再枯黄,赋予它更多的生机。

3. 根据自己的思考和设想,手绘设计草图,并标注材料与创作手法,为接下来的创作进行铺垫。

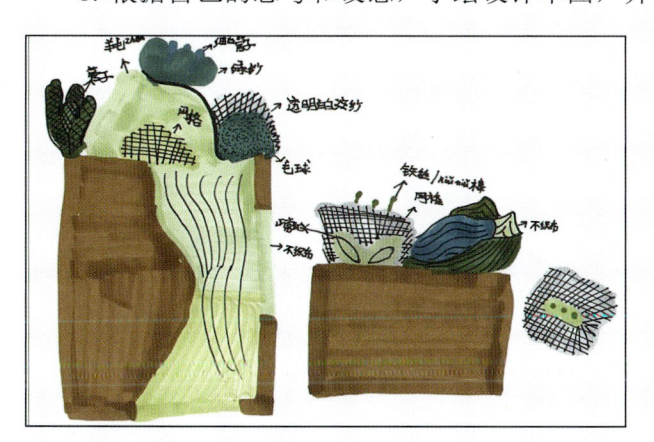

4. 让我们一起评一评。

学生自评		我获得 _____ ★
评估维度	评估内容	星级要求
我知道	观察校园之美	1. 能发现校园中的美景。(★★) 2. 知道如何向同学、教师介绍校园的美景。(★★★)
我会做	绘制设计草图	能结合校园环境设计绘制作品草图。(★★★)
我理解	理解校园文化	了解校园环境中蕴含的校园文化。(★★★)

（二）收集材料，激发兴趣

认识不同材料，并充分了解材料的特征，如色彩、质感等。在创作时，选择合适的材料表达主题，充分调动学生的创造思维，进行艺术表现。

（三）应用材料，技法创新

1. 纤维网管色彩丰富，富有弹性，简便易操作。纤维网管能够随意弯曲，我们可以利用纤维网管模拟制作出各种奇特的造型。

制作方法：卷曲、搓尖、缠绕、组合

2. 尝试制作，探索不同材料的特性，在创作实践中总结方法，并探索更多不同的方法。
3. 可以将不同材料进行重叠、组合，让作品更加多元化。

4. 让我们一起评一评。

学生自评		我获得 _____ ★
评估维度	评估内容	星级要求
我知道	了解材料特性	知道各种不同的材料，并了解材料的特性。（★★★）
我会做	学会使用材料	1. 能用不同材料进行创作。（★★） 2. 能根据材料特点，运用不同方法进行创作。（★★★）
我理解	体验创作乐趣	理解材料的多样性，在美术学习活动中感受设计的乐趣，能够用立体的方式表现作品。（★★★）

（四）主题创作，表现理念

1. 立体装置作品往往需要更加完整地展示，才能呈现出作品的整体美感。单一的个人作品难以达到这种效果，因此我们可以将作品进行组合展示，让每一件作品都有展示的机会，让大家在展示中学会欣赏，提升美的素养。

2. 作品《万物生》不仅是对草地的装扮，更是对一种信念的阐述，即生机勃发的绿是一种美，以此借喻枯木逢春，表达盼春天早日到来的美好愿景。在立体装置作品中融入校园文化，可以让作品拥有更多的内涵，激发学生的创造力，塑造美好心灵，营造和谐融洽的校园氛围。

3. 让我们一起评一评。

学生自评		我获得 _____ ★
评估维度	评估内容	星级要求
我知道	介绍立体作品	知道立体装置作品的设计理念，并能够向同学、教师阐述介绍。（★★★）
我会做	创作立体作品	1. 能用不同材料创作立体作品。（★★） 2. 能将创作完成的作品进行组合，并与校园文化融合。（★★★）
我理解	体验创作乐趣	善于发现、乐于动手，能通过创作立体作品增强热爱校园的情感。（★★★）

第三章 文之创

第二单元 **校园建筑** （适合8—12岁）

? 你会用什么样的方式来表现校园中的建筑呢？

课例一　几何建筑

寻觅·校园建筑

在校园中，我们会发现各种独具特色的建筑。这些建筑造型各异，可以把它们概括成不同的立体图形，如长方体、正方体、圆柱体……你发现了哪些立体图形？

简单的一张纸，如何才能使之变成立体的建筑模型呢？

探寻·创作方法

不借助工具，你能让一张纸站立起来吗？动手试一试吧！

将纸卷成圆柱体，然后用折的方法使圆柱体变形。1分钟内看看谁变出的造型又多又有创意！

58

校园建筑 二

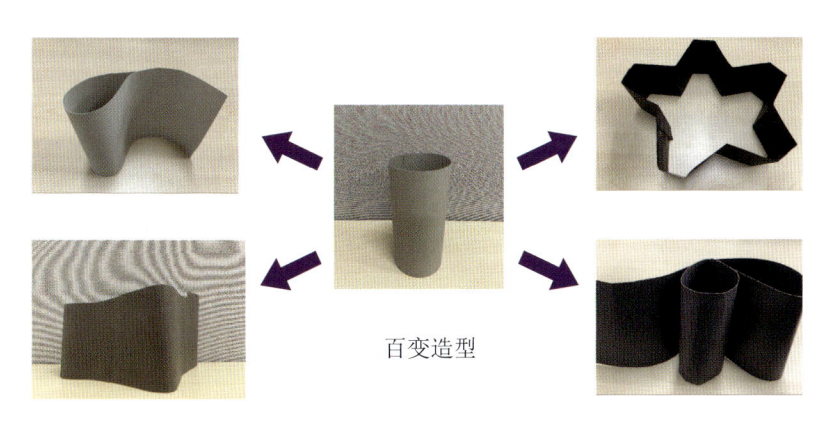

百变造型

可以用剪、挖、插、粘、折等技法，为建筑添加门、窗户。

? 如何将不同的建筑进行组合呢？

课例二　拼合建筑

欣赏·大师作品　　在贝聿铭的作品中，你发现了哪些立体图形呢？

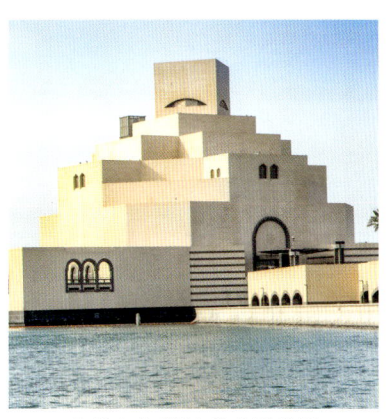

中国苏州博物馆　　　　卡塔尔伊斯兰艺术博物馆　　　　中国香港中银大厦

探究·组合方法　　将几何建筑作品进行组合，并在建筑体上进行适当的镂空装饰。

拼合做法

试一试，把几何建筑作品组合起来，创作你心中的校园建筑吧！

59

一张纸、一把剪刀，你能创作出什么样的创意建筑呢？

课例三　创意建筑

感悟·建筑理念

Future　未来
Faith　信念
Fair　公平
Family　家庭

宁波鄞州新蓝青学校建筑及标志

瞧，校园建筑中还蕴藏着许多不同的设计理念呢！你能介绍一下你们学校建筑的设计理念吗？

宁波鄞州新蓝青学校的建筑方方正正，由四幢楼宇组成，传承了中国古建筑"天圆地方"的理念。以学校方形的标志作为引领，该组建筑形成了"回"字形的楼宇布局。

链接·艺术大师

王澍是当代中国著名建筑学家和建筑设计师，2012年荣获有建筑学界"诺贝尔奖"之称的普利兹克建筑奖，是获此殊荣的首位中国公民。宁波博物馆就是他的代表作之一。

宁波博物馆所选用的材料是宁波老城区回收的600多万块废旧砖瓦。唐宋之砖、明清之瓦是整个建筑的点睛之笔。整个建筑采用了宁波民间濒临失传的瓦爿墙的技艺。

王澍从北宋画家范宽的《溪山行旅图》中获得设计灵感，博物馆入口处犹如一道山涧，溪水潺潺，穿洞而过便可进入博物馆。

创想·功能设计

运动和阅读是校园的两大特色，将阅读空间与运动场所的功能设计应用于建筑中，以体现建筑的实用性。

创作·校园建筑

我们也可以结合多种创新媒材，创造出心中的校园建筑。

单元课例教学设计：校园建筑

一、图说教学设计

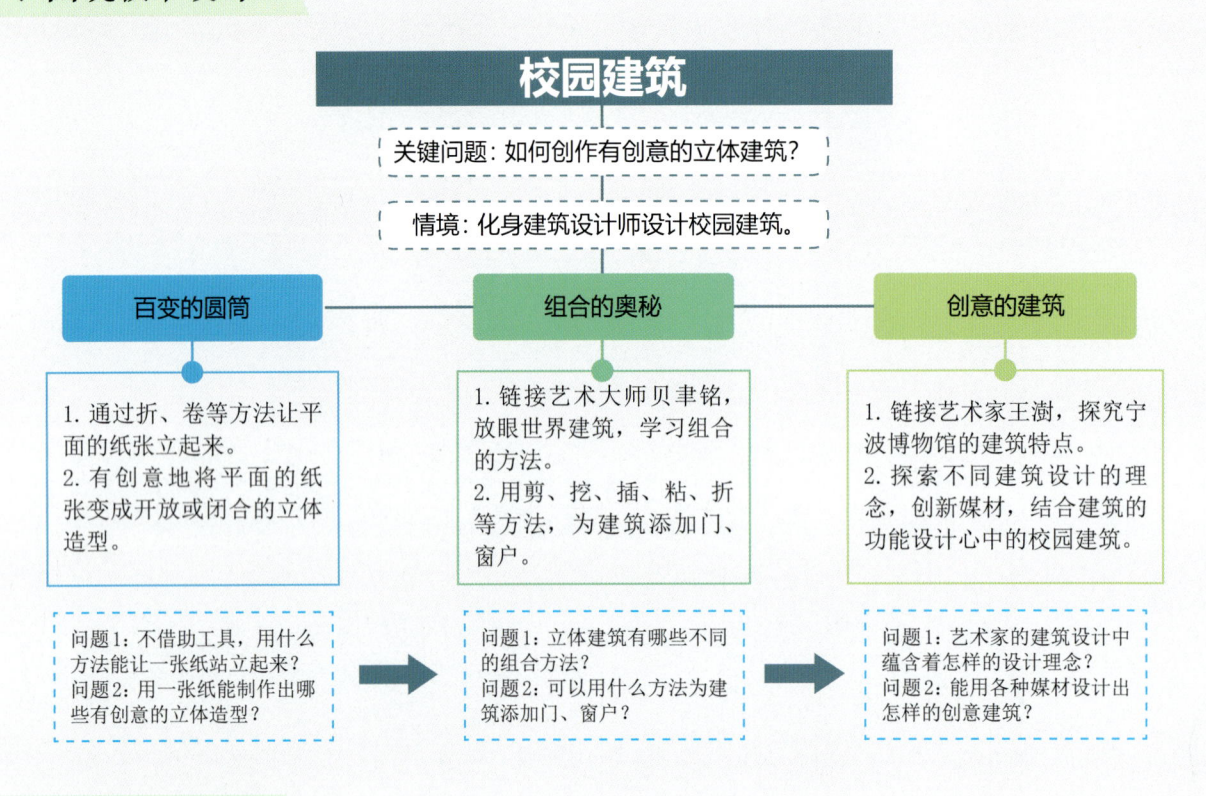

校园建筑

关键问题：如何创作有创意的立体建筑？

情境：化身建筑设计师设计校园建筑。

百变的圆筒
1. 通过折、卷等方法让平面的纸张立起来。
2. 有创意地将平面的纸张变成开放或闭合的立体造型。

问题1：不借助工具，用什么方法能让一张纸站立起来？
问题2：用一张纸能制作出哪些有创意的立体造型？

组合的奥秘
1. 链接艺术大师贝聿铭，放眼世界建筑，学习组合的方法。
2. 用剪、挖、插、粘、折等方法，为建筑添加门、窗户。

问题1：立体建筑有哪些不同的组合方法？
问题2：可以用什么方法为建筑添加门、窗户？

创意的建筑
1. 链接艺术家王澍，探究宁波博物馆的建筑特点。
2. 探索不同建筑设计的理念，创新媒材，结合建筑的功能设计心中的校园建筑。

问题1：艺术家的建筑设计中蕴含着怎样的设计理念？
问题2：能用各种媒材设计出怎样的创意建筑？

二、具体课例呈现

（一）寻：校园建筑，感悟立体建筑

1. 聚焦：校园建筑。

（1）校园，是我们生活和学习的场所，认真观察校园的建筑，不难发现校园中的建筑造型各异，可以概括成长方体、正方体、圆柱体……

（2）通过观察不同造型的建筑，感受多样的造型美。

2. 创作：几何建筑。
（1）一张纸通过折或卷的方法，可以从二维平面转为三维立体。
（2）纸造型可以是开放的，也可以是闭合的。
（3）将纸卷成圆柱体，然后用折的方法让圆柱体变形。
（4）你会变出什么奇特的立体造型呢？赶紧试一试吧。

3. 让我们一起评一评。

| 学生自评 || 我获得 _____ ★ |
评估维度	评估内容	星级要求
我知道	欣赏能力	1. 能够欣赏不同造型的建筑之美。（★★） 2. 知道如何向同学、教师介绍校园建筑的美。（★★★）
我会做	制作方法	能用不同方法将卡纸制作成立体造型。（★★★）
我理解	创作过程	能理解将平面纸张制作成三维立体造型的过程与方法，感受立体作品的造型之美。（★★★）

（二）探：大师建筑，拓宽艺术视野

1. 欣赏贝聿铭、王澍两位建筑大师设计的建筑作品，放眼世界，发现更多不同造型的建筑之美，并感受建筑艺术中的设计理念。

2. 构思校园建筑设计，比如从艺术馆的陈列中获取灵感，打造校园美术馆，可以在这里展示自己的作品，也可以欣赏艺术家的作品。

3. 通过折剪、镂空、添画等方法创作校园建筑吧。

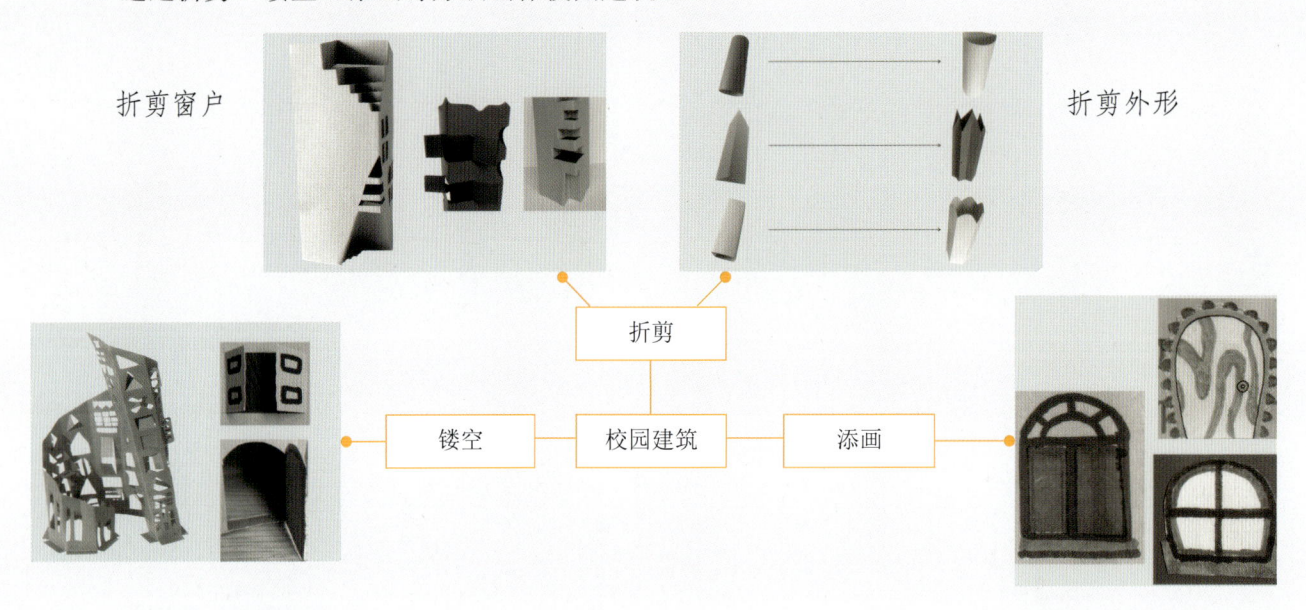

折剪窗户　　　　　　　　　　　　　　　　　　　　　　折剪外形

镂空 —— 校园建筑 —— 添画

4. 让我们一起评一评。

学生自评		我获得 _____ ★
评估维度	评估内容	星级要求
我知道	信息收集和分析能力	1. 知道多位的建筑大师。（★★） 2. 知道建筑作品中蕴藏的设计理念。（★★★）
我会做	实践能力	1. 能设计完成建筑模型。（★） 2. 能设计完成有创意的建筑模型。（★★） 3. 能设计完成有创意的建筑模型，体现设计理念和实用功能。（★★★）
我理解	情感表达	能理解并与同学讨论校园建筑的美，形成对建筑设计的理解。（★★★）

（三）创：建筑媒材，组合创意表达

1. 纸立体建筑。

（1）准备材料：卡纸、剪刀、固体胶。

（2）小组探究制作立体建筑模型。

64

2. 透明胶片建筑。
利用透明胶片、丙烯马克笔、黏土等材料制作建筑模型。

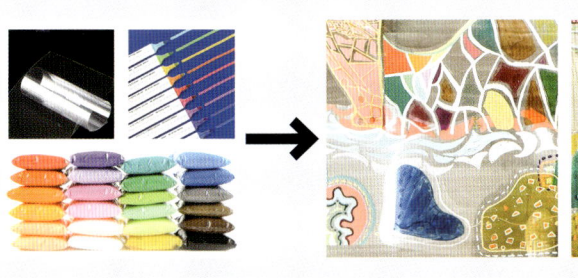

3. 综合材料建筑。
融合不同的综合材料完成建筑模型的制作。

4. 木工建筑。
将木片、木块进行切割、打磨，完成建筑模型的制作。

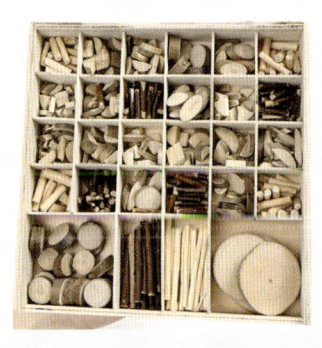

5. 让我们一起评一评。

学生自评		我获得 _____ ★
评估维度	评估内容	星级要求
我知道	材料运用	知道三种以上的不同材料在建筑模型中的应用。（★★★）
我会做	模型制作	1. 能运用不同材料创作建筑模型。（★★） 2. 能将完成的建筑作品组合再创造，形成完整的立体作品。（★★★）
我理解	情感表达	善于用立体的方式表现建筑，激发热爱校园的情感。（★★★）

第三章 文之创

第三单元 装置艺术

（适合8—12岁）

? 什么是装置艺术？

课例一 装置艺术

研究员：

装置艺术，是艺术家在特定的时空环境里，将人类日常生活中的已消费或未消费的特质文化实体进行艺术性地选择、利用、改造、组合，令其形成新的展示个体或群体，以丰富精神文化意蕴的艺术形态。

海市蜃楼 酒泉瓜州户外雕塑

赏析·图说装置艺术

步行街布景

城市景观

商场雕塑

庭院布景

队长：

看了这么多装置艺术，谈谈你对装置艺术的理解。

队员：

原来我们身边有这么多装置艺术，那我们的校园里有装置艺术吗？如果没有，我们能自己做吗？

队长：

当然！去校园中走一走，看看校园各处哪里适合放一件装置艺术作品。

装置艺术

> 怎样让我们的校园更加充满生机呢？

课例二　轮胎装置

探索·轮胎的可能性

队长：

想一想，日常的轮胎可以和什么联系起来？

轮胎与游乐园 　　　　　　轮胎与护栏 　　　　　　轮胎与小动物

队员：

如何让轮胎装置与我们的生活相联系？

队长：

结合实际情况，可以给轮胎涂上喜欢的颜色，再放入美丽的花朵，装扮校园。

67

> 如何在生活中融入艺术装置呢？

课例三　当代表达

启迪联想

队长：

艺术展中有许多装置艺术很有意思，如何在生活中融入装置艺术呢？

现代艺术家：

艺术源于生活，生活中有很多材料都是创作的灵感，比如金属类的材料，进行艺术性的有效选择、利用、改造、组合，就可以组装出许多小动物的形象。

队员：

这个好玩，我们可以将综合材料和艺术相结合，来发挥创意！

身边的材料

合作实践

队长：

以小组为单位，根据装置作品的制作步骤与方法进行分工合作。

小组名称		装置小组
步骤	分工	具体任务
创新举措	组员	材料：AB胶、热熔胶；形式：立体装置。
材料准备		收集身边各种废旧金属材料。
材料创想		根据收集材料的形状特点、色彩特征进行有主题的创想。
装置组合		运用切割、组合等方法创作装置艺术作品。
细节调整		使用热熔胶和AB胶粘贴固定，并进行细节调整。

组合创新

队长：

仔细观察，你发现了哪些制作方法？

队员：

堆、排、叠……

队长：

你们还能想到哪些创新的方法呢？

装置呈现

队长：

结合场地、材料，融入我们的情感，一起来呈现装置艺术吧！

队员：

将装置作品进行展示，让艺术点缀生活。

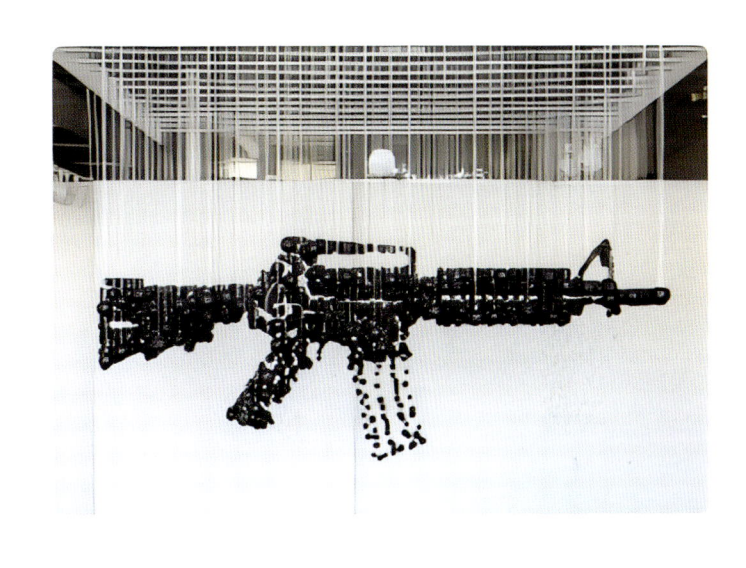

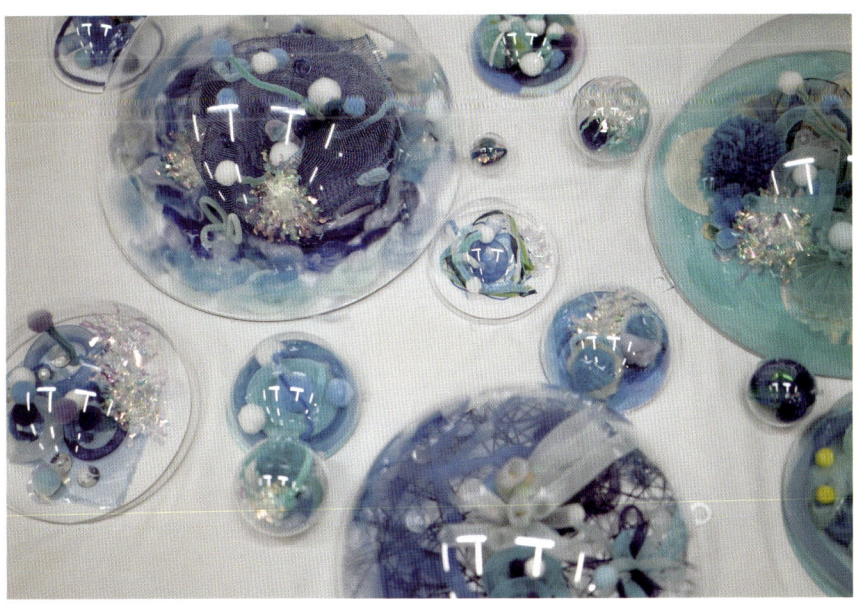

69

单元课例教学设计：装置艺术

一、图说教学设计

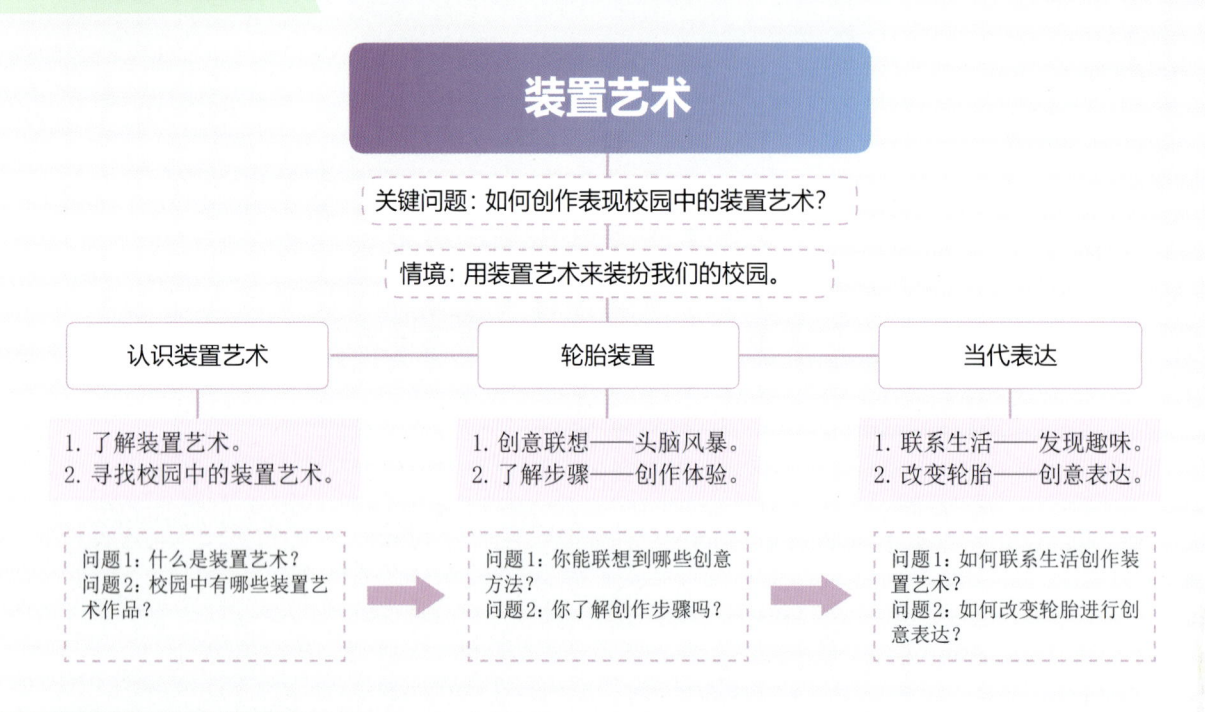

```
装置艺术
  │
  关键问题：如何创作表现校园中的装置艺术？
  │
  情境：用装置艺术来装扮我们的校园。
  │
┌──────────┬──────────────┬──────────┐
认识装置艺术    轮胎装置         当代表达
```

认识装置艺术
1. 了解装置艺术。
2. 寻找校园中的装置艺术。

问题1：什么是装置艺术？
问题2：校园中有哪些装置艺术作品？

轮胎装置
1. 创意联想——头脑风暴。
2. 了解步骤——创作体验。

问题1：你能联想到哪些创意方法？
问题2：你了解创作步骤吗？

当代表达
1. 联系生活——发现趣味。
2. 改变轮胎——创意表达。

问题1：如何联系生活创作装置艺术？
问题2：如何改变轮胎进行创意表达？

二、具体课例呈现

（一）装置艺术，选点探究

1. 你知道装置艺术吗？

2. 装置艺术，是艺术家在特定的时空环境里，将人类日常生活中的已消费或未消费的特质文化实体进行艺术性地选择、利用、改造、组合，令其形成新的展示个体或群体，以丰富精神文化意蕴的艺术形态。

3. 在当代艺术界，装置艺术已经成为一种重要的艺术形式。它不仅在各种艺术展览中占据了重要的地位，也吸引了越来越多的艺术家和观众。

（二）创意联想，头脑风暴

1. 日常的轮胎可以和什么联系起来？

2. 你在哪里见过轮胎装置呢？图片中的轮胎变成了什么？用了什么方法呢？

3. 右图是在社区里道路的一角发现的由轮胎制作出的创意小动物，是不是非常有趣呢？

装置艺术

4. 生活中的装置艺术无处不在，是不是很好玩？你想试一试吗？让我们去校园里看看吧。

5. 除了图片中的一些案例，你还能想到哪些呢？尽情地展开头脑风暴吧！
6. 让我们一起评一评。

学生自评		我获得 _____ ★
评估维度	评估内容	星级要求
我知道	了解装置艺术	1. 知道校园中存在的装置艺术作品。（★★） 2. 知道不同的装置艺术作品。（★★★）
我会做	设计装置艺术作品	能结合校园环境设计装置艺术作品。（★★★）
我理解	理解装置艺术作品的创意	理解校园装置艺术作品中的创意。（★★★）

（三）联系生活，发现趣味

1. 如何让轮胎装置与我们的生活相联系？看看这些图片，你发现了什么有趣的地方？

2. 改变颜色、形状及摆放方式，轮胎有了新变化。
3. 图片中，将轮胎与乐器相联系，形成了一场盛大的音乐会，真是有趣！
4. 装置艺术注重与观众的互动及自我的表达。拿出你的作品和大家一起互动吧。

（四）改变轮胎，创意表达

1. 将自己的想法用实际行动表现出来。可以改变轮胎的形状、颜色，再放入花朵进行装饰。

（1）切割轮胎。

（2）选取位置，固定轮胎。

（3）放入花朵，完成作品。

2. 让我们一起评一评。

学生自评		我获得 _____ ★
评估维度	评估内容	星级要求
我知道	思考装置艺术	能联系生活，思考相关装置艺术作品。（★★★）
我会做	制作装置艺术作品	能制作装置艺术作品。（★★★）
我理解	理解装置艺术作品的内涵	能理解装置艺术作品中的互动性和内涵。（★★★）

第四章 数之智

第一单元 数字创美 （适合10—12岁）

？ 什么是数字绘画？

课例一　认识数字绘画

探寻·数字绘画

研究员：

　　数字绘画是用绘图软件在电脑或移动设备上创作的绘画。

赏析·图说数字绘画

电商海报 　　插画 　　公益广告

了解·数字绘画软件

Photoshop　　Illustrator

常用的电脑端数字绘画软件

Procreate　　Sketches

常用的移动端数字绘画软件

队长：

　　玩一玩各种数字绘画软件，比较不同软件的优缺点，完成学习单，并选一选更适合你的绘画软件。

《绘画软件探究》学习单		
类别	优点	缺点
电脑端数字绘画软件	功能丰富，可以安装各种插件。	只能在电脑端操作，操作有点复杂。
移动端数字绘画软件		
我推荐的绘画软件		

研究员：

　　Procreate是一款适用于平板电脑的绘图软件，移动端的绘图软件大同小异，我们要学会举一反三。

数字创美

> 数字绘画藏着怎样的秘密？

课例二　数字绘画入门

操作　套索　　　　　　　　画笔　橡皮
　　　　　　　　　　涂抹　图层 颜色
魔术棒 移动

可直接拖入封闭图形快速填充

色盘

调整画笔大小
调整不透明度

探寻·试玩软件

队长：

　　来认识 Procreate 吧！

探索·数字工具——线条

队员：

　　我可以徒手画直线、正圆吗？

队长：

　　Procreate 能帮你轻松实现。

探究·数字工具——填色

队长：

　　拖动喜欢的颜色快速填充形状，注意色彩搭配。

队长：

　　看看人家的作品吧！

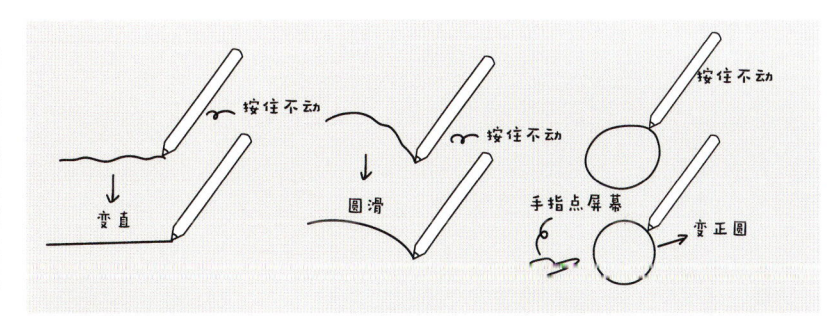

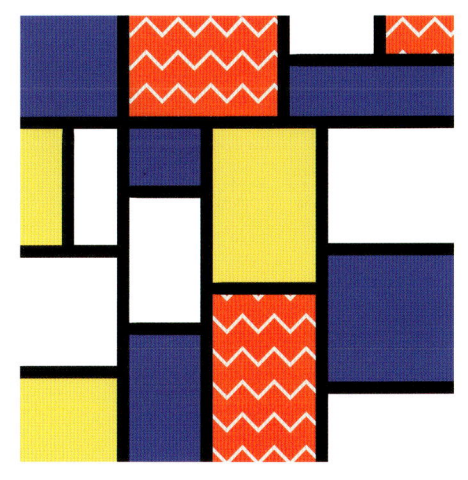

按住不动 → 变直
按住不动 → 圆滑
按住不动　手指点屏幕 → 变正圆

75

> 如何获得创作灵感？

课例三　创意之道

发现·记录生活

队长：

带上手机、相机等数字拍照设备，出发，去寻找灵感！

1. 确保拍摄对象对焦清晰。

2. 手持设备要稳，忌抖动。对焦准确后按快门。

探索·拍出好片

队员：

如何拍出好照片？

角度

构图

光线

队长：

记录有趣的画面。一张张照片就是创作的好素材。

76

数字创美

想象·挖掘灵感

队长：

　　艺术无处不在，挖掘、记录照片里的故事吧。

队员：

　　根据图片发挥想象，自由添画与装饰。

实践·掌握方法

1. 画线稿。

2. 填色。

3. 丰富画面。

尝试·创意涂鸦

队员：

　　看起来很有趣，我也来试试。

队长：

　　还可以来个名画的角色扮演！

77

典型课例教学设计：创意之道

一、图说教学设计

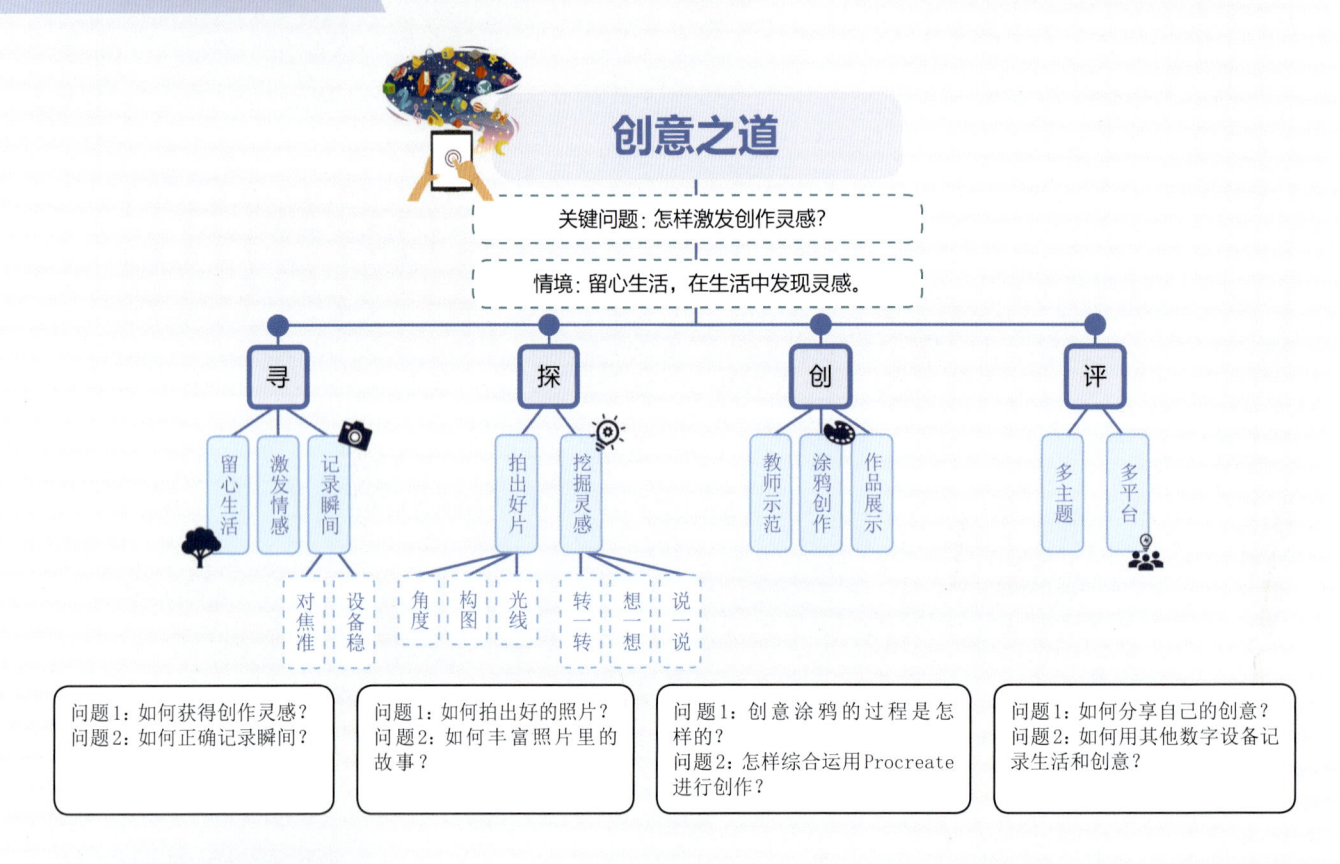

创意之道

关键问题：怎样激发创作灵感？

情境：留心生活，在生活中发现灵感。

- 寻
  - 留心生活
  - 激发情感
  - 记录瞬间
    - 对焦准
    - 设备稳
- 探
  - 拍出好片
  - 挖掘灵感
    - 角度
    - 构图
    - 光线
    - 转一转
    - 想一想
    - 说一说
- 创
  - 教师示范
  - 涂鸦创作
  - 作品展示
- 评
  - 多主题
  - 多平台

问题1：如何获得创作灵感？
问题2：如何正确记录瞬间？

问题1：如何拍出好的照片？
问题2：如何丰富照片里的故事？

问题1：创意涂鸦的过程是怎样的？
问题2：怎样综合运用Procreate进行创作？

问题1：如何分享自己的创意？
问题2：如何用其他数字设备记录生活和创意？

二、具体课例呈现

（一）灵感来源

1. 有时想创作，却不知道创作什么，没有灵感，该怎么办？

2. 车尔尼雪夫斯基说过："艺术来源于生活，高于生活。"罗丹曾说："生活中不缺少美，而是缺少发现美的眼睛。"我们生活中有太多的美等着你去用心发现。平时观察生活，用心记录很重要。

3. 怎么记录生活呢？遇到有趣的事情可以怎样记录呢？

创意记录
- 便利贴
- 笔记本
- 各种记录App
- 手绘
- 拍照
- ……

4. 记录的方法有很多，但是最方便的无疑是拍照记录，相机、手机、平板电脑等能拍照的设备也有很多。

5. 走！带上手机等拍照设备，出发，去寻找灵感！

（二）摄影技巧

1. 按下快门很方便，但是拍照的第一要点就是把照片拍清晰。
2. 我们可以这样做：

（1）确保拍摄对象对焦清晰，将对焦框对在要拍摄的对象上，也可以用手指点对焦框，辅助对焦。

（2）手持设备要稳住，忌抖动。对焦准确后按快门。这样你就能得到一张清晰的照片了。

3. 试一试，拍出清晰的照片。
4. 照片能拍清晰了，那如何拍出好照片呢？
5. 对好照片的定义其实因人而异，但通常来说，一张好照片往往具备以下几个特点。

（1）主题明确：照片中的主体清晰，观众能够一眼看出照片想要表达的内容或主题。

（2）构图优美：通过合理的构图，让画面更加美观，给人以舒适的感觉。

（3）色彩协调：色彩搭配得当，使照片看起来和谐统一，增加观赏性。

（4）情感共鸣：照片能够触动观众的情感，引发共鸣，让观众产生强烈的感受。

6. 每个人对好照片的定义都不同，所以最重要的是拍摄出能够表达自己内心感受、展现美好瞬间的照片。

| 角度 | 构图 | 光线 |

7. 介绍几种入门级拍摄技巧。

（1）选择合适的角度：除了从正面或者用平视的角度拍摄，还可以尝试从不同的角度和方向来拍摄景物，这样会让照片更加有趣和生动。

拍摄角度	拍摄方向	拍摄取景
平视 仰视 俯视	正面 侧面 背面 斜侧面	特写 近景 中景 远景 全景

（2）掌握构图：构图是照片美观的关键。可以尝试使用"三分法"来安排画面元素，或者通过改变前景、背景，使用对比等方式增加照片的层次感和景深。

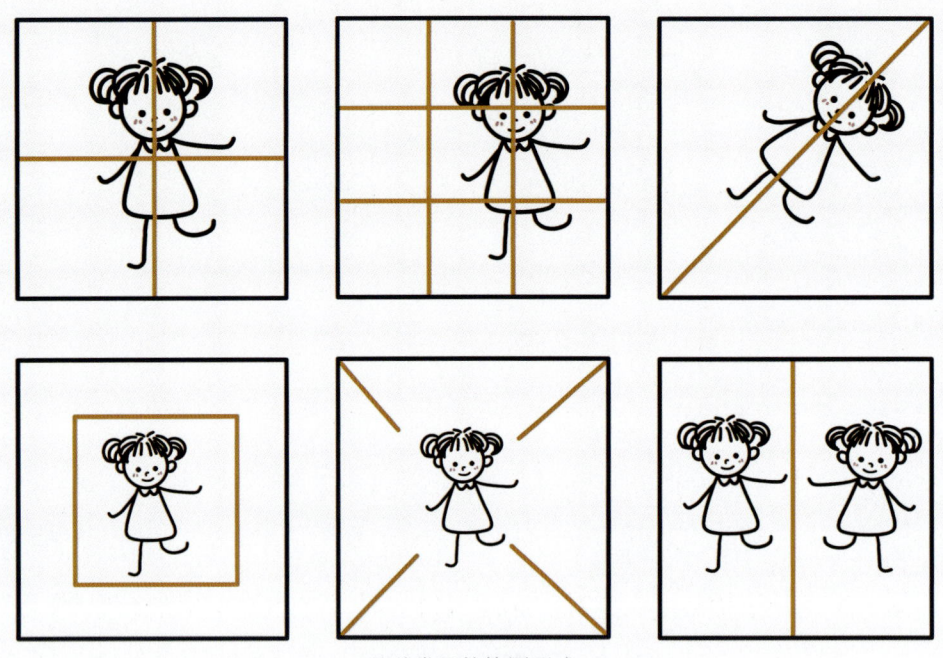

几种常见的构图形式

（3）注意光线：光线是拍照的关键因素。尽量在光线充足、柔和的时候拍照，避免强烈的直射阳光或阴影。早晨和黄昏通常是拍摄人像和风景的好时机。

8. 学会"找准角度""选好构图""抓住光线"这三个技巧，就能拍出一张好照片。一起试一试吧。

9. 让我们一起评一评。

学生自评		我获得 _____ ★
评估维度	评估内容	星级要求
我知道	发现生活	1. 能留心观察生活。（★★） 2. 能从生活中发现创意点。（★★★）
我会做	记录生活	1. 能使用数码设备。（★） 2. 能使用数码设备记录生活。（★★） 3. 能把感兴趣的人物、事物等拍清晰。（★★★）
我理解	摄影技巧	1. 学会两种以上的摄影技巧。（★） 2. 能在掌握基本技巧的基础上学习其他摄影技巧。（★★） 3. 能在拍摄过程中根据拍摄对象熟练运用摄影技巧。（★★★）

（三）巧手涂鸦

1. 艺术无处不在，看似平凡的景物通过艺术改造也可以变得与众不同。让我们一起挖掘、记录照片里的故事吧。

2. 根据图片发挥想象，你能设计出多少个有趣的故事呢？

3. 想象是一个有趣的创作过程，如何更好地展开想象？

（1）尝试打破常规思维。不要拘泥于现实的限制，让自己的思维自由飞翔。想象一下如果现实中的事物或规则变得不同，会发生什么有趣的事情。

（2）多接触不同的信息和知识。阅读各类书籍、观看电影、探索艺术、了解科学等，都可以为你提供新的灵感和想象空间。

（3）你可以通过绘画、写作等方式来表达你的想象。这些艺术形式可以帮助你更具体地描绘出脑海中的画面和场景。

（4）与他人交流也是发挥想象力的好方法。和朋友、家人或同学分享你的想法和创意，听听他们的反馈和建议，可以激发你更多的灵感。

（5）保持一颗好奇的心。对世界保持好奇心，不断探索未知的领域，你会发现更多的可能性，进而丰富你的想象力。

4. 记住，想象力是一种宝贵的财富，不要害怕尝试新的想法和创意，尽情展开想象的翅膀吧！

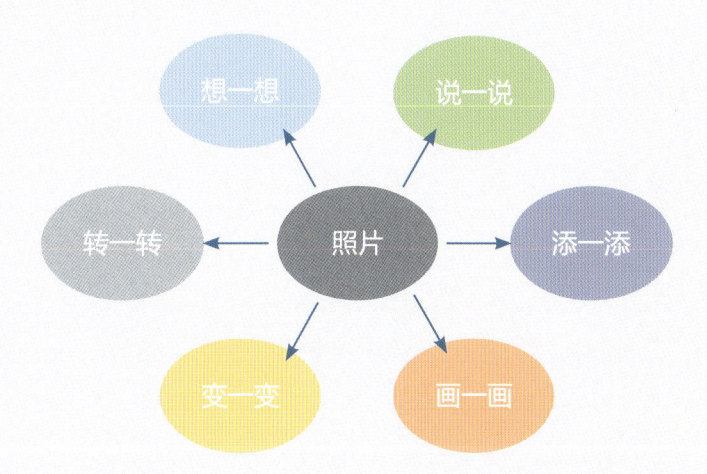

5. 快乐涂鸦，能让照片里的故事变得更有趣。涂鸦是个充满乐趣的活动！它不仅能通过绘画展现自己的创意和想象力，还能在涂鸦的过程中体验到色彩带来的快乐，还可以锻炼色彩搭配能力，提升艺术修养，增强创造力和表达能力。

6. 结合前面所学的知识和实践体会，对着照片看一看，转一转，想一想，说一说，跟小伙伴分享创意。将照片导入Procreate，新建图层，选择适合的笔刷，根据画面色彩，选好色彩进行创意涂鸦。还可以用Procreate自带的变形、对称、模糊等特效工具，让画面变得更加有趣。

（1）新建图层。　　（2）勾勒线稿。　　（3）填充色彩。　　（4）丰富画面。

7. 通过涂鸦的方法，发挥想象力，完成摄影作品二次创作。
8. 将作品上传，一起来分享大家的创意吧。
9. 让我们一起评一评。

学生自评		我获得 _____ ★
评估维度	评估内容	星级要求
我知道	想象力	1. 能接触不同的信息和事物。（★） 2. 能打破常规思维。（★★） 3. 能对世界保持好奇心。（★★★）
我理解	创意方法	1. 能使用数码设备。（★） 2. 能提出多个想象方案。（★★） 3. 学会作品二次创作的方法。（★★★）
我会做	综合表现	1. 能结合前面所学的数字绘画技法进行创作。（★） 2. 能将自己的创意用数字绘画的形式表现出来。（★★） 3. 作品有创意，想象合理。（★★★）

第四章 数之智

第二单元 数创卡通 （适合10—12岁）

❓ Procreate中的图层有什么秘密？怎样运用图层进行创作呢？

课例一　有趣的图层

了解图层

在绘图过程中，我们是在图层里进行绘制。不同的人物、物件、场景一般都会分不同的图层来画，以便修改。因此，了解图层属性很重要哦。

操作详解

Procreate界面的右上角会有一个两个小正方形重叠的标识，这就是图层图标。点击该图标，再点击右上角的"+"号，便可完成新建图层的操作。

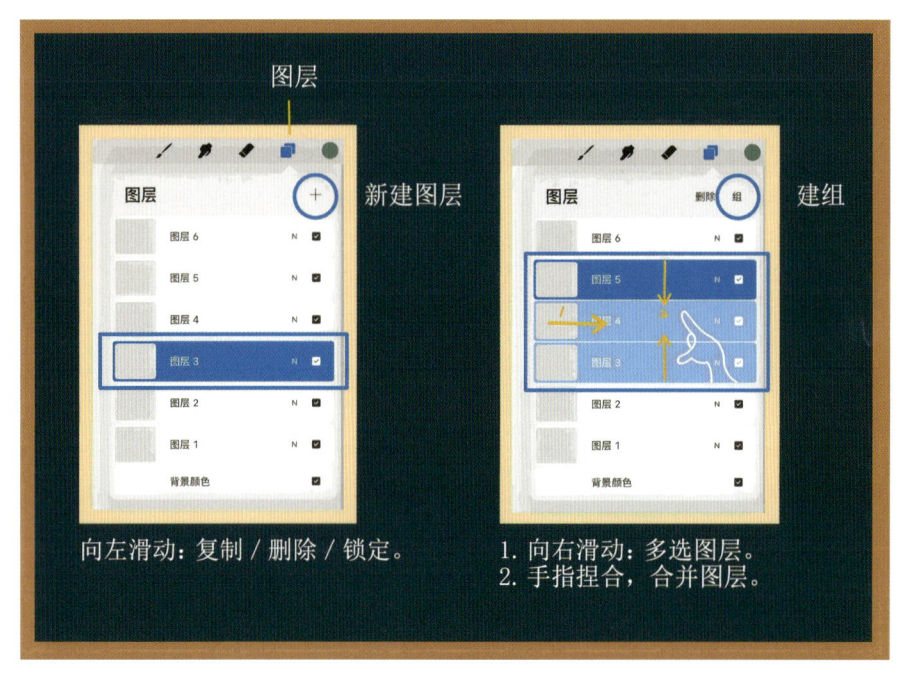

图层　　新建图层　　建组

向左滑动：复制/删除/锁定。

1. 向右滑动：多选图层。
2. 手指捏合，合并图层。

不透明度：常用于制作特殊效果以及把原图不透明度降低。

图层模式：常用于纹理背景制作和光影、阴影制作。

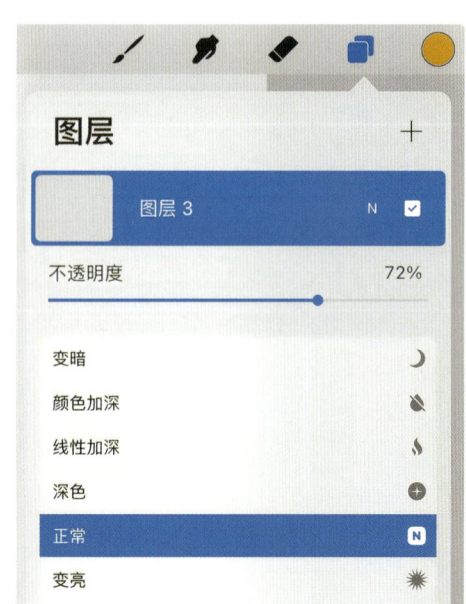

动手绘画

1. 探索Procreate软件，熟悉图层功能。
2. 用多个图层画一张《水果图》吧！

图层

图层3　　N

不透明度　　72%

变暗
颜色加深
线性加深
深色
正常　　N
变亮

课例二　卡通形象设计

欣赏杨梅

宁波慈溪被誉为"中国杨梅之乡"，慈溪的杨梅个大饱满，色黑形圆，酸甜可口，你喜爱家乡的杨梅吗？

你能为杨梅设计一个卡通形象吗？

卡通形象通常造型可爱、色彩鲜艳，带有儿童特征。它们可以作为吉祥物、故事主角或营销工具。

跟练步骤

打开Procreate软件，跟着画一画吧！

1. 新建画布。
2. 勾画线稿。
3. 填充颜色。
4. 添加细节。

动手设计

请你为家乡的杨梅设计一个卡通形象，并取一个好听的名字。

> 用平板电脑可以设计一张什么样的电子海报？

课例三　电子海报

欣赏海报

海报是一种宣传工具，用于戏剧、电影等演出活动的宣传，也称招贴。

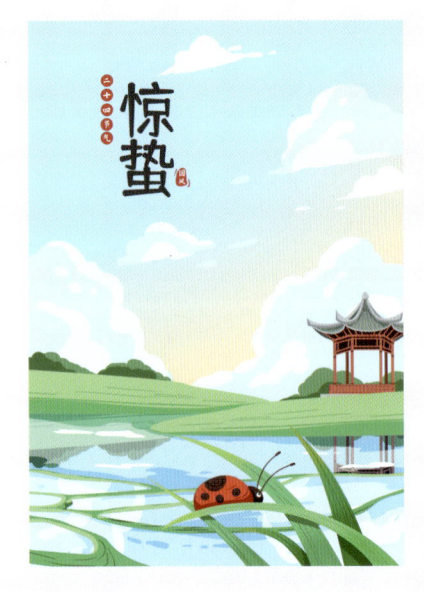

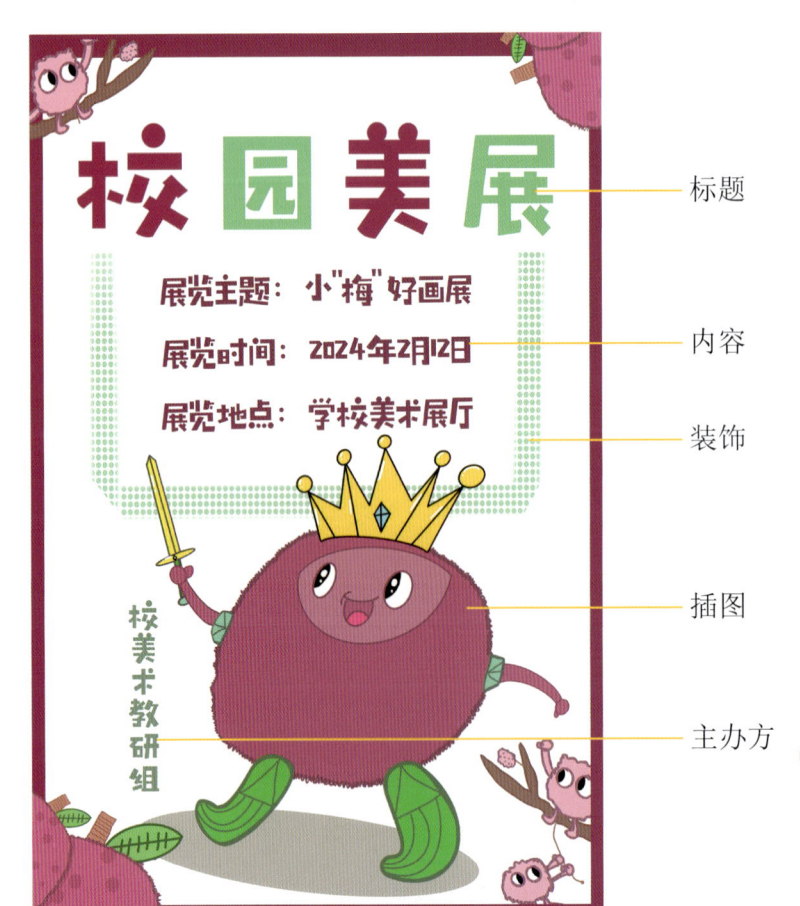

认识海报

一张海报的构成要素，包括文字、插图、装饰等。

- 标题
- 内容
- 装饰
- 插图
- 主办方

你在哪些地方见过海报？海报有哪些吸引你的地方？

设计字体

打开 Procreate 软件，跟着练一练吧！

1. 挑选笔刷，书写文字。
2. 勾线装饰。 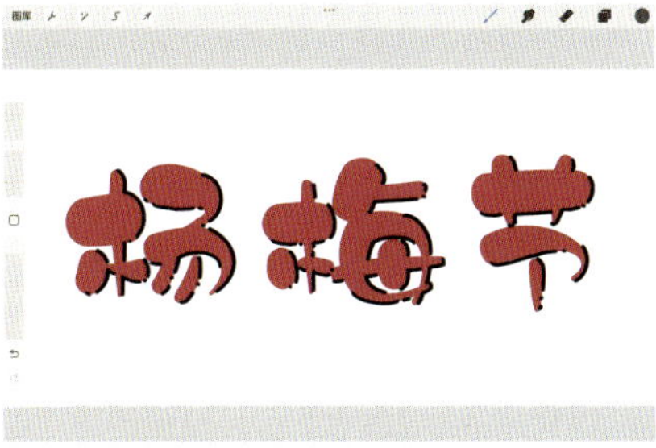
3. 背景装饰。 

文字在海报中有着重要的作用，可根据内容巧妙构思，设计出独特的字体。

提示：一张优秀的电子海报要指向明确、图文相符、色彩和谐、富有创意。

质感装饰法　　　图文融合法

电子海报的几种编排方式

尝试设计

1. 用 Procreate 软件设计出十种不同效果的字体。
2. 为校园活动设计制作一张电子海报。要求把活动主题、时间、地点表达清楚。

典型课例教学设计：电子海报

一、思维案例导图

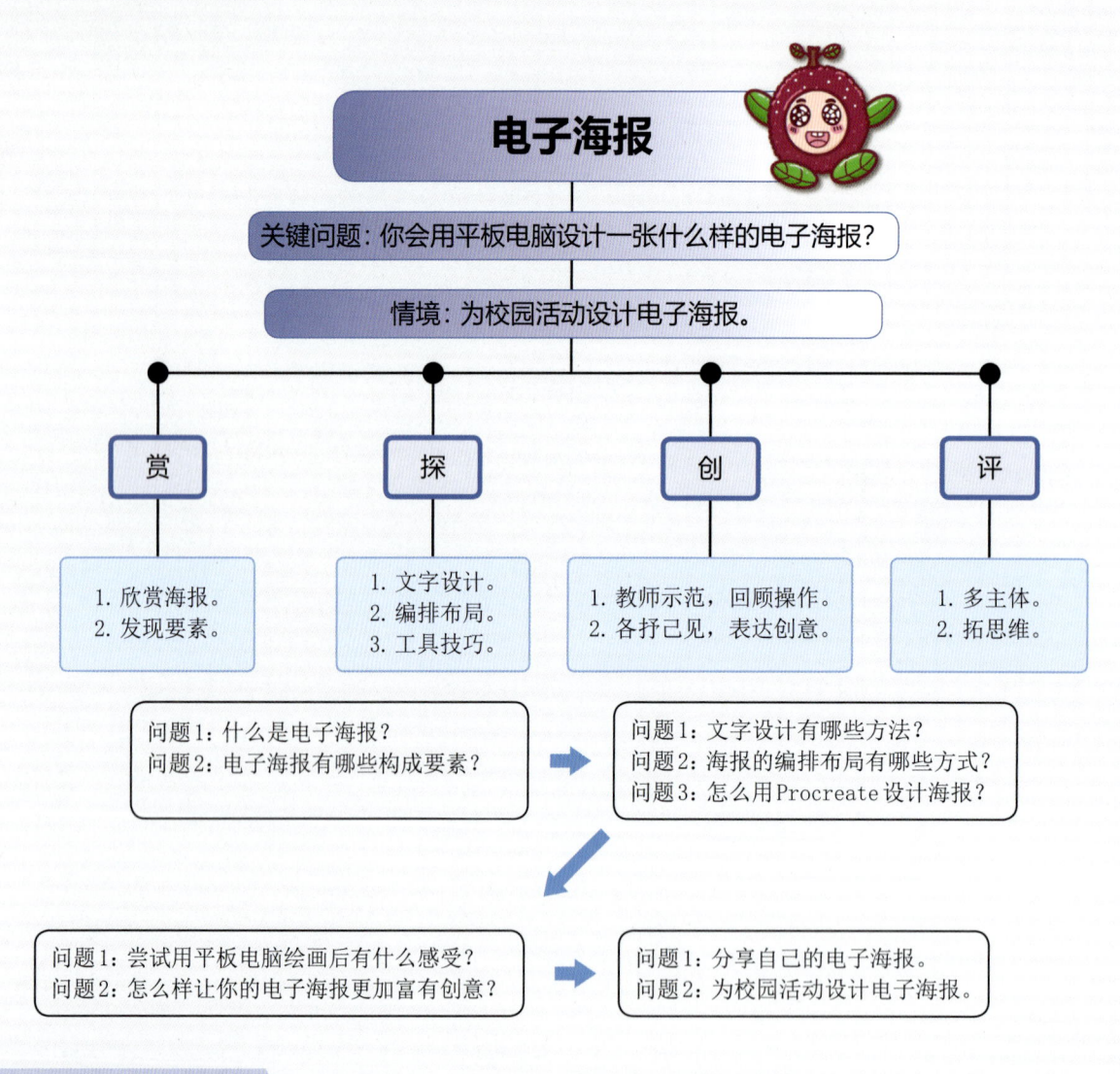

```
                    电子海报
                       |
        关键问题：你会用平板电脑设计一张什么样的电子海报？
                       |
              情境：为校园活动设计电子海报。
                       |
        ┌──────────┬──────────┬──────────┐
        赏          探          创          评
        |          |          |          |
   1.欣赏海报。  1.文字设计。  1.教师示范，  1.多主体。
   2.发现要素。  2.编排布局。   回顾操作。   2.拓思维。
                3.工具技巧。  2.各抒己见，
                             表达创意。
```

问题1：什么是电子海报？
问题2：电子海报有哪些构成要素？

→ 问题1：文字设计有哪些方法？
问题2：海报的编排布局有哪些方式？
问题3：怎么用Procreate设计海报？

问题1：尝试用平板电脑绘画后有什么感受？
问题2：怎么样让你的电子海报更加富有创意？

→ 问题1：分享自己的电子海报。
问题2：为校园活动设计电子海报。

二、具体课例呈现

（一）欣赏海报，发现构成要素

1. 你在生活中见过电子海报吗？
2. 校园中、公园中、商场中都可以见到电子海报。什么是电子海报，它有什么用处呢？

3. 一张完整的电子海报有哪些构成要素呢？完成下表。

构成要素	文字	插图	装饰	花边
必须有的请打 √				

我认为还可以添加：

（二）设计文字，展现创意之美

1. 海报的主要信息是通过义字传达给我们的，我们要对它好好进行一番设计，让它更加吸引眼球！

2. 让我们一起打开平板电脑中的Procreate软件，挑选合适的笔刷书写变形的文字。下图使用的是原画笔，然后在文字的下边和右边进行勾线装饰，增加立体感，也可以使用点线勾边。添加背景后，创意文字就设计完成了。

3. 下图是用质感装饰法和图文融合法设计的"杨"和"梅"字，你还能想出别的设计方法吗？请在Procreate上设计一个字或一个词组。

质感装饰法　　　　图文融合法

(三) 探究编排，安排画面布局

1. 一张海报需要醒目清晰的文字、配套的插图和一些装饰，那一张优秀的海报是不是只要具备这些东西就可以了呢？

2. 这张海报上的元素，你觉得好看吗？如果是你，会怎么摆放呢？

3. 在设计海报时，我们也要讲究编排，让我们的画面布局看起来更加合理、有创意。常见的海报编排方式有上下构图、居中构图、对角构图，你还能想到什么有创意的构图呢？

（四）各抒己见，表达思想情感

1. 校园的美术展即将到来，大家为这次活动设计了富有创意的电子海报，让我们一起来欣赏一下吧。

2. 你能为本次的美术展设计制作一张电子海报吗？你会怎么设计呢？

3. 海报设计完成后，请大家用平板电脑发送给教师吧！

4. 为学校美术展设计的海报作品完成了，大家都来谈谈自己的感受吧！

5. 让我们一起评一评。

学生自评		我获得 _____ ★
评估维度	评估内容	星级要求
我知道	设计方法	1. 知道海报的构成要素。（★） 2. 知道海报的编排方法。（★★） 3. 知道多种海报文字的设计方法。（★★★）
我理解	画面表达	1. 能用Procreate设计一张电子海报。（★） 2. 设计的电子海报贴合活动主题。（★★） 3. 设计的电子海报具有一定的创意和想法。（★★★）
我能做	作品完成	1. 能在教师的帮助下完成作品。（★） 2. 能通过师生合作完成作品。（★★） 3. 能独立完成作品且富有创意。（★★★）

第四章　数之智

03 第三单元　定格动画 （适合10—12岁）

❓ 什么是定格动画？

课例一　认识定格动画

探寻·定格动画

研究员：
　　定格动画是以各种材质的物象作为动画形象，采用逐帧拍摄的手段，表现故事情节和作者构思的动画形式。

了解·中国定格动画缘起

研究员：
　　20世纪50年代，由于电脑与手绘动画的成本高，以及需要不断创新的市场需求，上海美术电影制片厂开始尝试新品种的动画，定格动画应运而生。

赏析·经典作品

队长：
　　在生活中，你看过定格动画作品吗？

定格动画《神笔马良》

定格动画《阿凡提的故事》

你看过的定格动画	所用材料	国内/国外
《阿凡提的故事》	木偶	国内

课例二　定格动画入门

探寻·拍摄软件

1. 打开手机软件，新建影片。

队长：

运用手机软件，可以让逐帧画面动起来。可以试试Stop Motion等定格动画制作软件。

2. 逐帧拍摄物体，连续拍摄。

3. 检查拍摄图片，导出文件。

导出 电影文件

探寻·拍摄方法

队员：

可以绘制简单的图案和文字，用逐帧拍摄的手法让它动起来。

队长：

手机能帮你轻松实现定格动画的拍摄。

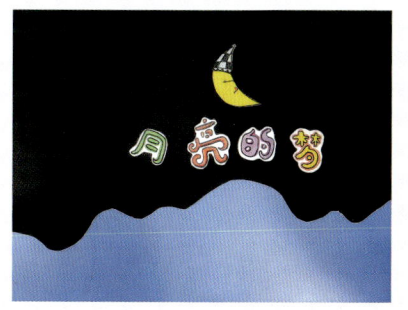

> 定格动画藏着怎样的秘密？

如何让静态的图像动起来？

课例三　定格动画创作

了解·定格原理

队长：
当多个静态图像按照一定顺序快速播放，就会产生连续的动态效果。

连续的静态图像

发现·定格材料

来认识一下各种材料吧！

研究员：
这里有许多种拍摄定格动画所使用的材料，按所使用的材料可分为沙土动画、纸片动画、实物动画等。

队员：
让我们一起在身边找一找，还有哪些材料可以拍摄定格动画呢？

队长：
只要我们运用得当，各种材料都能够成为定格动画拍摄的道具。

探寻·创作步骤

研究员：
定格动画是一门综合的艺术创作，大致分为前期、中期、后期三大部分。

队员：
我也要像您一样，学习定格动画的创作！

时期	任务目标
前期	文字绘本、绘画分镜。
中期	角色制作、动画拍摄。
后期	素材整理、剪辑完成。

前期创作

分镜脚本

镜头一A
内容：一颗草莓背着降落伞随风飘动，云朵也飘了过来。
音效：风声。
拍摄方法：固定镜头。
时间：3秒。

镜头一B
内容：草莓噘着嘴巴，吹口哨。
音效：吹口哨音效。
拍摄方法：固定镜头。
时间：6秒。

镜头一C
内容：特写表镜，替换成惊讶的表情。
音效："啊！"
拍摄方法：固定镜头。
时间：1秒。

镜头一D
内容：鸟和草莓接触的一瞬间，出现爆炸的画面。
音效：爆炸声音。
拍摄方法：固定镜头。
时间：1秒。

中期创作

角色制作

定格动画拍摄

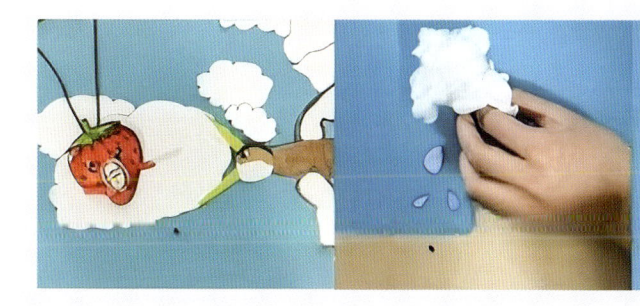

后期创作

单元课例教学设计：定格动画

一、图说教学设计

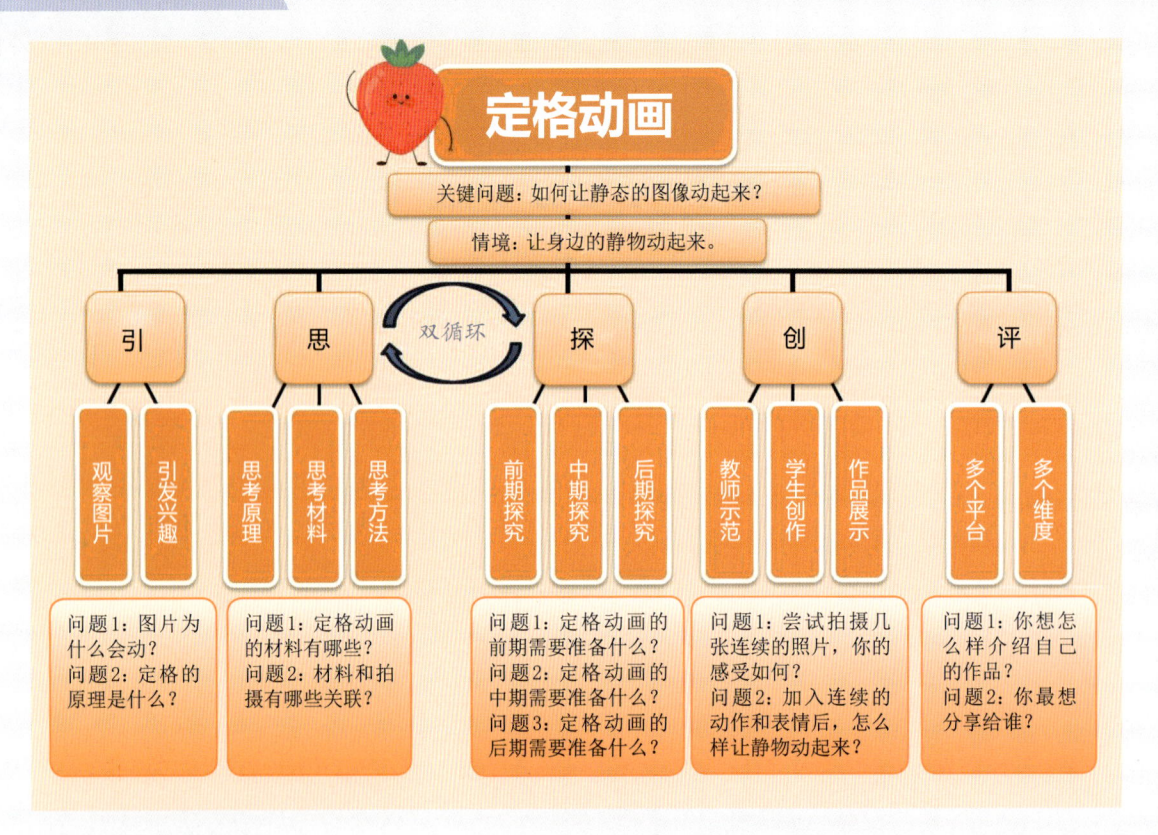

定格动画

关键问题：如何让静态的图像动起来？

情境：让身边的静物动起来。

```
引 —— 思 ⇄双循环⇄ 探 —— 创 —— 评
```

引	思	探	创	评
观察图片 / 引发兴趣	思考原理 / 思考材料 / 思考方法	前期探究 / 中期探究 / 后期探究	教师示范 / 学生创作 / 作品展示	多个平台 / 多个维度
问题1：图片为什么会动？ 问题2：定格的原理是什么？	问题1：定格动画的材料有哪些？ 问题2：材料和拍摄有哪些关联？	问题1：定格动画的前期需要准备什么？ 问题2：定格动画的中期需要准备什么？ 问题3：定格动画的后期需要准备什么？	问题1：尝试拍摄几张连续的照片，你的感受如何？ 问题2：加入连续的动作和表情后，怎么样让静物动起来？	问题1：你想怎么样介绍自己的作品？ 问题2：你想分享给谁？

二、具体课例呈现

（一）动画原理

1. 怎么样才能让静态的图像动起来？
2. 了解动画原理，将连续的静态图像按照一定的顺序快速播放。
3. 展示连续图像的动态效果。

（二）拍摄素材

1. 制作定格动画的材料有许多，例如纸片、实物、沙土等。
2. 创作的素材来源于生活。走！用你善于观察的眼睛，去寻找拍摄的素材吧！

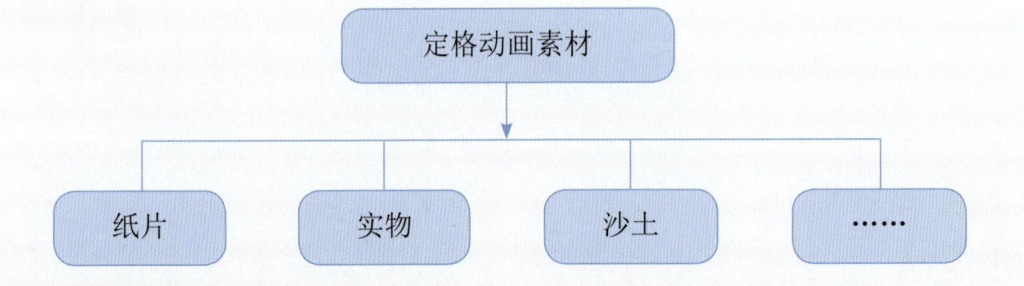

```
         定格动画素材
    ┌──────┬──────┬──────┐
   纸片   实物   沙土   ……
```

（三）创作方法

1. 制作定格动画需要遵循一定的步骤，分为前期、中期、后期三大部分。
2. 前期：绘画分镜与脚本设计、创编故事梗概。

例如在《草莓旅行记》中，同学们用"旅行记"诠释了生命周而复始的故事，运用饱含趣味和童真的主题表达，将万物欣欣向荣的勃勃生机表现得淋漓尽致。故事脉络大致为：草莓悠闲地享受着旅行的乐趣，可在这时意外降临了，一只鸟向它飞来，这时候草莓灵机一动，将自己的一颗种子留下，种子落入土壤，随着雨水和阳光的滋养，种子发芽了，新的草莓又破土而出。故事脚本如下：

绘画分镜脚本案例《草莓旅行记》		
镜头一A 内容：一颗草莓背着降落伞随风飘动，云朵也飘了过来。 音效：风声。 拍摄方法：固定镜头。 时间：3秒。	镜头一B 内容：草莓噘着嘴巴，吹口哨。 音效：吹口哨音效。 拍摄方法：固定镜头。 时间：6秒。	镜头一C 内容：特写表镜，替换成惊讶的表情。 音效："啊！" 拍摄方法：固定镜头。 时间：1秒。
镜头一D 内容：一只鸟飞向草莓想要吃掉它，草莓立刻丢下了身上的一颗种子。 音效：鸟翅膀扇动的声音。 拍摄方法：固定镜头。 时间：2秒。	镜头一E 内容：鸟和草莓接触的一瞬间，出现爆炸的画面。 音效：爆炸声音。 拍摄方法：固定镜头。 时间：1秒。	镜头二 内容：种子从高处落入了泥土。 音效：种子掉落的声音。 拍摄方法：固定镜头。 时间：1秒。
镜头三 内容：手进入画面，拖出纸片云，放入棉花云，手动挤出雨滴。 拍摄方法：固定镜头。 音效：拖纸片的声音、挤出水的声音。 时间：6秒。	镜头四 内容：种子逐渐生长的过程。 音效：生长的声音。 拍摄方法：固定镜头。 时间：2秒。	镜头五 内容：手指进入画面，点一下出现一朵花（3次），点一下出现一颗草莓（3次）。 音效：点击的音效。 拍摄方法：固定镜头。 时间：11秒。

3. 中期：制作定格动画的零部件、搭建场景、进行拍摄。

（1）定格动画中，主角的选择范围十分广泛，人物、动物甚至是植物摇身一变都能成为动画里的主角。相较而言，小的物件容易放进取景框中，不会占用太大的表现空间，使构图更能达成和谐有序的美。

（2）根据角色在剧情中的表演，需要设计一系列的表情脸谱来丰富人物的特点，也有助于塑造人物性格。眼睛、嘴巴是表情流露中最传神的部分，为了能够达到逼真拟人的效果，口型需要准备许多替换的零部件。

4. 后期：采用"巧影""剪映"App即可完成整部定格动画的创作，这两个App有一定的承接性，各自有着不同的功能，上手方便，方法简单，合成效果非常好。具体归纳为以下方法。

（1）Stop Motion：拍摄合成片段定格动画，步骤：打开—新建影片—添加图片—逐帧拍摄—检查图片—导出影片—保存。

（2）巧影：拍摄合成片段定格动画，步骤：打开—新建—选择画面比例—创建—编辑0.2—相机—拍摄—重命名导出。

（3）剪映：整部影片合成、特效、片头片尾等，步骤：打开—开始创作—按顺序导入片段—剪辑。（片头片尾、音乐特效、文字特效等）

5. 选择简单的动漫形象进行练习。

（1）确定动画造型。

（2）制作动作、表情的零部件。

（3）按照一定的顺序移动零部件并进行拍摄。

（4）合成所有照片，连续播放。

6. 完成后将作品导出并保存，一起来分享大家的创意吧。

7. 让我们一起评一评。

学生自评		我获得 _____ ★
评估维度	评价内容	星级要求
我知道	探索能力	1. 探寻身边的静物。（★） 2. 将静物连续移动，连续拍摄让其动起来。（★★） 3. 能对身边事物保持好奇心，抓住静物特点。（★★★）
我理解	创意表现	1. 能对作品进行想象，添加动作和表情。（★） 2. 能提出多个想象方案，创编有趣的故事。（★★） 3. 学会作品二次创作的方法。（★★★）
我能做	实践能力	1. 能结合前面所学的动画技法进行创作。（★） 2. 能将自己的创意用定格动画的形式表现出来。（★★） 3. 定格作品有生命力，想象有新意。（★★★）

第五章 地之缘

01 第一单元 古塔之美

（适合9—12岁）

? 中国古塔为什么被称为建筑艺术的集大成者？

课例一 探秘古塔

探寻·古塔历史

美育辅导员：

宁波天宁寺始建于唐大中五年（851），其中幸存下来的唐塔，见证了宁波古城的前世今生。让我们从天宁寺塔开启唐代建筑之旅吧。

赏析·考证古塔

古塔研究员：

天宁寺塔是目前浙江境内唯一的一座唐代砖塔，为全国重点文物保护单位，现存为天宁寺西塔。因塔砖上有正书"咸通四年（863）造此砖记"的铭文，故又称"咸通塔"。

品鉴·建筑艺术

古塔研究员：

天宁寺塔具有唐密檐式双塔的基本特征。同时在一处建两座佛塔，或在大殿前端左右平列，或在中轴线上前后并列，即称双塔，这种双塔盛行于唐代。

美育辅导员：

天宁寺塔是五层，四面。我们知道古塔一般都是单数层的，天封塔就是七层，六和塔则为十三层，你还有什么新的发现？

美育辅导员：

塔是一种非常独特的东方建筑，它承载了历史、宗教、美学、哲学等诸多文化元素。天宁寺塔是密檐式塔，中国古塔还分哪些类型？

楼阁式　密檐式　亭阁式　花塔

中国古塔部分类型

98

古塔之美

> 要表现出古塔之美的秘诀是什么？

课例二　古塔之美

探究·塔的结构

美育辅导员：

观察一下塔的结构，能否发现塔基、塔身、塔檐、塔刹的区别？能否发现塔身的大小变化之美、塔檐砖叠加的重复之美？

塔刹
塔檐
塔身
塔基

理解·色彩造型

美育辅导员：

我发现古塔的砖有的是黑色，有的是灰褐色，还有的是浅灰色，为什么同一座塔上的砖的颜色会不一样？

古塔研究员：

这些塔砖的色彩承载着厚重的历史文化。

形的概括 　　色的取舍 　　强化感受

探究·塔的结构

美育辅导员：

我们也学一学造塔的技艺，创作一件古塔作品。

99

美育浸润PBL百课　下册

> **有什么方法可以复制、传播古塔的美？**

课例三　纸版印塔

探索·摹印体验

美育辅导员：
　　有什么方法可以不断复制自己的作品？让我们一起试试用摹印的方式创作吧。

尝试·摹印创作

美育辅导员：
　　摹印创作的工具和材料有纸板、剪刀、胶水、油画棒等。让我们体验一下创作的乐趣吧。

1. 剪出塔的外形。 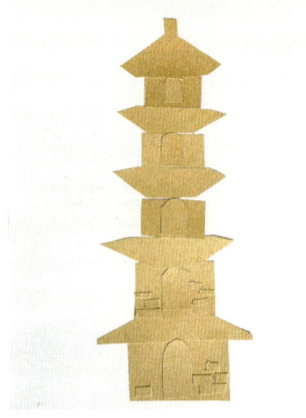　2. 拼摆粘贴。

3. 用油画棒摹印。 　4. 摹印主体。 　5. 完成作品。

100

古塔之美

> 如何让古塔延续，进行古塔艺术的"当代表达"？

课例四　当代表达

启迪·联想创新

美育辅导员：

如何将古塔元素融入当代艺术创作中？

当代艺术家：

我在材质和形式上寻求突破，利用古塔附近的尘土和残砖碎瓦进行艺术创作。你们也可以用这样的方法尝试创作。

美育辅导员：

这个好玩，我们也从古塔中提取元素，分工合作，创作当代艺术作品！

创作过程	具体任务
创新举措	材料：古塔周围的尘土。形式：利用平面构成和综合材料创作塔作品。
材料准备	清扫古塔周边灰尘，进行不同色彩归类。
侧面描绘	概括、打散、重组古塔的造型，学习当代表达方式。
综合制作	确定画面分割、描绘底稿，探索综合材料的绘画方法与工艺。
组合调整	用矿物质颜料多次罩染，组合调整不同画面，完成作品。

传创·当代表达

1. 搜集尘土。
2. 归类分色。 
3. 调胶上色。 
4. 增加层次。 
5. 布局组合，罩染完成。 

101

单元课例教学设计：古塔之美

一、图说教学设计

古塔之美

关键问题：中国古塔为什么被称为建筑艺术的集大成者？

情境：作为小探险家探秘古塔，表现古塔之美。

问题1：如何测量古塔的比例？
问题2：如何考证古塔的结构？
问题3：如何辨别古塔的色彩？

审美感知：比例美、结构美、色彩美

艺术表现：组合造型、归纳色彩、表达质感

问题1：如何判断古塔的历史？
问题2：如何考察古塔的文化？
问题3：如何分辨古塔的地方信息？

文化理解：历史性、人文性、地域性

评价展示：自我阐述、他人评价、创新应用

问题1：如何展示古塔之美？
问题2：可以怎样应用古塔的结构去设计新建筑？

二、具体课例呈现

（一）审美感知

1. 考察古塔比例之美。

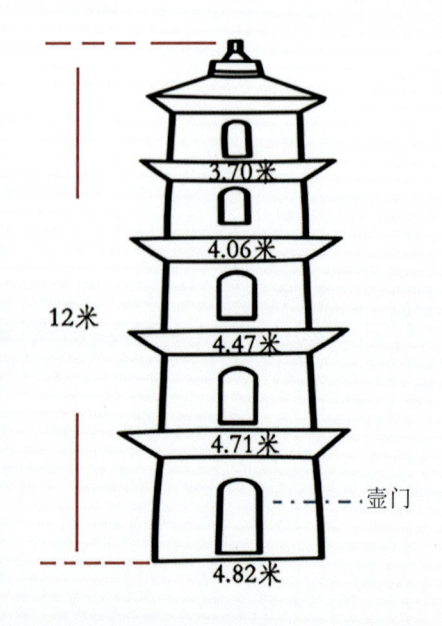

（1）关于每一层的宽度，除了第一层比较宽，是4.82米，其余几层分别是4.71米、4.47米、4.06米、3.70米，塔的每一层都比下面一层小一点，这样看起来很协调，像是一个等差数列。（上图为同学们现场测绘换算的数据）

（2）每一层的高度也依次递减，逐层收缩，给人以美妙的节奏感。

2. 探究古塔结构之美。

（1）通过现场考察，我们发现，古塔一般由哪几部分组成？

（2）有稳定的塔基、高耸的塔身、轻巧的塔尖。

（3）塔由塔基、塔身、塔刹和塔檐等组成，通常塔的层数是奇数，平面是偶数边形。

3. 领略古塔色彩之美。

（1）我们看见的塔砖，都蕴含着深厚的历史信息，讲述着古老的故事。考古发现天宁寺塔其中一块塔砖上有"咸通四年造此砖记"之铭文，就知道了塔的建造时间是公元863年，还发现后来补修的塔砖的色彩非常浅，中间还有些偏红色的砖、偏灰褐色的砖。

（2）古塔的砖有些是黑色的，有些是灰褐色的，还有些是浅灰色的，为什么同一座塔上的砖的色彩会不一样？

（3）砖的不同质感与色彩，反映了塔经历的不同年代与残存的历史信息，以及人们历代不断修葺古塔的虔诚。

塔砖色彩的明度变化

103

（二）艺术表现

1. 观察造型

古塔平面呈正方形，为五层密檐塔，塔檐都是用砖挑出，下檐线脚中间夹几层菱角牙子砖，增添了一种节奏感。塔身越向上越小，整体线条柔和，看起来挺拔优美。

2. 色彩概括

写生时，通过黑、白、灰的不同明度变化来呈现古塔不同时间光线下的微妙色差。

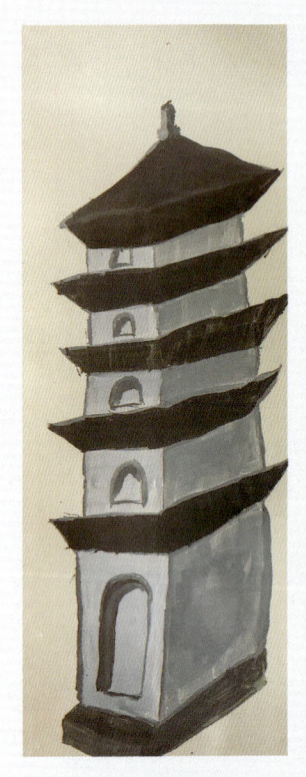

3. 表达质感

通过笔触的轻重变化、色彩的浓淡变化、质感的粗细变化，表达出古塔的历史沧桑感。

（三）展示评价

1. 全班合作，将每个人的古塔作品集体展出，感受不同形式古塔作品的魅力。

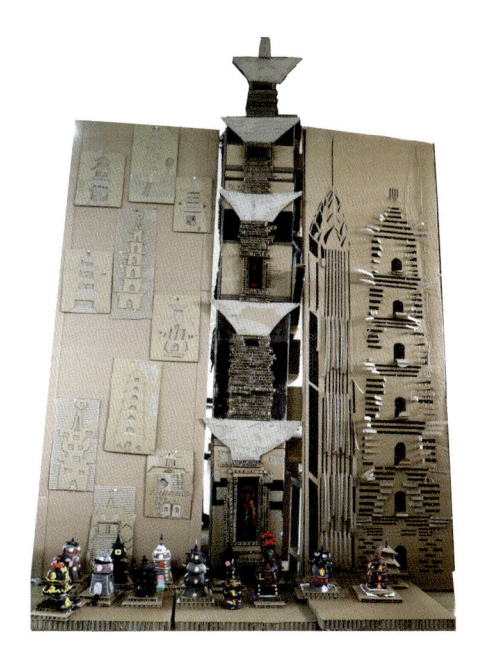

2. 让我们一起评一评。

学生自评		我获得 ＿＿＿＿ ★
评估维度	评价内容	星级要求
我知道	欣赏能力	1. 能用一个词说出对古塔之美的感受。（★） 2. 能用一句话说出对古塔之美的感受。（★★） 3. 能结合自己的现场考察评述古塔之美。（★★★）
我理解	探索能力	1. 能说出古塔的层数特点。（★） 2. 能说出古塔的基本结构。（★★） 3. 能分辨古塔的不同结构并知道层级与面数的区别。（★★★）
我能做	创作能力	1. 能画出古塔基本的造型。（★） 2. 能表现古塔基本的造型和色彩。（★★） 3. 能通过黑、白、灰的组合，表现出古塔的质感。（★★★）

第五章 地之缘

第二单元 03 古镇印迹

（适合9—12岁）

> 你去过慈城孔庙吗？它的墙上、柱子上藏着哪些秘密呢？

课例一　砖石上的雕刻

探寻·探秘雕刻

美育辅导员：

孔庙也叫文庙。慈城孔庙是浙东地区保存完整的一座孔庙。小小探险家们，让我们去孔庙里探究雕刻的魅力吧！

赏析·图说雕刻

石刻研究员：

孔庙中的鲤鱼跃龙门石刻有着千年历史，内容丰富，构图完整，雕刻精巧，寓意吉祥。

美育辅导员：

浮雕是在平面上通过雕刻或塑形，创造出凸起的形象的一种雕塑。

探险队长：

鲤鱼跳龙门石刻是浮雕作品，石狮子是圆雕作品，看看两者有什么不同。我们还能找出孔庙里的其他雕刻纹样吗？它们分别在什么位置，是浮雕作品吗？

孔庙中的雕刻

品鉴·四神瓦当

石刻研究员：

四神瓦当在汉代极为流行，它包括四种动物，即青龙、白虎、朱雀、玄武。

探险队长：

你还知道四神瓦当的其他知识吗？

青龙　　白虎　　朱雀　　玄武

106

古镇印迹

> ❓ 雕刻作品背后隐藏着什么故事呢？

课例二　图案之谜

探究·图案寓意

美育辅导员：

　　这件雕刻作品以其丰富的内容、完整的构图和精美的工艺展现了艺术的魅力。它藏着怎样的秘密呢？

石刻研究员：

　　将图案一一进行分析，你就会有所发现。

美育辅导员：

　　传说中，鲤鱼勇敢跳过龙门，化身为龙，象征着勇气和梦想成真。

理解·吉祥图案

美育辅导员：

　　运用谐音，图案可以被赋予吉祥的寓意。让我们连一连吧。

廉洁　　　　　福泽　　　　　吉祥

练习·制作浮雕

探险队长：

　　吉祥图案真有趣，我们尝试用泥板将它们做成浮雕作品吧。

1. 在泥板上勾勒蝴蝶纹样的外形。
2. 将刻出的蝴蝶放在基底上。 
3. 用浅浮雕的形式进行纹样装饰。 
4. 添加边框。 

107

= 美育浸润PBL百课　下册

> 你见过门钹吗？你听过"铺首"这个词语吗？

课例三　门钹与铺首

探究·门钹类型

探险队长：

请你观察老房子的大门，门钹在大门的哪个位置呢？

美育辅导员：

门钹是用铁或铜制成的，清代时特别流行。装饰在大门上，左右各一个，呈现对称位置，其形状类似民乐中的"钹"，故称为"门钹"。也有人称作门环。

探险队长：

门钹的造型是怎样的？上面有些什么纹样呢？

铺首

探究·铺首类型

探险队长：

铺首的造型是怎样的？它的作用是什么呢？

美育辅导员：

铺首的设计通常以兽面为主题，兽面衔环的形式不仅具有装饰性，还有着驱邪避祸的作用。它的样子看起来很威严，是为了保护家宅。我们可以如何表现出威严的感觉呢？

造型特点：暴目、扬眉、对称、纹样、龇牙咧嘴

练习·版画门钹与铺首

队员：

用纸版画的形式来表现门钹或铺首。

1. 画外形。 　2. 剪贴。 　3. 上墨。 　4. 印制。  　5. 完成作品。

古镇印迹 =

你去慈城古镇玩过吗？除了景点，你还看到过什么好玩的、好吃的？

课例四　古镇印象

逛慈城

美育辅导员：

请你做一个小小旅行家，和伙伴一起去慈城游玩，并合作完成表格记录。

探险队长：

怎样让美景美食留在纸上呢？你喜欢用什么样的方法来表现呢？

游玩景点	人文活动	美食佳肴

打年糕

游玩孔庙

家乡的新邻居

队员：

让我们把对慈溪古镇的印象描绘下来吧。

美育辅导员：

可以把作品画在明信片上，寄给你的朋友。

队员：

真有意思，一起来动手试试吧。

109

典型课例教学设计：图案之谜

一、图说教学设计

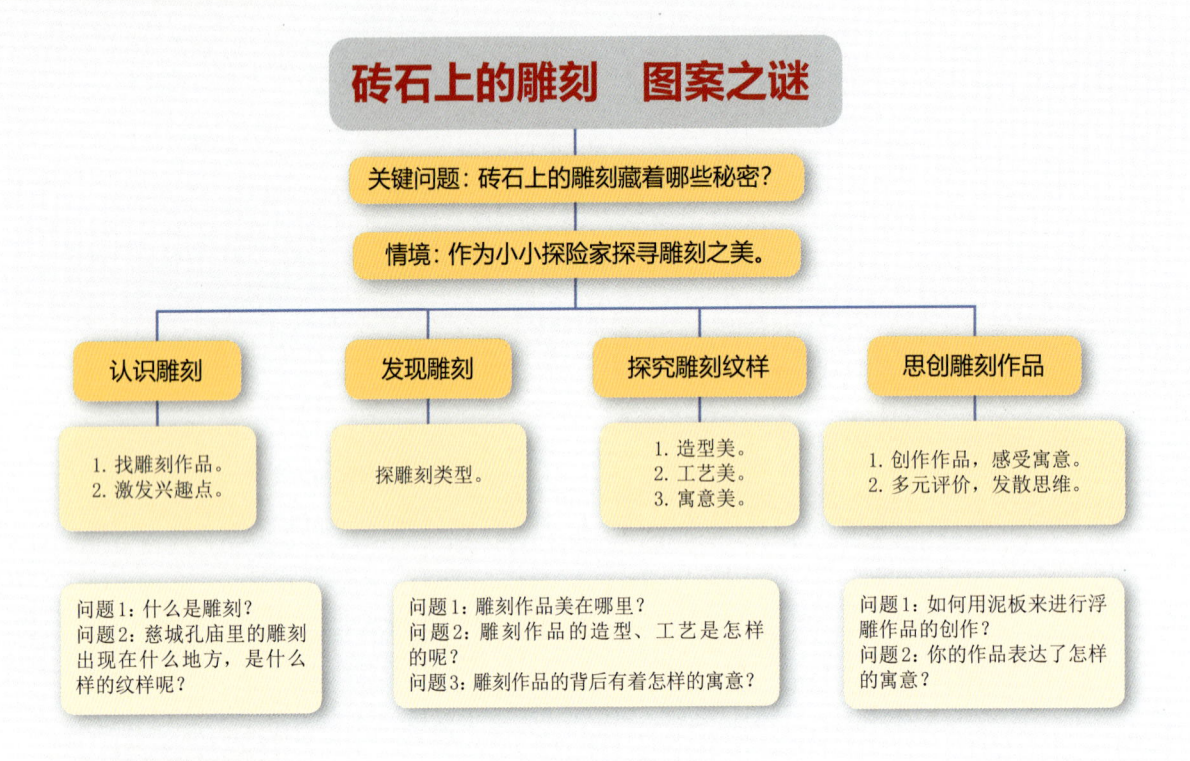

砖石上的雕刻　图案之谜

关键问题：砖石上的雕刻藏着哪些秘密？

情境：作为小小探险家探寻雕刻之美。

认识雕刻	发现雕刻	探究雕刻纹样	思创雕刻作品
1. 找雕刻作品。 2. 激发兴趣点。	探雕刻类型。	1. 造型美。 2. 工艺美。 3. 寓意美。	1. 创作作品，感受寓意。 2. 多元评价，发散思维。
问题1：什么是雕刻？ 问题2：慈城孔庙里的雕刻出现在什么地方，是什么样的纹样呢？	问题1：雕刻作品美在哪里？ 问题2：雕刻作品的造型、工艺是怎样的呢？ 问题3：雕刻作品的背后有着怎样的寓意？		问题1：如何用泥板来进行浮雕作品的创作？ 问题2：你的作品表达了怎样的寓意？

二、具体课例呈现

（一）寻找孔庙雕刻

1. 你去过孔庙吗？你知道关于孔庙的一些知识吗？

2. 孔庙到底有什么特别的呢？慈城孔庙建于宋庆历八年（1048），是目前浙东地区保存下来的最为完整的孔庙。仔细观看下面图片，说说你的发现。

3. 孔庙建筑里的雕刻作品特别丰富，它们都在什么地方出现，分别是些什么样的纹样？
4. 选择雕刻探究。
5. 雕刻是人类最早的造型艺术形式之一，是雕、刻、塑三种方法的总称，有圆雕、浮雕、镂空雕之分。

圆雕 　　　　　　　　　　　镂空雕

浮雕

6. 四神瓦当在汉代极为流行，它包括四种神兽，即青龙、白虎、朱雀、玄武。

7. 仔细观察孔庙建筑里的雕刻，它们是浮雕作品吗？

8. 让我们一起评一评。

学生自评		我获得 _____ ★
评估维度	评价内容	星级要求
我知道	信息搜集能力	1. 知道什么是雕刻。（★） 2. 知道较多与雕刻相关的信息。（★★） 3. 对孔庙有着基本的认识，例如建造年代、建筑特点等。（★★★）
我理解	探索能力	1. 能找到2个古建筑的雕刻纹样。（★） 2. 能找到5个以上古建筑的雕刻纹样。（★★） 3. 能联系生活实际，找一找生活中的雕刻纹样。（★★★）
我能做	表达能力	1. 能用一个词或一句话说说对孔庙雕刻的感受。（★★） 2. 能结合生活实际对孔庙雕刻展开评述。（★★★）

（二）探究吉祥纹样

1. 探究孔庙大成殿台阶上的雕刻作品《鲤鱼跳龙门》。

2. 局部观察分析雕刻纹样——龙、鱼、龙门，探究其中所包含的吉祥寓意。（鱼跃龙门，高中状元）

3. 从字的谐音和字形、字意入手，加深对纹样中吉祥寓意的了解。

4. 让我们一起评一评。

学生自评		我获得 ＿＿＿＿ ★
评估维度	评价内容	星级要求
我理解	分析能力	1. 能在教师的指导下，理解雕刻纹样的寓意。（★） 2. 能自主对雕刻纹样的美好寓意进行理解。（★★） 3. 能对吉祥纹样的造型特征进行分析和理解。（★★★）

（三）创意表达作品

1. 如何表达吉祥纹样呢？尝试用泥板进行浮雕作品的创作。

（1）在泥板上勾勒蝴蝶纹样的外形。　　（2）将刻出的蝴蝶放在基底上。

（3）用浅浮雕的形式进行纹样装饰。　　（4）添加边框。

2. 选择自己最喜欢、最擅长的一种方式，如泥板制作、吹塑纸版画等，制作完成作品。你会如何雕刻纹样呢？

3. 将完成的作品放置在自己喜欢的地方并完成评价。

学生自评		我获得 ＿＿＿＿ ★
评估维度	评价内容	星级要求
我理解	创意表现	1. 能在教师的指导下，运用一种方法表现浮雕效果。（★★） 2. 能有想法地运用不同材料和方法表现浮雕效果。（★★★）
我理解	画面表达	1. 能在教师的指导下，完成一个有吉祥纹样的浮雕作品。（★★） 2. 能独立完成一个吉祥纹样的创作，并能说出作品所表达的美好寓意。（★★★）
我能做	作品完成	1. 能在教师的帮助下完成作品。（★★） 2. 能独立完成作品，自主性强。（★★★）

第五章 地之缘

03 第三单元 老街物语（适合9—12岁）

> 你了解自己家乡老街的历史和故事吗？

课例一 回忆老街

忆·感受老街

美育辅导员：

探访老街，收集相关素材和故事，以唤醒对老街的记忆。根据学习单1探寻你家乡的老街，谈谈老街带给你的感受。

《老街物语》学习单1				
班级			组别	
组长				
组员				
探寻内容			老街	
^^			老物件	
^^			老行当	
^^			传统风俗……	
探寻途径和方法				
探寻结果记录				
寻找最感兴趣的老物件				
拍摄老街风情照（整体、局部）备注：				

美育辅导员：

老街的每一个角落都诉说着过去的故事，古老的房屋、坚固的石桥、传统的店铺，它们构成了老街的历史画卷。

老街的每一处细节，譬如老墙上的青苔、木门上的裂痕、石桥上的石狮子，都记载着岁月的痕迹和当年的故事。它们勾起你的回忆或联想了吗？

说·感悟老街

美育辅导员：

老街上保留着许多传统风俗，还有许多即将淡出人们视线的老行当，这些都是独特的传统文化在生活中的体现。

老街上，有琳琅满目的店铺，它们还保留着哪些传统风俗和老行当？

你认为这些传统风俗和老行当为什么值得我们去尊重和关注？

114

> 每一样老物件都像一位沉默的老人,它们见证了老街的变迁,它们背后隐藏着怎样的故事?

课例二 探访老街

"主题式"访老街

美育辅导员:

将收集的老物件进行分类,并根据主题、兴趣点、疑问分别记录于学习单2。

队长:

主题可真丰富,有建筑、家具、日用品等。

《老街物语》学习单2	
主题	例:建筑、家具、日用品……
	……
兴趣点、疑问	
	……

"散点式"探老街

美育辅导员:

根据主题,自由选择小组,分享对老物件的兴趣点及疑惑,并填写学习单3。

队长:

我们结合学习单3,明确了分类方向。

《老街物语》学习单3		
问题	关键词	分类方向
例:当时的人们为什么要设计这样的形状?	形状	造型

> 当老街遇上拆迁，怎样把老街的美留住？

课例三　拓印老街

老街物语我来拓

美育辅导员：

你最想拓印老物件的哪一部分？谈谈你的想法。

队长：

我想拓印这只凤凰和仙人的纹样，它承载着手艺人对美好生活的向往。

美育辅导员：

老物件上的每一处纹样都承载着手艺人的匠心独运。

通力合作有条理

队长：

拓印时，会使用哪些工具和材料？

美育辅导员：

我们将使用喷壶、拓包、刷子等工具，以及墨水、宣纸等材料，一起来拓印老物件上的纹样。

队长：

我们如何将老物件上的纹样拓印下来？

美育辅导员：

别着急，观看微课视频，学习拓印方法和技巧。三个人为一个小组，互相协作，共创作品。

队长：

让我们动手体验拓印创作的乐趣！

1. 找纹样。 　　2. 将纸均匀润湿。 　　3. 覆膜。 　　4. 立刷垂直敲打。 　　5. 拓包蘸墨拓印。

> 你觉得这些老物件是否应该被保留?

课例四　老街乡情

物语

美育辅导员:

当老街遇上拆迁,你猜想,这些老物件可能会和我们诉说什么?

队长:

它们是历史文化的见证,虽已慢慢淡出我们的生活,但永远是我们心中的情感寄托。

乡情

美育辅导员:

一位绘画大师用他最擅长的连环画,记录下了记忆中的老街风貌,他就是艺术家贺友直先生。

队长:

这是他笔下60年前老街的街市景象,和现在的街市区别可真大呀!

辅导员:

和现在的街市相比,老街带给你怎样不同的感受?观看贺友直先生的采访视频,想一想,贺先生的心情如何?为什么如此激动?

艺术家贺友直先生采访视频

新碶老街风情录(局部 连环画) 贺友直

传创

《老街物语》学习单4	
我的建议	
可采取的措施	

美育辅导员:

如何让"老街"以新的姿态回归到当代人的生活中?

如何传承和创新即将消失的老物件、老手艺及传统习俗?继续探究并填写学习单4。

117

单元课例教学设计：老街物语

一、图说教学设计

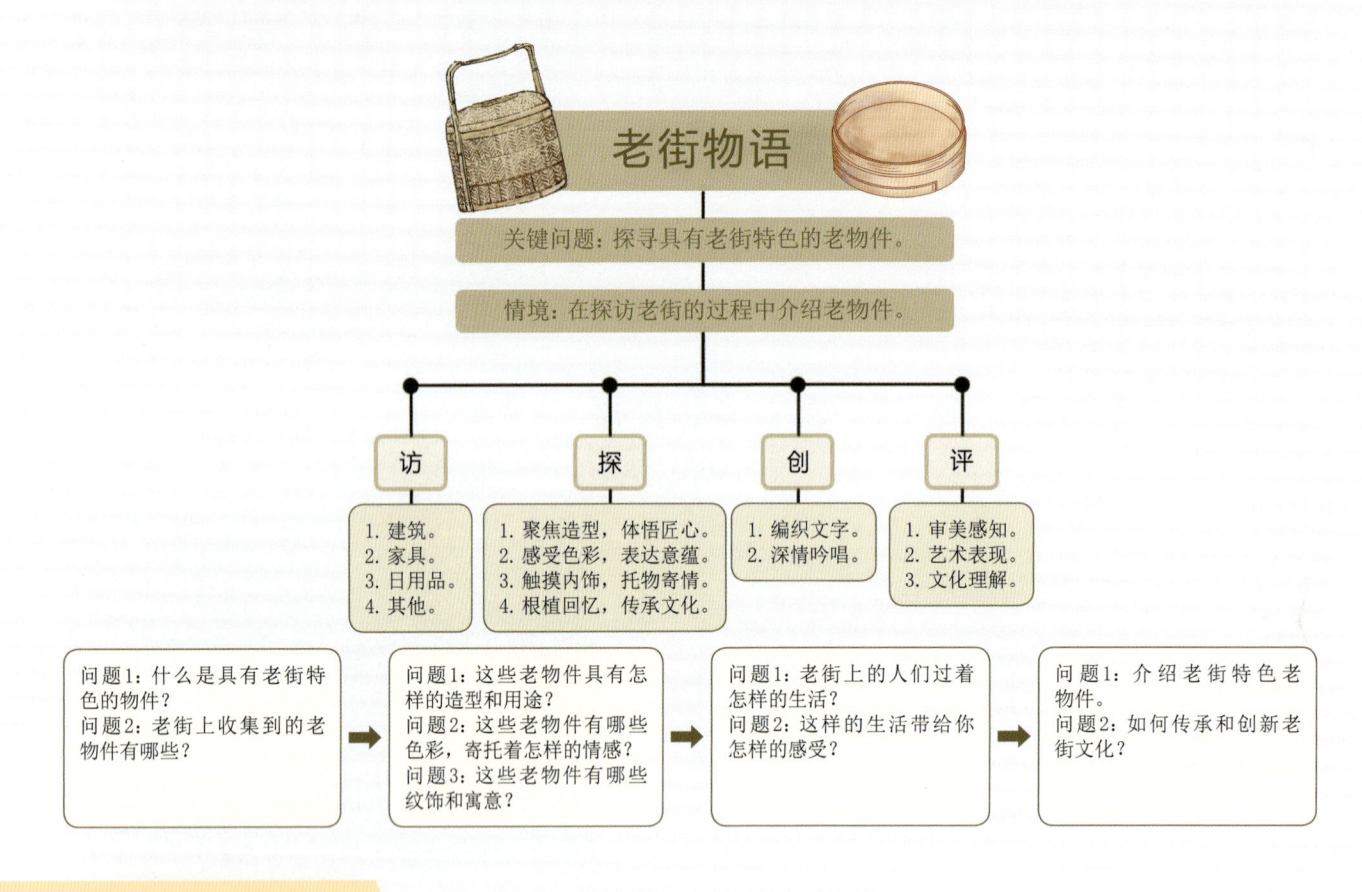

```
                        老街物语

            关键问题：探寻具有老街特色的老物件。

            情境：在探访老街的过程中介绍老物件。

    ┌──────────┬──────────┬──────────┬──────────┐
    访          探          创          评
```

访	探	创	评
1. 建筑。 2. 家具。 3. 日用品。 4. 其他。	1. 聚焦造型，体悟匠心。 2. 感受色彩，表达意蕴。 3. 触摸内饰，托物寄情。 4. 根植回忆，传承文化。	1. 编织文字。 2. 深情吟唱。	1. 审美感知。 2. 艺术表现。 3. 文化理解。
问题1：什么是具有老街特色的物件？ 问题2：老街上收集到的老物件有哪些？	问题1：这些老物件具有怎样的造型和用途？ 问题2：这些老物件有哪些色彩，寄托着怎样的情感？ 问题3：这些老物件有哪些纹饰和寓意？	问题1：老街上的人们过着怎样的生活？ 问题2：这样的生活带给你怎样的感受？	问题1：介绍老街特色老物件。 问题2：如何传承和创新老街文化？

二、具体课例呈现

（一）聚焦造型·体悟匠心

1. 走访老街——看一看。

（1）你走过老街吗？

（2）用一个或者几个关键词来形容老街带给你的感受，例如"陈旧""历史痕迹""斑驳"等。

2. 物件之美——猜一猜。

（1）仔细观察这些老物件的局部，你能找到哪些设计上的细节？它们又代表了什么含义呢？

（2）这些老物件是什么形状的？猜一猜，它们为什么要设计成这样的形状？查一查资料，谈谈它们的用途。

（二）感受色彩·表达意蕴

1. 四季之美——赏一赏。春夏秋冬、朝霞夕阳，都赋予了老街不同的色彩魅力，你能感受到吗？

2. 色彩之美——说一说。

(1) 这些老物件有哪些色彩？

(2) 为何会用这些色彩？说一说，这些色彩分别有哪些寓意？

(三) 触摸纹饰·托物寄情

1. 纹饰之美——摸一摸。

(1) 这些老物件的纹饰有哪些图案？

(2) 触摸老物件，它们分别寄托着怎样的寓意？（如蝙蝠纹，与"福"谐音，有求富贵、寓康顺、报顺安等美好寓意。）

2. 纹饰之美——谈一谈。

情景演绎使用它们时的情境，谈谈此刻的心情。

（四）根植记忆·传承文化

1. 生活之美——写一写。
（1）将老街悠悠的生活写下来。
（2）深情吟诵，献给老街。

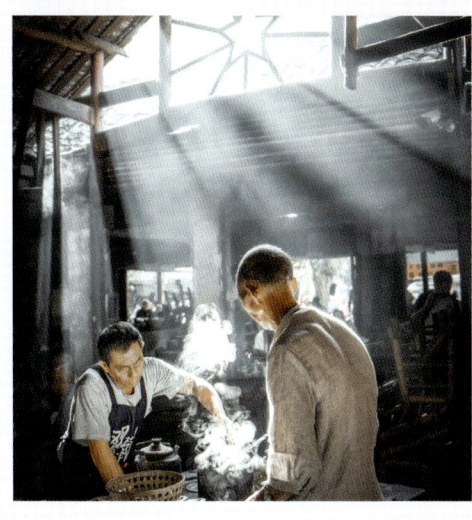

2. 让我们一起评一评。

学生自评		我获得 _____ ★
评估维度	评价内容	星级要求
我知道	审美感知	1. 知道如何探访老街的美。（★） 2. 从多方面了解与老街相关的故事。（★★） 3. 对老街上的老物件有比较全面的认识，例如名称、用途、寓意等。（★★★）
我理解	艺术表现	1. 能在教师的引导下，探访老街及老物件的造型、色彩、纹饰等。（★★） 2. 能通过小组合作探究老物件中所蕴含的情感和文化。（★★★）
我能做	文化理解	1. 能通过探究老物件的造型、色彩、纹饰等，了解它们的用途、寓意等。（★★） 2. 观察老街上人们的生活，能以文字的形式记录感受，并深情吟诵，献给老街。（★★★）

第六章　典之魅

01 第一单元　**星星王子米罗**　（适合8—9岁）

? 可以听音乐、讲故事的画你见过吗？

课例一　好玩的画

玩·听音画画

莫扎特
《小步舞曲》

莫扎特
《g小调第40号交响曲》

看·大师作品

队长：

　　走进美术馆，玩一玩"听音乐画画"的游戏，听听左边两段音乐，你有怎样的感受？能试试用不同的线条或者图形表现你听到音乐后的感受吗？

队员：

　　第一段音乐简洁、欢快而有动感，第二段音乐有变化与冲突。

队员：

　　这是艺术家米罗的作品，他用断断续续的点表现了舒缓的音乐！

美术馆研究员：

　　确实如此，大小不同的点产生了律动，画面里的符号仿佛是活的，想象一下，这会是一个怎样有趣的故事？

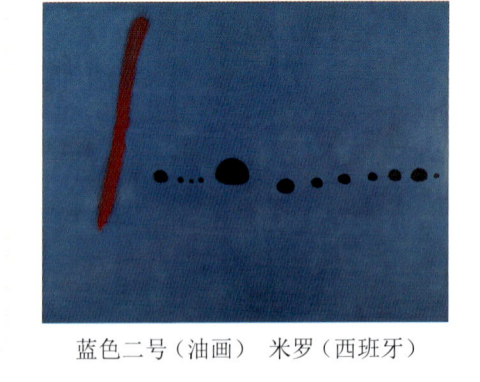

蓝色二号（油画）　米罗（西班牙）

胡安·米罗（Joan Miró，1893—1983年），西班牙画家、雕塑家、陶艺家、版画家。他是和毕加索、达利齐名的20世纪超现实主义绘画大师之一。

美术馆研究员：

　　在左边这件米罗作品里，你看到了哪些图形、线条？

美术馆研究员：

　　这是米罗第一幅超现实主义杰作。

队员：

　　果然精彩！让我们来寻找、发现，一起说一说。

哈里昆的狂欢（油画）　米罗（西班牙）

> 为什么米罗被称为星星王子？

课例二　星星王子

思·画面不同

队长：

你画过夜空吗？右侧两幅画，你能看出哪幅是米罗的作品吗？

队员：

右边这幅，"米"字符号的星星多像米罗的"注册商标"！

探·形成原因

队长：

让我们登上艺术方舟，穿越时空去拜访喜欢画星星的米罗，问问他的画中为什么总有几颗小星星。

米罗：

星星是我童年时最好的朋友，我将心里话讲给星星听，它们陪我度过黑夜。

队员：

您在47岁时，开始画《星座》系列画，一口气画了22幅水彩画，为什么呢？

米罗：

这些画作诞生于战争时期。当时世界犹如处于黑夜之中，但只要我想起小时候夜空中的星星，就会变得快乐。我希望快乐可以传递给每一个人，让人们看到希望之光！

女子与鸟（油画）　米罗（西班牙）

星座（油画）
米罗（西班牙）

绘·米罗星空

队员：

让我们也来绘制一幅属于自己的星空！

拼贴

墙绘

设计

> 怎样运用米罗的符号，表达我们的创意？

课例三　创意表达

想·主题构思

队长：

让我们进入现代艺术工作室，学习如何将米罗符号融入当代艺术创作。

现代艺术家：

从原作中提取元素，进行材质或形式的改变。例如将米字星星用超轻黏土表现，并贴在色卡纸上，然后将大家的作品像马赛克一样组合起来。你们还可以用怎样的方法继续发挥创意呢？

队员：

这个好玩！让我们发挥创意，将米罗符号与现代艺术相结合！

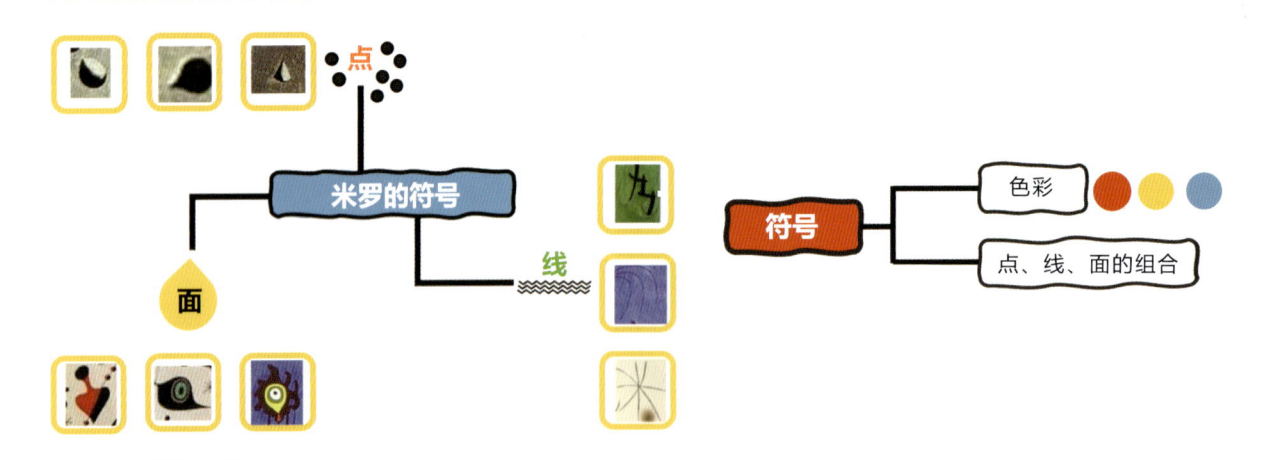

创·泥塑表现

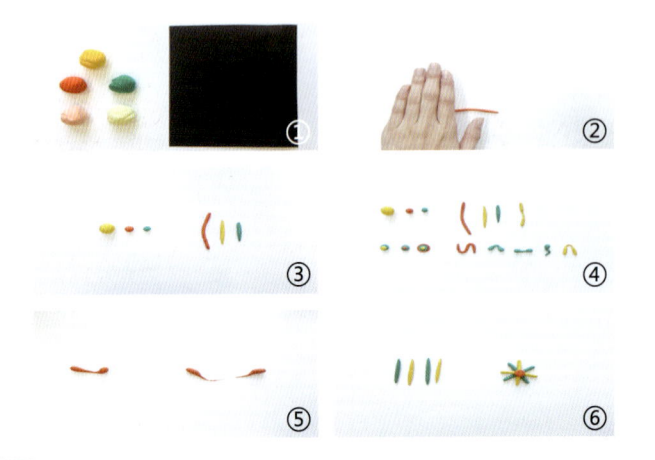

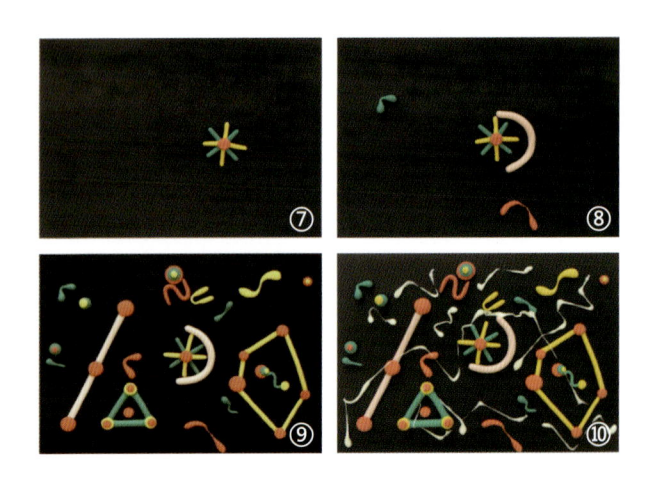

构·创意组合

队长：

让我们一起将作品进行组合陈列，美化我们的校园。

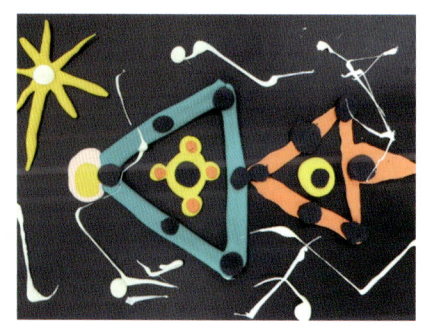

拼·环创呈现

队员：

我们一起合作完成了校园环创艺术作品《星星王子》。

队长：

这个展示效果不错，它表达了怎样的情感？

队员：

每个人都可以成为"大师"，构建一个多姿多彩的梦幻世界。星星闪烁，快乐无限！

典型课例教学设计：星星王子

一、图说教学设计

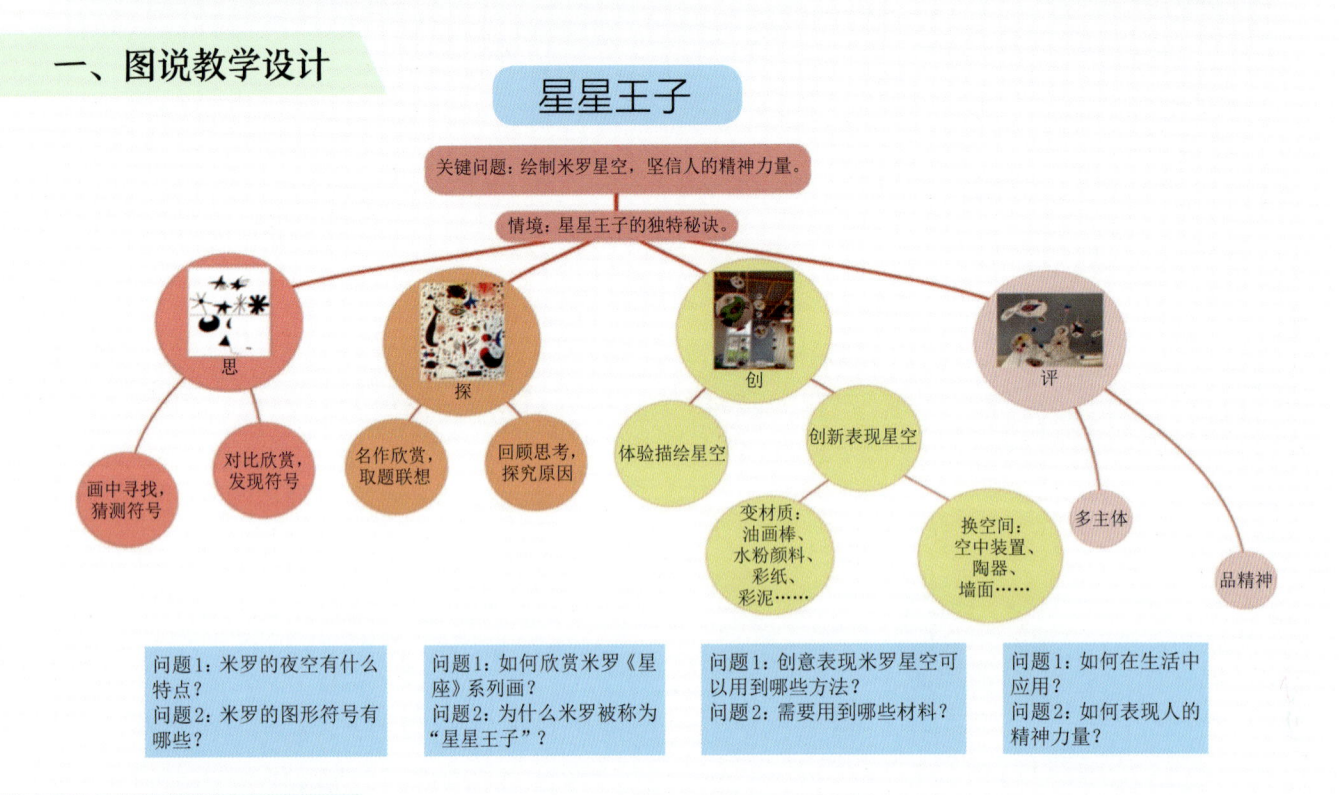

星星王子

关键问题：绘制米罗星空，坚信人的精神力量。

情境：星星王子的独特秘诀。

- **思**
  - 画中寻找，猜测符号
  - 对比欣赏，发现符号
- **探**
  - 名作欣赏，取题联想
  - 回顾思考，探究原因
- **创**
  - 体验描绘星空
  - 创新表现星空
    - 变材质：油画棒、水粉颜料、彩纸、彩泥……
    - 换空间：空中装置、陶器、墙面……
- **评**
  - 多主体
  - 品精神

问题1：米罗的夜空有什么特点？
问题2：米罗的图形符号有哪些？

问题1：如何欣赏米罗《星座》系列画？
问题2：为什么米罗被称为"星星王子"？

问题1：创意表现米罗星空可以用到哪些方法？
问题2：需要用到哪些材料？

问题1：如何在生活中应用？
问题2：如何表现人的精神力量？

二、具体课例呈现

（一）何以经典·米罗符号

1. 你画过夜空吗？艺术家米罗的星空是怎样的？"米"字符号的星星多像米罗的"注册商标"。

2. 米罗画了很多有关星空的画，下面这两幅《星座》作品中又有怎样的星星符号？色彩是怎样搭配的？

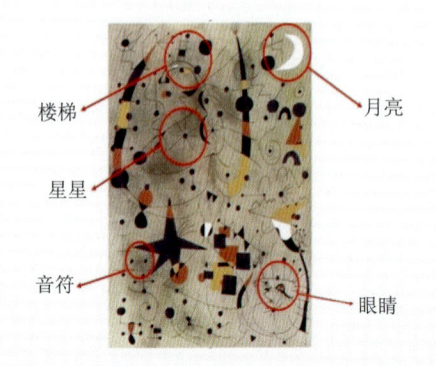

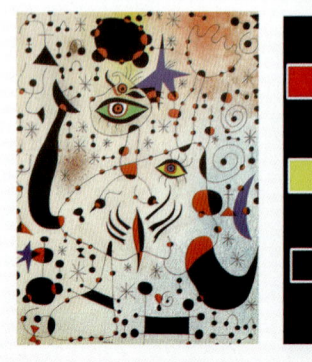

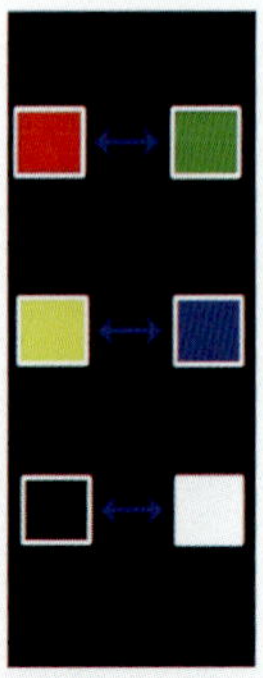

（楼梯、月亮、星星、音符、眼睛）

3. 用圆点、线条将星星串在一起，变成了很多有趣的图案，还有对比强烈的颜色。
4. 鲜艳的颜色，有趣的图形，跳跃的线条，米罗用这些向大家讲述了一个美妙的星空故事。
5. 你发现米罗画的特点了吗？米罗喜欢把自己看到的景色用图形符号来表示。

米罗作品中的常见符号	星星	太阳	月亮	鸟	人	其他

6. 让我们一起评一评。

学生自评		我获得_____★
评估维度	评价内容	星级要求
我知道	欣赏能力	1. 知道米罗作品中的星星符号。（★★） 2. 知道米罗作品中的星星及其他多种符号。（★★★）
我理解	探索能力	1. 能在教师引导下发现米罗的星星符号。（★） 2. 能在小组启发下发现米罗的多种符号。（★★） 3. 能独立探索米罗的多种符号并能展开联想。（★★★）
我能做	表达能力	1. 能用简单的语言赏析米罗《星空》作品。（★） 2. 能用符号联想的方式欣赏米罗《星空》作品。（★★） 3. 能清晰表达米罗《星空》作品的特点和带给自己的感受。（★★★）

（二）传承经典·探究成因

1. 米罗的画中为什么总有几个星星符号？让我们登上艺术方舟，穿越时空去拜访一下这位大艺术家。

2. 米罗在47岁时，开始画《星座》系列画，一口气画了22幅水彩画，欣赏一下这3幅画。

127

3. 第一幅中有哪些形状，哪些颜色？猜测米罗想表现什么。
4. 第二幅中有怎样有趣的图形，用了哪些颜色？
5. 最后一幅，你看到夜空中的点点繁星了吗？你又联想到了什么？
6. 米罗《星空》系列如此有名，在这些画中有轻松、快乐的感觉吗？米罗为什么要画这么多幅《星空》系列作品？他想表达什么？
7. 现在你知道人们为什么称他为"星星王子"吗？
8. 最后，我们一起来评一评。

学生自评		我获得_____★
评估维度	评价内容	星级要求
我知道	欣赏能力	1. 知道米罗作品的欣赏方法。（★★） 2. 知道如何向同学、教师描述作品的美。（★★★）
我理解	交流与探索能力	1. 能在教师的帮助下探索米罗《星空》系列绘画的动机。（★） 2. 能在小组启发下探索米罗《星空》系列绘画的动机。（★★） 3. 能独立探索米罗《星空》系列绘画的动机并与同学展开讨论。（★★★）
我能做	表达能力	1. 能用一句话介绍"星星王子"的由来。（★） 2. 能用简单的语言介绍米罗作品和"星星王子"的由来。（★★） 3. 能清晰介绍米罗作品和"星星王子"的由来。（★★★）

（三）再展魅力·创作表达

1. "星星王子"的世界是梦幻纯真的。这份天真并不是因为他看不到现世的复杂与苦难，而是他更加坚信人的精神力量。你也来绘制一幅属于自己的星空，好吗？
2. 你能通过其他方式来表现"星空"吗？
3. 改变创作的材质会产生不一样的星空画面。选用蓝色卡纸作底，彩纸剪出随意形，拼摆组合粘贴，再用记号笔连线，米罗的星空就会变得不一样！你会选用什么材质作底，又会选用什么工具来描绘呢？

星星王子米罗

4. 改变展示空间，又会有新的惊喜。在茶杯上用丙烯马克笔描绘，在墙面上用线绳排线粘贴。你会选用怎样的空间来表现星空呢？

5. 单人或集体完成创作，陈列在校园合适的地方，最后完成评价。

学生自评		我获得_____★
评估维度	评价内容	星级要求
我知道	表现方法	1. 能用改变材质的方法创意表现米罗星空。（★★） 2. 能用改变材质和改变空间的方法创意表现米罗星空。（★★★）
我理解	探索能力	1. 能在教师的帮助下探索星空的创意表现。（★） 2. 能在小组启发下探索星空的创意表现。（★★） 3. 能独立探索星空的创意表现并表达自己的感受。（★★★）
我能做	作品完成	1. 能在教师的帮助下完成作品。（★） 2. 能通过师生合作完成作品。（★★） 3. 能独立完成有创意的作品。（★★★）

129

02 第二单元

第六章 典之魅

遇见敦煌

（适合10—12岁）

❓ 敦煌莫高窟为什么被称为艺术宝库？

课例一　梦回敦煌

探寻·何以敦煌

队长：

让我们穿越时空，走进神秘的莫高窟，在这规模巨大、内容丰富的石窟群中探险！

三兔飞天藻井　隋　第407窟

飞天　十六国　第272窟

飞天　西魏　第285窟

散花飞天　唐　第320窟

赏析·图说敦煌

敦煌研究员：

1987年，敦煌莫高窟被联合国教科文组织列入《世界文化遗产名录》。这里有上千个洞窟，其中有精美的彩塑和壁画的洞窟就有492个！最常见、最具有代表性的艺术形象是飞天。仔细观察你会发现，在不同时期的壁画中，飞天形象也有所不同。

队长：

观察不同时期飞天的形象，完成学习单。

品鉴·印象敦煌

敦煌研究员：

敦煌壁画是文化与艺术的结晶，是中国的骄傲。

队员：

我也要像您一样，把我喜欢的壁画介绍给更多的人！

《不同时期飞天形象比较》学习单			
朝代	造型	色彩	线条
十六国	头上有圆光，五官粗大，上身半裸，身材粗短，腰间缠着长裙，呈"V"形。	赭红、蓝青	粗犷奔放
西魏	大部分去掉了头上的圆光，五官清秀，飘带描绘细腻，上身半裸，下着长裙，下半身强壮。	蓝绿、青色	灵活多变
唐代			

> 敦煌壁画中的线条，藏着怎样的秘密？

课例二　线条之谜

探究·白描类型

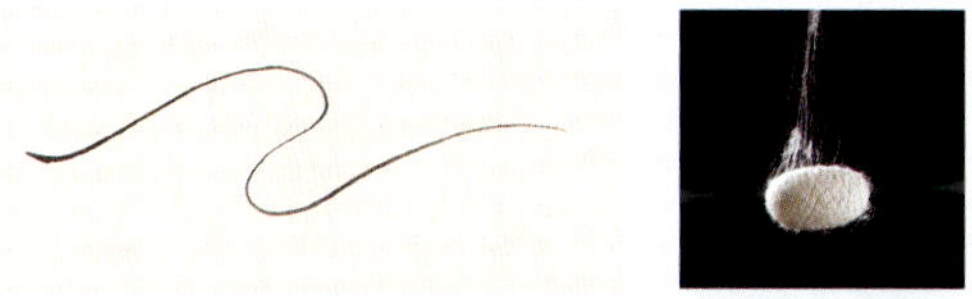

高古游丝描

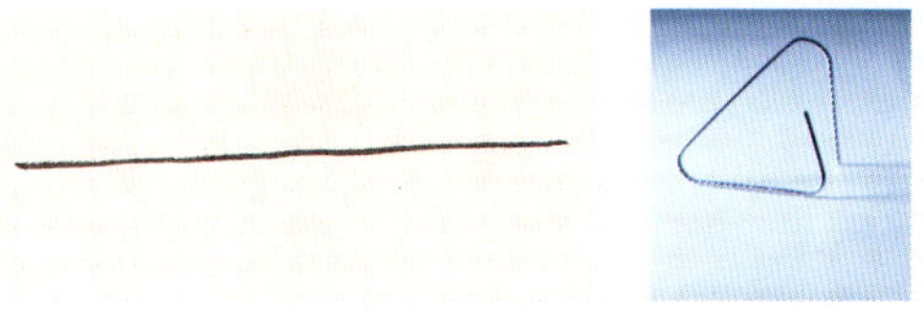

铁线描

柳叶描

队长：

这些线条疏密不一，质感丰富，它们蕴藏着什么奥秘？

敦煌修复师：

让我们一起探索古人的"十八描"技法，揭开线条背后的秘密！

队长：

每一笔都精准地描绘出衣服的褶纹和质感，让衣褶更逼真。

理解·白描应用

队员：

线条的粗细、曲直、疏密的组合让衣服的褶皱表现得更艺术。

队长：

确实是这样。右图中你能找出这些衣袖选用了哪些描法吗？一起来连一连。

铁线描　　高古游丝描　　柳叶描

练习·白描临习

队员：

线条也有那么多学问。我们也学学专业手法，临习一幅敦煌壁画吧。

> 敦煌壁画历经千年依然完好，其中的奥秘是什么？

课例三　壁画探秘

探究·白描类型

队长：

让我们走访壁画创作工作室，了解壁画创作的流程与技巧。

队员：

壁画的每层用的是什么材料？

队长：

1. 底层用粗砂、细沙、胶液。
2. 粗泥层用稻草、麦秆、细沙、陶泥、水。
3. 细泥层和白底层用细沙、麻、陶泥、水、粉状石膏、胶液。

队员：

泥板制作好后，白描勾形，然后上色。敦煌壁画历经千年不褪色，有什么秘诀吗？

队长：

敦煌色彩用的是矿物色。矿物色用法比较复杂，这次我们用普通中国画颜料替代，简单体验一下壁画创作的乐趣！

1. 白描。 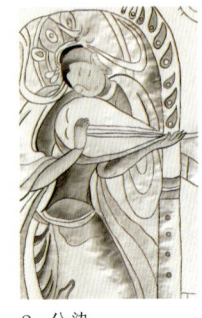　　2. 分染。 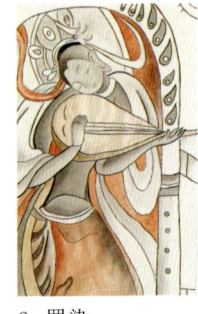　　3. 罩染。 　　4. 画面调整。 　　5. 做旧处理。

> 如何才能把敦煌艺术与当代艺术进行融合，让经典得以延续？

课例四　当代表达

实践·小组创作

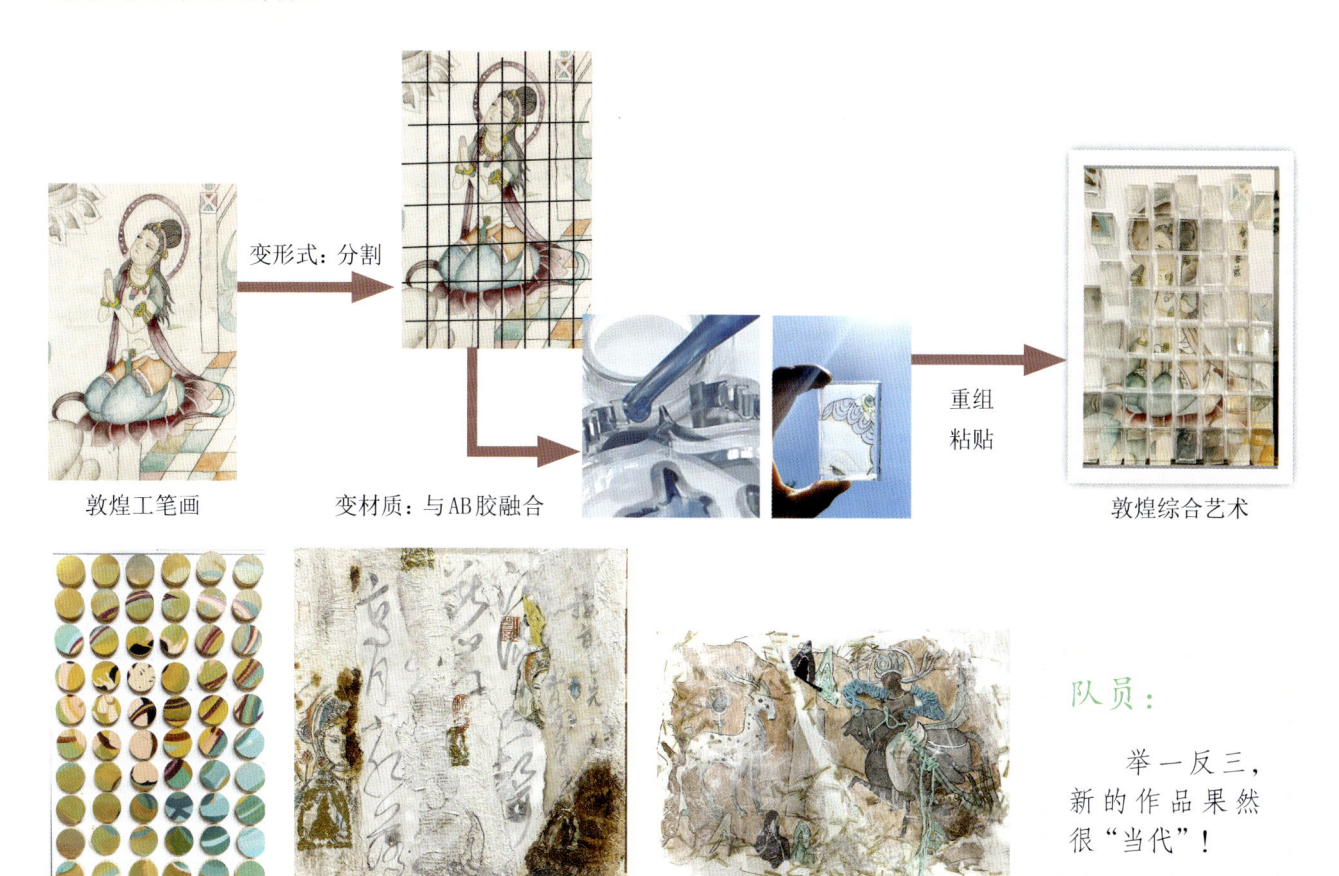

敦煌工笔画 → 变形式：分割 → 变材质：与AB胶融合 → 重组粘贴 → 敦煌综合艺术

变形式：分割、旋转

变形式：撕贴

变材质：综合材料

队员：

举一反三，新的作品果然很"当代"！

拼摆·展示陈列

队长：

让我们一起把敦煌系列作品组合展示，完成校园展陈《遇见敦煌》。

队员：

向经典致敬，让魅力永存！

133

典型课例教学设计：线条之谜

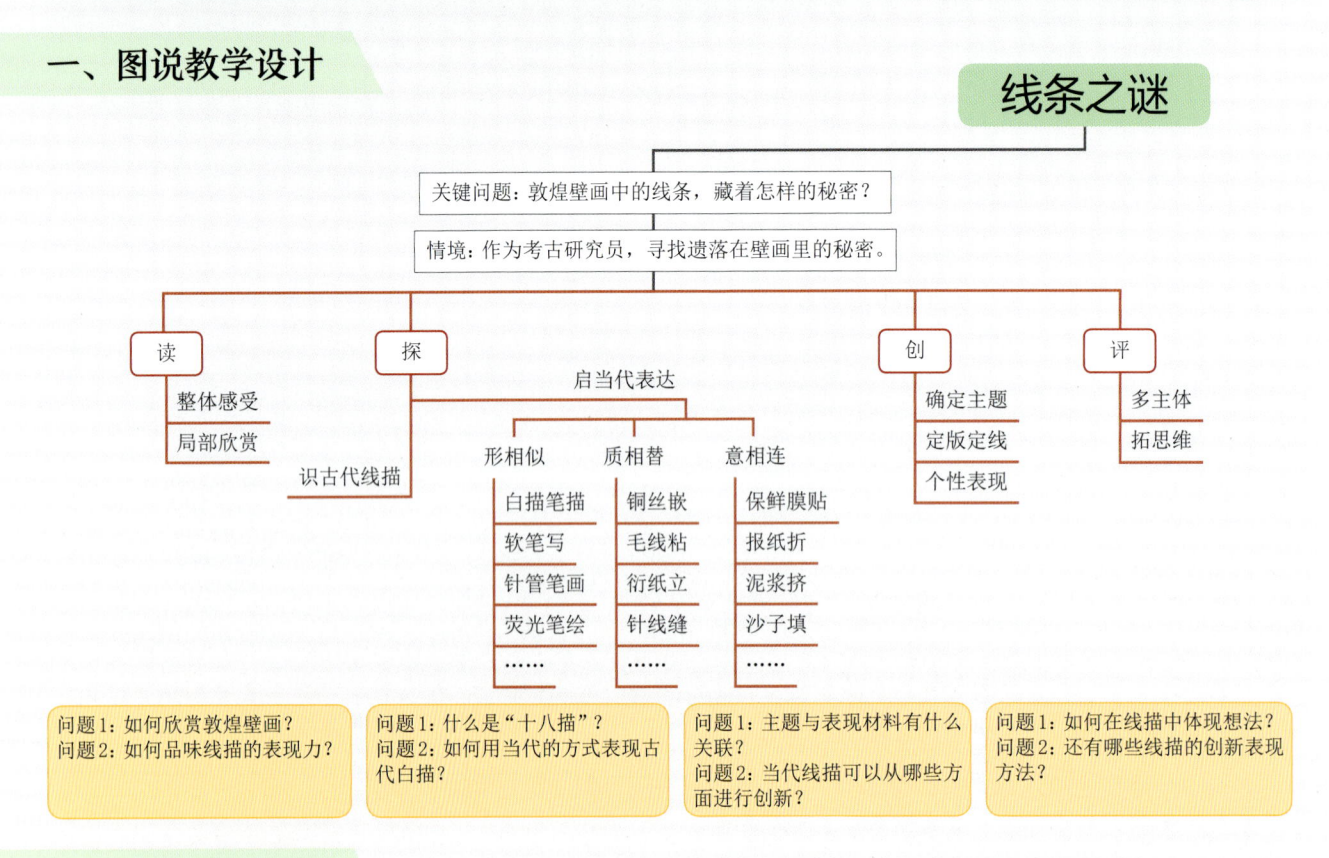

一、图说教学设计

```
                                                线条之谜
                                                  │
                    关键问题：敦煌壁画中的线条，藏着怎样的秘密？
                    情境：作为考古研究员，寻找遗落在壁画里的秘密。
        ┌──────────┬──────────────────────────┬──────────┬──────────┐
        读          探                          创          评
        │           │         启当代表达          │           │
     整体感受    识古代线描  ┌───┬───┬───┐    确定主题    多主体
     局部欣赏              形相似 质相替 意相连   定版定线    拓思维
                          白描笔描 铜丝嵌 保鲜膜贴  个性表现
                          软笔写  毛线粘 报纸折
                          针管笔画 衍纸立 泥浆挤
                          荧光笔绘 针线缝 沙子填
                          ……    ……    ……
```

| 问题1：如何欣赏敦煌壁画？ | 问题1：什么是"十八描"？ | 问题1：主题与表现材料有什么关联？ | 问题1：如何在线描中体现想法？ |
| 问题2：如何品味线描的表现力？ | 问题2：如何用当代的方式表现古代白描？ | 问题2：当代线描可以从哪些方面进行创新？ | 问题2：还有哪些线描的创新表现方法？ |

二、具体课例呈现

（一）何以经典·图像识读

1. 敦煌是具千年文明的艺术奇迹！你去过敦煌吗？

2. 敦煌壁画究竟美在哪里？仔细观察下面的壁画，能用一个或者几个关键词来形容你的感受吗？

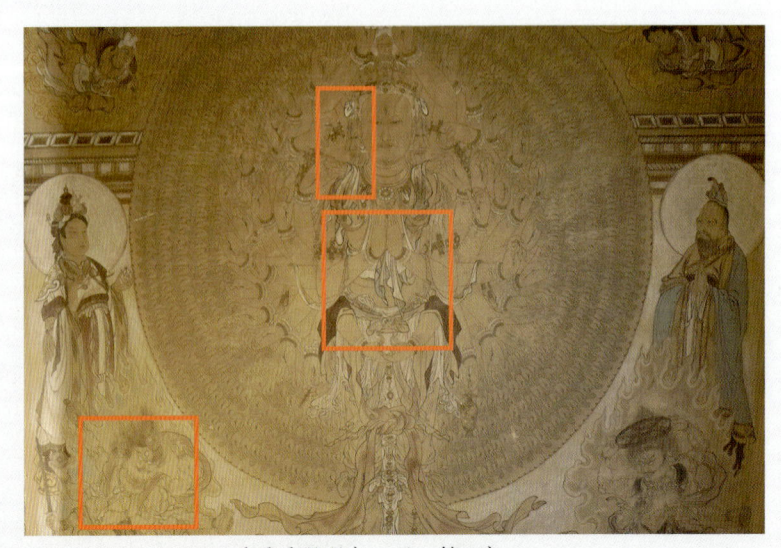

千手千眼观音　元　第3窟

3. 敦煌第3窟的《千手千眼观音》壁画是线描艺术的杰作，其中给你留下最深刻印象的细节是什么？

4. 放大几处局部仔细欣赏，你有哪些新的发现？

浓和淡　　　　　　　　　　曲和直　　　　　　　　　　疏和密

5. 这幅壁画创作于哪个时期？用了哪些线描技法？
6. 让我们一起评一评。

学生自评		我获得＿＿＿＿★
评估维度	评价内容	星级要求
我知道	欣赏能力	1. 认识壁画中的线描。（★★） 2. 知道线描和线描组织规律。（★★★）
我理解	探索能力	1. 能在教师的帮助下探索线描组织规律。（★） 2. 能在小组启发下探索线描组织规律。（★★） 3. 能独立探索线描在作品中的组织规律。（★★★）
我能做	表达能力	1. 能用几个关键词表达对线描作品的感受。（★） 2. 能用简单语言描述线描作品的组织特点和对线描作品的感受。（★★） 3. 能清晰表达线描作品的组织特点和对线描作品的整体感受。（★★★）

（二）传承经典·思维发散

1. 折芦描、行云流水描、高古游丝描，这些都属于"十八描"。"十八描"是中国画技法名，用于表示古代人物衣服褶纹的各种描法。

2. 以线造型是中国画最大的特点。根据图片提示，认一认古代常用的三种白描方法，你能说出它们的特点吗？

3. 古人运用不同的线描来表现物体不同的质感。

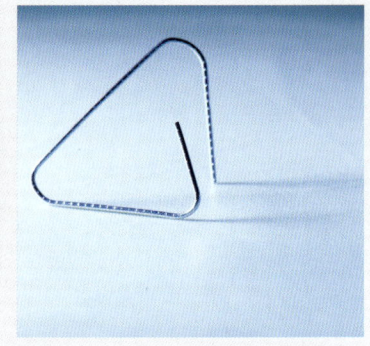

4. 触摸、观察丝绸，它带给你什么样的感受？你会选择用什么描法来表现丝绸的形态和质感？如果要画运动衣、牛仔服，你又会选择什么样的描法？

5. 尝试让经典线描法延续：古人用中国独特的白描笔进行表现，当代的我们还可以用什么笔来展现线描的魅力？

| 白描笔 |  多头针管笔 |  高光笔 |  3D立体笔 |

6. 思维发散：尝试从"线"的材质思考，硬朗的线让你想到了什么，柔和的线又让你想到了什么？

7. 逆向思考：没有笔，也没有现成的线，哪些材料经过处理能产生"线"？报纸揉皱会产生"线"吗？还有哪些材料、哪些手法能产生"线"？这样产生的"线"适合表现怎样的质感？

8. 让我们一起评一评。

学生自评		我获得_____★
评估维度	评价内容	星级要求
我知道	概念认知	1. 知道"十八描"。（★） 2. 知道三种描法的名称、特点和作用。（★★） 3. 知道"十八描"中各种技法的名称与特点。（★★★）
我理解	探究与表达能力	1. 能在小组探究中理解描法的特点和作用。（★） 2. 能理解并说出自己的想法。（★★） 3. 能理解古代线描并用当代的方式进行创新表现。（★★★）
我能做	创新能力	1. 能在一种方法上完成思维发散。（★） 2. 能在两种方法上完成思维发散。（★★） 3. 能自主完成思维发散并有独创性。（★★★）

（三）再现魅力·创意实践

1. 确定主题。

你想表现敦煌怎样的感觉？例如：斑驳、沧桑。

2. 定"版"，定"线"。

（1）根据主题选择合适的"线"表现，再根据选定的"线"，确定配套的底板。

（2）例如：以"沧桑"为主题，可以选择用针管笔描画，根据这个针管笔画的"线"的效果，确定综合底板。底板没有现成的，可以将搜集的各种宣纸和报纸撕开、重组，用白胶黏合，产生层次，并在局部粘上石英砂、铁锈粉等，自制综合底板。

3. 个性表现。

（1）用针管笔在综合底板合适的位置描画敦煌壁画的局部，完成个性表现。

（2）根据这样的创作方法举一反三，你想表现怎样的画面？

| 白描 | 在树叶上用高光笔描画 | 在布上粘贴毛毡线 |

| 作品《沧桑》 | 《沧桑》使用的综合底板 |

4. 单人创作完成后，小组陈列展示。

5. 让我们一起评一评。

学生自评		我获得_____★
评估维度	评价内容	星级要求
我知道	创意表现	1. 知道材料的创新表现。（★） 2. 能有目的地选择创新材料和底板。（★★） 3. 知道创新的材料底板能艺术地表现主题。（★★★）
我理解	观念表达	1. 能阐述创新内容。（★） 2. 能用简单的语言表达自己的创新想法，逻辑性强。（★★） 3. 能有主题地表达自己的创新想法，创意性强。（★★★）
我能做	作品完成	1. 能在教师的帮助下完成作品。（★★） 2. 能独立完成作品，自主性强。（★★★）

第三单元 茶香四溢

第六章 典之魅

（适合10—13岁）

> "茶"字的字体演变中，隐藏着哪些历史奥秘？

课例一　茶字百形

"茶"字知多少

队长：

我们来猜一个谜语："人在草木间，打一字。"

队员：

茶。

茶师：

"茶"字还有很多趣解，例如"茶"字象征着长寿：草字头形似"廿"，下半部分可拆为"八十八"，将这些数字相加，恰好是一百零八，因此有"茶寿"之说。

书法中的"茶"字

队长：

下边是历代书法中"茶"字的演变，你能连一连吗？

篆书　　行书　　楷书　　草书　　隶书

1. 变字形。
2. 加粗。 
3. 局部替换。 
4. 加边框。 

剪一个与众不同的"茶"字

茶师：

汉字书法是汉族独创的表现艺术，被誉为无言的诗、无图的画。

队员：

经典！我们也来根据"茶"字的形和意，设计并剪一个新颖的"茶"字。

茶香四溢

> **?** 一把好茶壶藏着怎样的奥秘？

课例二　茶壶百态

茶壶知多少

队长：

走进中国茶叶博物馆，面对琳琅满目的茶器，你最喜欢哪一把？

导游：

飞天壶以其优雅的曲线著称，侧提壶便于单手操作，握把壶适合双手使用，提梁壶则以其结构稳定而受欢迎。

飞天壶　　侧提壶

握把壶　　提梁壶

队员：

一把好茶壶，"三山齐"是不是判断标准呢？

茶师：

"三山齐"是把茶壶去盖后覆置在平整的桌子上时，壶嘴、壶口、壶把的三点应基本平齐。这是评判茶壶好坏的一个重要标准，是制壶师傅智慧的结晶。

茶壶大变身

队长：

精美的茶壶展示着匠心和创意，我们是不是也可以将茶壶各部件重组，创造出新的茶壶？

队员：

好主意，我们来试一试！

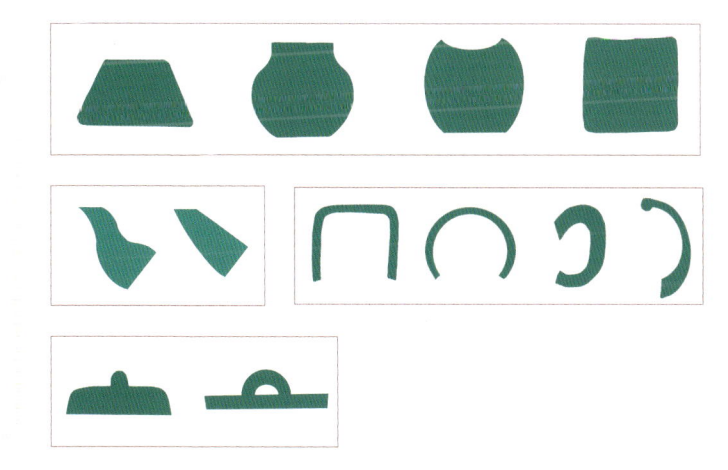

139

茶壶换新装

导游：

　　茶壶上精致的花纹你注意到了吗？有哪些纹样呢？

队员：

　　壶盖、壶身上有云纹、石榴纹等。

导游：

　　很多纹样还有着吉祥的寓意，承载着艺术家的情感呢！

云雷纹

云纹

水纹

牡丹花纹

队长：

　　还有哪些中国传统纹样？它们可以画在茶壶的哪些部位呢？

队员：

　　精湛的工艺、多变的造型，还有精美的纹样，茶器文化也是博大精深啊。我也来画一画！

队长：

　　除了绘画，我们还可以通过剪纸、捏塑等方式表现茶壶。

课例三　茶事雅韵

如何将茶文化的学习过程进行美的记录?

借鉴大师·手账设计

手账达人：

学习马蒂斯的色彩、大小对比、概括变形等方法，为手账设计构图和底板。

队长：

剪的"茶"字、绘的茶壶纹样就是手账中的主角了。

色彩之美

对比之美　　概括与变形

横跨学科·手账展现

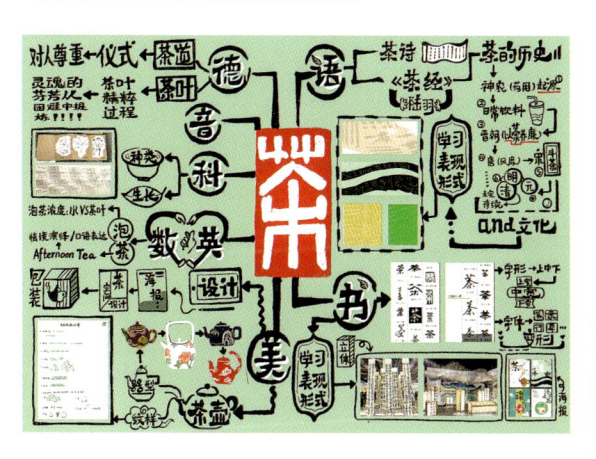

手账达人：

茶文化源远流长，涵盖的知识面广，通过网络搜索找出茶与各个学科的联系，所摘录的关键词、思维导图等，都可以添加到手账中。

队员：

小组合作完成这样的大型手账，太有意思了！

队长：

把每组的作品陈列在一起，完成校园环创艺术：《茶香四溢》。

141

典型课例教学设计：茶壶百态

一、图说教学设计

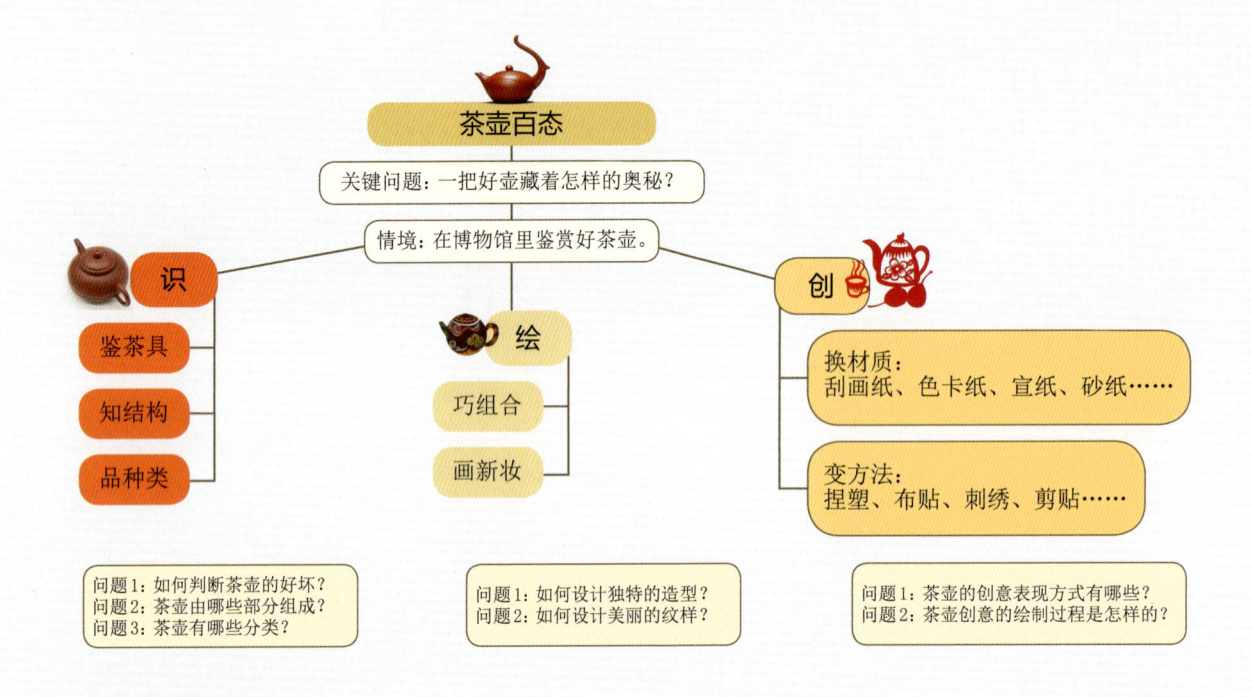

```
                          茶壶百态
              关键问题：一把好壶藏着怎样的奥秘？
              情境：在博物馆里鉴赏好茶壶。

     识                      绘                     创
   鉴茶具                   巧组合              换材质：
   知结构                   画新妆              刮画纸、色卡纸、宣纸、砂纸……
   品种类
                                               变方法：
                                               捏塑、布贴、刺绣、剪贴……

问题1：如何判断茶壶的好坏？    问题1：如何设计独特的造型？   问题1：茶壶的创意表现方式有哪些？
问题2：茶壶由哪些部分组成？    问题2：如何设计美丽的纹样？   问题2：茶壶创意的绘制过程是怎样的？
问题3：茶壶有哪些分类？
```

二、具体课例呈现

（一）何以经典·图像识读

1. 茶叶博物馆中有茶具馆，通过几百件展示品，充分印证了"器为茶之父"。
2. 茶壶是一种泡茶和斟茶用的带嘴器皿，是茶具的一种。你知道它由哪四部分组成吗？
3. 什么是"三山齐"？这是评判茶壶好坏的一个重要标准，把茶壶去盖后覆置在平整的桌子上时，壶嘴、壶口、壶把的三点应基本平齐，形成一种稳定的三角形结构。这是制壶师傅智慧的结晶。
4. 根据茶壶的壶把、壶盖、壶身等部位的不同特征划分，壶的基本种类就有200多种。最常见的是按壶把不同进行的分类，主要有以下几类：

| 提梁壶 | 握把壶 | 侧提壶 | 飞天壶 |

5. 按壶盖不同可分为哪几类？

平盖 　　　　　　　　　凹盖 　　　　　　　　　凸盖

6. 壶身不同可分为哪几类呢？

圆器 　　　　　　　　　方器 　　　　　　　　　塑器

7. 茶具品种繁多，精彩纷呈，体现了制壶师傅高超的技艺和不断创新的智慧。现在你能鉴别茶壶制作的水平并介绍茶壶的造型特点吗？

8. 让我们一起评一评。

学生自评		我获得_____★
评估维度	评价内容	星级要求
我知道	茶具的结构和功能	1. 认识茶具的结构和功能。（★★） 2. 知道茶具的结构、功能和种类。（★★★）
我理解	茶具"三山齐"等知识	1. 能在教师的帮助下探索"三山齐"。（★） 2. 能在小组启发下理解"三山齐"。（★★） 3. 能独立探索"三山齐"并与同学讨论。（★★★）
我能做	茶壶鉴赏	1. 能用几个关键词介绍茶具的特点。（★） 2. 能用简单语言描述茶具的特点与给人的感受。（★★） 3. 能清晰表达茶具的特点、制壶工艺和给人的感受。（★★★）

（二）传承经典·思维发散

茶壶大变身

1. 下面是不同类型的壶把、壶盖、壶身和壶嘴的平面图。

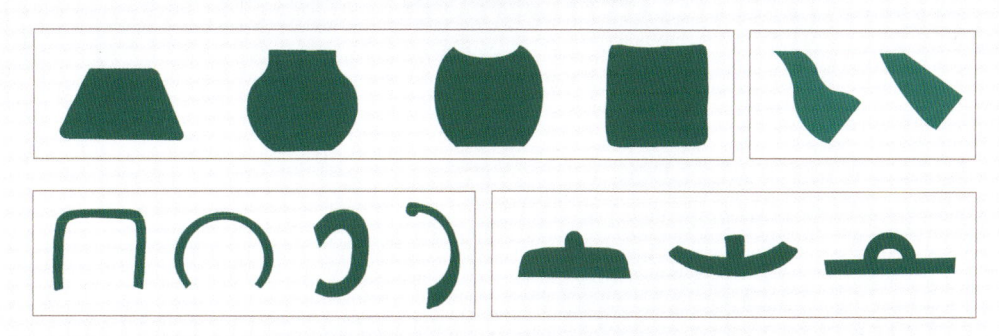

143

2. 玩游戏：尝试取茶壶各部分的其中一种款式，然后组合拼贴，是不是变出了新款茶壶？
3. 为设计的新茶壶画草图，比一比谁的更受欢迎。

茶壶换新装

1. 纹样作为中国传统文化的重要组成部分，贯穿于中国历史发展的整个流程，在茶壶上也有许多传统纹样的身影，你都发现了哪些纹样？

2. 你还知道哪些传统纹样？有些纹样还有吉祥寓意，请在小组里分享并说一说纹样背后的寓意。

连珠纹
新石器时代

席纹
二方/四方连续

云雷纹

云纹

山纹

旋涡纹

水纹

牡丹花纹

吉祥图案（图必有意，意必吉祥）

多福：
佛手纹

长寿：
寿桃纹

多子：
石榴纹

平安：
竹子纹

3. 认真观察并在小组里讨论，以上的纹样可以画在壶身的哪些部分？注意大小、疏密等对比。
4. 精美的茶具让人赏心悦目，赶紧为你的茶壶绘制美丽的纹样，并将它剪下来！

5. 最后，一起来评一评。

学生自评		我获得＿＿＿★
评估维度	评价内容	星级要求
我知道	方法与步骤	1. 知道茶具设计的方法。（★★） 2. 知道茶具设计的方法与步骤。（★★★）
我理解	探索能力	1. 能在教师的帮助下探索茶具组合。（★） 2. 能在小组启发下探索茶壶造型，理解传统纹样。（★★） 3. 能独立探索茶壶造型和纹样的设计布局。（★★★）
我能做	设计能力	1. 能用组合的方式设计茶壶。（★） 2. 能用组合、绘画的方式设计茶壶造型和纹样。（★★） 3. 能设计既美观又实用的茶壶。（★★★）

（三）再展魅力·创意表达

1. 精美的茶具装饰，除了常规的描画，还可以有其他方式吗？

2. 改变材质会产生不一样的茶壶作品：选用砂纸勾画茶壶的形状，用油画棒描绘纹样，让描绘的茶壶呈现颗粒质感！你会选用什么材质勾画壶形，又会选用什么工具来描绘纹样呢？

3. 改变制作方法来表现茶壶，又会有怎样的惊喜呢？选用捏塑的方法，用蓝、白色的超轻黏土制作、表现青花壶！你会选用怎样的方法来制作茶壶呢？

4. 创作茶壶，完成后以小组为单位进行陈列。
5. 让我们一起评一评。

学生自评		我获得＿＿＿★
评估维度	评价内容	星级要求
我知道	表现方法	1. 知道用改变材质的方法创意表现茶壶。（★★） 2. 知道通过改变材质和改变制作方法来进行表现。（★★★）
我理解	探索能力	1. 能在教师的帮助下探索变材质。（★） 2. 能在小组启发下探索变材质和变方法。（★★） 3. 能独立探索茶壶创意表现方法并有自己的见解。（★★★）
我能做	作品完成	1. 能在教师的帮助下完成作品。（★） 2. 能通过师生合作完成作品。（★★） 3. 能独立完成作品，自主性强。（★★★）

许颖老师与小朋友在"创客园"里交流校园装置艺术作品创作。